信息技术在我国中小学体育教学中的应用发展

王 琪 著

吉林大学出版社
·长春·

图书在版编目(CIP)数据

信息技术在我国中小学体育教学中的应用发展 / 王琪著. -- 长春：吉林大学出版社，2024.3
ISBN 978-7-5768-2192-5

Ⅰ.①信… Ⅱ.①王… Ⅲ.①信息技术—应用—体育课—教学研究—中小学 Ⅳ.①G633.962

中国国家版本馆 CIP 数据核字(2023)第 193472 号

书　　名	信息技术在我国中小学体育教学中的应用发展
	XINXI JISHU ZAI WO GUO ZHONG-XIAOXUE TIYU JIAOXUE ZHONG DE YINGYONG FAZHAN
作　　者	王琪
策划编辑	张宏亮
责任编辑	张宏亮
责任校对	高珊珊
装帧设计	雅硕图文
出版发行	吉林大学出版社
社　　址	长春市人民大街4059号
邮　　编	130021
发行电话	0431-89580028/29/21
网　　址	http://www.jlup.com.cn
电子邮箱	jlup@mail.jlu.edu.cn
印　　刷	廊坊市海涛印刷有限公司
开　　本	710 mm×1000 mm　1/16
印　　张	15.25
字　　数	265 千字
版　　次	2024年3月第1版
印　　次	2024年3月第1次
书　　号	ISBN 978-7-5768-2192-5
定　　价	88.00元

版权所有　翻印必究

目 录

第一章 绪 论 ……………………………………………………… 1
- 第一节 研究背景 …………………………………………………… 1
- 第二节 研究目的与意义 …………………………………………… 8
- 第三节 研究的创新 ………………………………………………… 11
- 第四节 研究的价值 ………………………………………………… 16

第二章 概念界定、理论基础与文献综述 ……………………… 20
- 第一节 概念界定 …………………………………………………… 20
- 第二节 理论基础 …………………………………………………… 24
- 第三节 文献综述 …………………………………………………… 40

第三章 专利视角下信息技术在体育教育领域应用发展分析 … 94
- 第一节 专利视角下信息技术在体育教育领域应用发展分析思路 ………… 94
- 第二节 信息技术在体育教育领域相关专利的计量学分析 …………… 104
- 第三节 信息技术在体育教育领域相关专利的内容分析 ……………… 118

第四章 信息技术在中小学体育教学的应用发展 ……………… 140
- 第一节 信息技术在中小学体育教学的应用发展概述 ………………… 140
- 第二节 信息技术在中小学体育教学的具体应用情况 ………………… 144
- 第三节 信息技术在中小学体育教学应用的影响因素 ………………… 173

第五章 中小学体育教师使用信息技术教学意愿实证分析 …… 184
- 第一节 中小学体育教师使用信息技术教学意愿分析概述 …………… 184
- 第二节 中小学体育教师使用信息技术教学意愿的结果分析 ………… 187
- 第三节 讨论、结论与建议 ………………………………………… 202

第六章　我国体育教育中信息技术应用发展建议 ……… 210
第一节　中学体育教师信息化教学能力调查设计 ……… 210
第二节　中学体育教师信息化教学能力分析 ……… 219
第三节　中学体育教师信息化教学能力分析小结 ……… 234

参考文献 ……… 240

第一章 绪 论

第一节 研究背景

一、国家对教师队伍信息技术教学能力的要求

（一）政策发展历程

对于我国教育信息化相关的政策发展历程，国内有许多学者进行了研究，我国在 1999 年推出《关于深化教育改革全面推进素质教育的决定》，在 2004 年教育部就正式颁发了《中小学教师教育技术能力标准（试行）》[①]，首次提出了"教师要正确认识现代信息技术的重要性"的要求，并且要求教师要主动在实际教学中应用现代教育技术，与此同时从"意识与态度、知识与技能、应用与创新"等维度，第一次对中小学教师的现代信息技术使用水平做出了明确要求。该文件发布后不久，全国各地就建立了中小学教师教育信息技术培训和考试认证制度，组织开展教育技术培训，以此提高广大教师队伍的教育信息技术水平。

在此之后以 2010 年《国家中长期教育改革和发展规划纲要（2010—2020 年）》的颁布为先导，相继有 24 项相关政策颁布实施。

2014 年教育部颁布的《中小学教师信息技术应用能力标准（试行）》[②] 中对信息技术能力之于教师的重要性进行了详细的阐明，对教师采用信息技术教学

---

① 中国教育部.（2004-12-15）.《中小学教师教育技术能力标准（试行）》[EB/OL]. 中国教育部官方网站. http://www.moe.gov.cn/srcsite/A10/s6991/200412/t20041215_145623.html
② 中国教育部.（2014-05-27）.《中小学教师信息技术应用能力标准（试行）》[EB/OL]. 中国教育报官方网站. http://www.moe.gov.cn/srcsite/A03/s181/201710/t20171011_315344.html

时应具备的相关能力和思维方式进行了系统的概述，再一次以国家文件的形式对中小学教师队伍的信息技术教学能力做出了明确的要求，推动了教育信息化的发展。

党的十九大以后，教育部印发《教育信息化2.0行动计划》①，强调要不断提升教师信息素养，推动教师适应信息化教学环境、接纳人工智能等新技术变革，积极掌握新兴信息技术手段并积极有效开展教育教学，推动教师更新观念、重塑角色、提升素养、增强能力，持续推动信息技术与教育深度融合。不久后，中共中央、国务院印发《中国教育现代化2035》②，进一步提出要建设高素质专业化创新型教师队伍、加快信息化时代教育变革的要求。

随着我国教育进入"互联网+"的新时期，信息化教学成为教师在新时期提高教学能力的重点，国家层面对于教师信息化教学先后出台了一系列相关文件，以此来提升教师信息化教学。

（二）国家教育建设发展规划历程

以国家建设发展规划为阶段划分，在2007年"十一五"期间，我国在《国家教育事业发展"十一五"规划纲要》（教育部制定，国务院转发）中指出，以教育信息化带动教育现代化。在全国建设远程教育网络，全面提高教师和学生运用信息技术的能力，实现教育信息技术与学校教学的有机结合③。2014年"十三五"期间出台了《教育部办公厅关于做好教育事业发展"十三五"规划编制工作的通知》，该通知中提出"十三五"时期是我国全面建成小康社会的关键时期，也是我国基本实现教育现代化的决定性阶段，要求科学谋划"十三五"时期教育事业发展，进一步加快教育改革发展步伐，加快基本实现教育现代化。④

---

① 中华人民共和国教育部. (2018-04-18).《教育信息化2.0行动计划》[EB/OL]. 中华人民共和国教育部官方网站. http: //www. moe. cn/srcsite/A16/s3342/201804/t20180425_ 334188. html
② 中华人民共和国教育部政府门户网站. 中共中央、国务院印发《中国教育现代化2035》[EB/OL]. (2019-02-23) 中国教育报官方网站. http: //www. moe. cn/jyb_ xwfb/s6052/moe_ 838/201902/t20190223_ 370857. html.
③ 中华人民共和国教育部. 国家教育事业发展"十一五"规划纲要 [M]. 北京：人民教育出版社，2007. 48.
④ 教育信息化"十三五"规划 [J]. 中国信息技术教育，2016 (Z3)：2-3.

21世纪，网络信息技术的出现已经成为推动社会经济发展变革的重要原动力，信息化时代同样也成为全世界教育事业发展的催化剂。"互联网+教育"是互联网信息技术在教育行业的融入，网络信息技术在为各学科教师提供便捷教育的前提下，也对信息化时代下教师的发展提出了新的要求。早在2016年教育部颁布的《教育信息化"十三五"规划》中提到，应积极探索教研平台和教学工具，提升教师的教研研修能力。[①] 2019年中共中央、国务院印发《中国教育现代化2035》，指出信息化时代的教育变革重点在于建设智能化校园，应统筹一体化智能化教学与管理，完善教学服务与教研交流平台的建设。[②] 教育信息化的发展是国家信息化发展战略的重要部分，也是实现教育资源共享、教学服务平台建设的重要路径。信息化时代的教育变革对于教师而言是机遇也是挑战，教育信息化是学校提高自身办学水平，实现教学理念、教学目标、办学质量等多方面突破的重要举措。国家对于教师的信息化教学科研能力也提出了更高的要求，迫切需要教师具备必要的网络技术操控能力来实现教育现代化的国家发展战略。

　　教育的信息化发展为体育教师实现课程资源共享提供了平台，教育资源信息库的出现更成为体育教师教研交流的主要渠道。在教育的现代化发展、信息网络技术的出现背景下，体育教学打破了传统的固有模式，师生之间的课堂教学互动有了更具新颖性的方式，课堂教学呈现出多样化、多元化的发展趋势。信息化网络教学在体育教学领域的融入，为学校体育课程改革、体育专业人才培养铺就了多方向的渠道。当代互联网技术飞速发展，使得体育教师可以通过网络教学平台广泛搜集体育教学资料，并可通过互联网的形式对学生进行远程授课，互联网平台的另一端，学生能够在教师的指引下完成体育技能练习以及体育理论知识的学习，网络信息技术为师生之间教学的有序发展搭建了桥梁。

[①] 中华人民共和国教育部. (2016-06. 07).《教育信息化"十三五"规划》[EB/OL]. 中华人民共和国教育部官方网站. http://www. moe. gov. cn/srcsite/A16/s3342/201606/t20160622_ 269367. html
[②] 中华人民共和国教育部政府门户网站. 中共中央、国务院印发《中国教育现代化2035》[EB/OL]. (2019-02-23) 中华人民共和国教育部官方网站. http://www. moe. gov. cn/jyb_ xwfb/s6052/moe _ 838/201902/t20190223_ 370857. html.

二、提高信息技术教学能力是体育教师专业化发展的途径

教师专业化是指教师通过不断的学习，使其专业知识与技能不断增长的过程，包括新手教师在实践中不断提高自身能力，最终成长为一名合格教师的过程。① 中小学体育教师肩负着增进学生健康、增强学生体质、提高学生核心素养以及新时期立德树人的重要使命，中共中央、国务院在 2020 年下发的《关于全面加强和改进新时代学校体育工作的意见》② 中，再一次强调了学校体育工作在国家教育工作以及建设现代化教育强国中的重要地位，而作为学校体育工作的具体承担者，体育教师的专业能力和专业发展与新时代学校体育工作的质量息息相关。结合《小学教师专业标准（试行）》和《中学教师专业标准（试行）》③ 中的相关概述，体育教师的专业化已经是提高体育教师素养、加强中小学体育师资队伍建设、提高中小学体育教育质量的重要路径。

在今天，运用信息技术教学已经成为提高体育教学效果的必要手段，体育教师通过对信息技术教学手段的进一步掌握，可以有效地整合体育学科知识、扩展教育教学资源、充实教材教法，在提升课堂教学质量的基础上不断提高体育教师的专业能力，有效促进体育教师的专业化发展。与此同时，体育教师信息素养的提高也可以帮助教师更新传统的教育观念、主动适应新时代教育信息化的特点，有利于教师职业生涯的长远发展。

专业化发展是当前全世界教育改革的主要任务，体育教师是我国中小学教师队伍中的一个重要成员，但由于其自身的特殊性，某些教师不能在时时、事事中发现其职业生涯的重要性，进而影响到其专业化的进程④。

在教育信息化的今天，结合其他产业的实践，我们发现，把信息技术与体育

---

① 陈伟. 西方大学教师专业化 [M]. 北京：北京大学出版社，2008. 104.
② 中华人民共和国中央人民政府. 中共中央办公厅 国务院办公厅印发《关于全面加强和改进新时代学校体育工作的意见》和《关于全面加强和改进新时代学校美育工作的意见》[EB/OL]. （2020-10-15）[2020-10-16]. http：//www.gov.cn/zhengce/2020/10/15content_ 5551609.
③ 中华人民共和国教育部. 教育部关于印发《幼儿园教师专业标准（试行）》《小学教师专业标准（试行）》和《中学教师专业标准（试行）》的通知 教师 [2012] 1 号 [S]. 2012-09-13.
④ 郑旗. "关键事件"对中小学体育教师专业化发展的影响 [J]. 北京体育大学学报，2005（9）：1249-1251.

课程相结合，能有效地改善教学质量，达到教学目的。因此，运用信息化教学技术，将是提升体育教师素质的重要手段。

三、信息技术在中小学体育教学中应用的蓬勃发展

2020年年初，全国大中小学安排网络授课，全国师生严格遵循要求进行线上教学，体育教师充分利用线上教学优势，有针对性地选取运动项目并优化教案，将信息技术与体育教学进行了深度融合，进一步加快了信息技术与学校体育的结合。

2020年7月，教育部召开了全国教育信息化工作视频会议，会议总结了网络授课的工作经验，加快推进了教育信息化2.0发展。[①] 教育部有关领导指出：教育改革各项工作有序进行，全国大规模地开展在线教学，显现了十几年来教育信息化的发展成果。在线体育教学引起人们的关注与热议，如何把线上教学模式做好已经成为每个学校体育工作的重要事务，通过近些年来无数一线教师的共同努力，信息技术在中小学体育教学的应用中得到了快速发展。

体育课程作为素质教育中培养学生身心健康水平的主要途径，应该得到全面、均衡的发展。在教育信息化时代下，新时期的体育课程应该打破传统课程的空间、时间束缚，结合现代教育技术，促进其在体育教学过程中的运用。中共中央、国务院在《关于全面加强和改进新时代学校体育工作的意见》中提出，新时代学校体育教学需要改革创新，面向未来，立足于时代要求，更新教育理念，深化教学改革。在教育信息化新时代，信息化技术对体育教学存在着许多有利影响：①优化体育与健康课程形式，体育教学不再是单纯地讲述理论知识，而是借助信息化技术采取多元综合处理，将内容生动呈现，使学生更容易接受；②更新教学手段，在以往的体育课程中，体育教师大多是运用示范和讲解的教学方法进行动作指导教学，但是有些项目技术动作复杂，依靠教师的讲解或示范很难将技术动作讲解清晰，通过信息化技术可以更加直观地展示动作的多重角度，更加清

---

① 中华人民共和国教育部. 2020年全国教育信息化工作会议召开［EB/OL］.（2020-07-15）［2020-10-16］. http：//www.moe.gov.cn/jybxwfb/gzdtgzdt/moe_1485/202007/t20200715_472891.html.

晰地展示完整动作,从而有利于学生掌握动作技术要领;③转变体育课程传统观念,结合信息化技术,体育教师可以在动作指导教学的过程中,更加快速地掌握每个学生的动作情况,并且教师与信息化技术可以实现同时纠正错误的可能,从而打破了原有的体育教学中的空间限制。此外,线上慕课的开发,打破了时间的限制,使学生居家期间可以随时开始锻炼。

四、体育网络教研是国家和时代发展的需要

当前,随着时代的快速发展,国家和社会对体育教师应用信息技术的意识和能力提出了更高的要求,体育教师通过参与网络教研,不仅能够提升体育教师应用现代教育技术的能力,还能在一定程度上改善我国体育教学资源分配不合理的问题。教育部在《教育部关于实施全国中小学教师信息技术应用能力提升工程2.0的意见》中指出:推动教师应用网络学习空间、教师工作坊、研修社区等,利用线上资源,结合线下研讨,打造"技术创新课堂",提高应用信息技术进行学情分析、教学设计、学法指导和学业评价等的能力,破解教育教学重难点问题,满足学生个性化发展需求,助力学校教学创新。① 中共中央、国务院在《关于全面深化新时代教师队伍建设改革的意见》中强调了"转变培训方式,推动信息技术与教师培训的有机融合,实行线上线下相结合的混合式研修",② 明确地表达了国家对于教师运用信息技术手段进行教学研究的重视。同时,《中国教育现代化2035》还强调了"建立数字教育资源共建共享机制""构建覆盖全国的数字教育资源公共服务体系,逐步使农村、边远、贫困、民族地区的学校都能共享优质教育资源"。③ 通过网络教研,能够克服体育教师交流互动中时间和空间

---

① 中华人民共和国教育部. 教育部关于实施全国中小学教师信息技术应用能力提升工程2.0的意见[EB/OL]. (2019-03-21) [2020-10-16]. http://www.moe.gov.cn/srcsite/A10/s7034/201904/t20190402_376493.html.

② 中华人民共和国中央人民政府. 中共中央国务院关于全面深化新时代教师队伍建设改革的意见[EB/OL]. (2018-01-20) [2020-10-16]. http://www.gov.cn/zhengce/2018-01/31/content_5262659.htm?homid=15.

③ 中华人民共和国教育部. (2019-02-23)《中国教育现代化2035》[EB/OL]. 中华人民共和国教育部官方网站. http://www.moe.gov.cn/jyb_xwfb/s6052/moe_838/201902/t20190223_370857.html.

上的不便之处，能够以较低的成本实现体育教学资源的共享，促进我国体育教育资源的公平分配。网络教研顺应着国家和社会发展的潮流和需求，对我国体育教育中体育教师群体的专业能力发展以及体育教育的信息化、现代化和公平化有很好的促进作用。当前，体育教师的网络教研不能够仅仅依靠国家和社会的重视，更需要广大体育教师的共同努力。当前体育教师依然存在教育信息化方面的创新能力不足、应用信息技术的能力不强、参与网络教研程度低等问题，影响体育教师专业能力的提升，这些问题亟待解决。

当前，"互联网+体育"的字眼已经层出不穷，体育网络信息教学的发展虽起步较晚，但也已经初步具备了一定的发展规模，体育教师的网络教学教研水平也是突飞猛进。在体育教师网络教研一片向好的发展形势下也存在一些不尽如人意的现实困境：体育教师的网络教学水平因人而异存在很大的差异性，体育教师的网络教研水平仍存在很大的发展空间，部分优质体育教学资源传播受限，无法满足目前体育教学信息化发展的需求。伴随着我国大众体育、竞技体育的发展，体育教师网络教研水平与体育学科的迅速发展存在脱节现象，迫切需要体育教师进一步提高自身的网络教研水平，提高体育优质资源的利用率。这不仅是实现信息化时代下体育专业学科发展的需求，更是实现我国教育现代化、体育教育现代化的重要途径。

与此同时，网络教研是促进体育教师专业能力发展的重要途径。中小学的体育教育离不开体育教师队伍的共同发展，每一个优秀教师队伍也都离不开每一位体育教师个体的力量，因此新时代体育教师队伍的发展应当讲求"创新、协调、绿色、开放、共享"的新发展理念，应当不断地提升自身的专业能力水平，在新时代教育信息化的大环境之下不断地提高自身的专业素养和信息技术应用的素养以壮大新时代体育教师队伍的建设，网络教研就是一种符合时代要求从而提升体育教师队伍力量的重要方式，对于中小学体育教师群体的教师队伍建设有着重要的意义。体育教师专业能力的提升和发展，与体育教师的教研密不可分，相对于传统的教研形式，随着互联网与各类传统行业的深度融合与发展，体育教师的网络教研对传统教研有相互补充的优势。互联网对于我国的中小学体育教研的帮助体现在跨越时空交流的便利性与各类体育教研资源共享的开放性上，在一定程度上弥补了传统体育教师教研在时间和空间上开展的不足，也能够极大地促进中小学体育教师团体专业能力的发展，网络教研能够打破时间和空间的限制，能够实现提升体育教师专业能力资源的共享，能够促进参与网络教研个体地位的平等性，相对于线下的传统体育教研来说，大大降低了体育教师参与教研活动的各种成本，也能够通过与全国各地乃至全世界的体育教师通过资源共享共同提高自身的专业能力水平，极大地开阔体育教师的视野，并将其反馈到日常的教学当中。对于提升我国中小学体育教师的专业能力来说，单纯的传统体育教师教研似乎并不能够满足广大体育教师提升自身专业能力水平的需要，而传统的体育教研依然具备着其自身的优势，发展网络教研并不意味着舍弃传统的体育教研，相对而言，体育教师更需要网络教研这一形式对传统教研进行补充，二者相辅相成，能够最大限度地提升体育教师的专业能力水平，所以网络教研是促进中小学体育教师专业能力发展的新需要。

科学的研讨行为是促进体育教师参与网络教研发展的必需品。网络教研的顺利开展，离不开广大体育教师的积极参与。体育教师参与网络教研有着丰富多样的形式，包括体育教师的远程区域性体育网络教研论坛、博客、QQ群、微信群、腾讯会议等，在文本、音频、视频等互动的层面，通过互联网为媒介进行的信息传递，都是基于参与网络教研的体育教师不同的研讨行为开展的。只有体育教师在进行网络教研时积极地参与群体知识的协同建构，充分地对讨论的主体进行观点分享与交流，网络教研才能够有效地进行下去，否则这种形式会失去其原本的意义。

第二节　研究目的与意义

一、研究目的

教育信息化是教育改革的趋势，体育学科与其他学科不同，实际教学中多为室外场地，室外场地存在诸多不确定性为体育教师使用信息技术增加了难度。本研究首先通过内容分析法进一步挖掘出信息技术在体育教育领域的用途方面和预期所能取得的功能效果，根据研究结果为利用信息技术提高学校体育教育教学整体质量提供建议。其次，通过梳理体育学科应用现代教育技术的历史，从历史的角度进行分析有助于启示未来的发展。最后，了解中小学体育教师信息技术教学使用意愿的现状，确定使用意愿的影响因素后，对研究结果进行科学分析得出研究结论，并结合学校体育课堂的实际情况进行相关建议，了解信息技术在体育教育领域相关专利的申请趋势、技术领域分布等特点，明确热点技术、识别前沿技术和预测技术发展趋势，以期引导体育教师提高信息技术教学的使用意愿。

二、研究意义

（一）理论意义

本研究首先从专利视角研究信息技术在体育教育领域的发展，通过检索德温特专利数据库，将专利数据格式进行转换，并使用 CiteSpace 软件对信息技术在体育教育领域相关专利进行了可视化分析，实现了研究工具的创新。以往的专利研究中大多采用量化研究方法并缺少对专利摘要内容的深层次语义挖掘，本书采用人工阅读的方式通过内容分析法进行信息技术在体育教育领域相关专利的研究，扩展了对于专利研究的方法，具有一定的理论意义。

其次，收集整理"教育技术在中小学体育教学中的应用"史实，为探究"教育技术在中小学体育教学中的应用及分析其影响因素"提供独特视野，提高人们对技术与教育的认识，丰富学校体育学、体育教育学、体育教育技术等学科的理论体系。虽然当前教育信息化的研究势头正盛，但对于体育教师信息化教学能力的研究较为薄弱，尚未形成完整的体系，目前国内已有研究以体育教师的信息素养以及现实困境为主，体育教师信息化教学能力尚未形成评价体系以及理论框架。因此，本研究期望形成一定的理论成果，丰富我国体育教师信息化教学能力发展的研究，为促进体育教师信息化教学能力提供一定的理论依据，以期推动国内体育学科的教育信息化发展。

再次,信息技术在体育教育领域的相关专利,必然会涉及信息技术和体育教育两个领域,研究改变了以往只从体育教育角度谈信息技术,扩充了从信息技术角度看体育教育的方式和方法。此外,本研究在一定程度上扩展了分析德温特专利数据的方法,通过专利数据格式转换完成了使用 CiteSpace 软件对信息技术在体育教育领域相关专利进行的可视化分析,实现了研究工具的创新。以往的专利研究中大多采用量化研究方法并缺少对专利摘要内容的深层次语义挖掘,本书采用人工阅读的方式通过内容分析法进行信息技术在体育教育领域相关专利的研究,扩展了对于专利研究的方法,具有一定的理论意义。

最后,研究信息技术在我国体育教育领域的应用情况,本研究将"UTAUT"理论引入体育教师教育研究领域内,通过构建体育教师使用意愿影响因素模型,并通过结构方程模型进行验证假设,以确定影响中小学体育教师信息技术教学使用意愿的因素。本研究中进一步拓宽该理论的应用范围,期望形成一定的理论成果以丰富体育教师的教育教学相关理论。

(二) 实践意义

首先,本书探明了信息技术在体育教育领域相关专利的技术热点和应用主题,为涉及信息技术在体育教育领域相关单位调整信息技术产品、产业发展战略,做出更高站位、更加系统和完善的战略决策提供参考。为信息技术在学校体育教育各方面工作,尤其是体育教学工作和体育保障管理工作更好地利用信息技术来提高教学工作质量和管理效率提供参考,为学校体育完成数字化转型和智能升级提供思路。

其次,本书总结 20 世纪 20 年代至 21 世纪 20 年代近一百年以来我国学校体育发展的社会文化背景,总结各个时期中小学体育教学过程中教育技术的应用及影响因素,解读其存在的实际问题。从历史的研究角度探究技术应用于教育领域这一现象,以史为鉴,我们能对教学技术在中小学体育教学的作用有一个更深入的认识,有利于启示未来的应用方向,指导应用实践,进而为我国学校体育全面的改革与发展提供启示。

最后,本研究构建了中小学体育教师信息技术教学使用意愿影响因素模型并进行假设验证。在确定使用意愿影响因素的基础上,可以为提高体育教师的信息技术教学使用意愿的具体实践提供指导,进一步提高中小学教育信息化的发展水平。

第三节 研究的创新

本书在研究内容、研究数据资料以及研究方法等方面有一定的创新。

研究内容与数据的创新。在研究内容方面,基于信息技术在中小学体育教学中的应用发展,做了充分的研究相关概述,并在专利数据、文献与课程大纲等文本进行理论实证基础上,从中小学体育教师信息化教学能力发展、网络教研以及信息技术应用教学课堂等不同部分展开实践调研分析。研究内容从理论到实践,在一定程度上可以填补当前中小学体育教学中信息技术相关研究的不足和空白,具有较大的创新性。在研究数据方面,在成果中搜集专利文献作为研究数据来源,全面检索与整理近百年相关文献与课程大纲等二手数据资料,以及对中小学体育教师信息化教学能力发展、网络教研、信息技术应用教学课堂等不同方面实践调研的一手数据,在研究分析数据上具有创新性。

研究方法的创新。在研究中采用专利计量法对专利文献数据中的有关信息技术在体育教学中的应用进行分析;运用社会网络分析法与内容分析法对中小学体育教师参与网络教研行为进行分析;基于技术开发改进 CAFIAS 互动系统编码,对体育课堂师生互动行为进行分析,以上选用的研究方法与对应研究内容较为科学合理,且在体育领域具有一定的创新性。

研究理论的创新。研究充分借鉴了其他学科与本研究相关的理论知识,如传播学中的传播扩散理论、教育技术中的技术创新理论、管理学中的计划行为相关理论以及教育学中的"UTAUT"理论等,在其基础上结合体育教学中信息技术相关内容展开论述,为本研究提供理论基础支撑,体现出一定的理论创新。

一、内容创新

第一，在以往的研究中大多只针对申请数量、发明人、技术来源国家（地区）、专利技术领域、技术强度等进行分析，忽略了对于专利标题和摘要内容的深入挖掘，本研究中重要的一部分就是对专利标题和摘要的挖掘工作，因此具备研究内容的创新。

第二，国内对于教育技术在我国学校体育应用的历史的研究很少，同时做近百年的历史梳理更是少之又少，本研究从教育技术应用的历史史实、体育课程标准与教学大纲内容、中小学体育教学应用教育技术期刊论文的内容三个研究方面来对五个历史时期一百年的应用情况进行分析，研究的内容具有较强的创新性。

第三，尽管国家教育信息化战略已经推行多年，信息技术教学已经成为教师专业发展的重要途径，但研究发现体育教师对现代教育技术的使用率并不高，未能对学校的信息技术教学资源进行有效的利用，这在一定程度上阻碍了教学质量的提高和教育信息化的发展。在全面推进教育强国建设的新时期，为了提高学校现代教育技术的普及率和应用水平，进一步推进教育信息化的发展，对体育教师信息技术教学的内在行为机制进行全方位、多视角的立体化研究尤为必要，为此本研究对中小学体育教师信息技术教学使用意愿进行研究，在研究内容上有所创新。

第四，本研究在前期进行文献阅读、资料收集时发现在教育信息化时代对于体育教师的研究多在信息素养以及技术应用方面，对于体育教师的信息化教学能力研究较少，本研究以体育教师信息化教学能力为研究内容，在一定程度上弥补了此前研究的空白。

第五，"草根争鸣"体育教师网络教研论坛是当前我国体育教师自发参与的历时最长，且参与人数最多的体育教师网络教研平台。在对体育教师参与网络教研的行为研究中，对该平台的选择有着较强的代表性。基于国内外的相关研究发现，当前已存在的体育教师自发性地以公共网络平台进行的体育网络教研的研究，大多是基于研究者的观察和体验所进行的，并未对相关的问题进行更加深入的研究，对于体育教师参与非公开的网络教研的研究更为稀少。所以本研究在内容方面通过对"草根争鸣"体育教师的网络教研论坛中体育教师的发帖交流行为进行更加深入的分析，通过量化的手段发现当前体育教师参与网络教研的过程中具体存在的相关不足，并对这些问题提出针对性的建议，从而促进体育教师更好地参与到网络教研中来，促进其专业能力水平的提升，在研究的内容方面能够填补当前对体育教师参与网络教研相关研究的空白，具有一定的新颖性和创新性。

第六，本书研究的主要内容是信息化时代下体育网络教研行为影响，研究内容具有一定创新性，目前针对体育教师网络教研行为的研究还比较少。本书从影响体育教师网络教研行为的教研资源、自我效能感、组织管理、人际交流四个层面展开论述，并选取《中国学校体育》杂志中"草根争鸣"论坛的部分体育教师进行调查问卷分析，使研究内容更加真实。

第七，本研究主要针对专家型教师与体育教育（师范）专业实习生进行研究。通过检索文献得知，目前针对体育实习生的研究很少，针对体育实习生课堂中师生互动行为的研究更少。体育实习生毕业后将正式走向课堂，独立进行授课教学。体育教育专业宝贵的实习时间需要积累大量的实践经验，只有这样才能更好地适应今后的教学。本研究针对专家型教师与体育实习生的课堂师生互动行为进行研究，为教师职业化培养提供理论参考。

二、方法创新

第一，本研究采用内容分析法对信息技术在体育教育领域中的相关专利进行研究，具有一定的创新性。

第二，本研究试图从历史文件资料和相关文献资料两个途径，综合运用三种研究方法即历史研究法、文献研究法以及内容分析法对信息技术在我国中小学体育教学中应用百年历史展开分析与研究。揭示信息技术与学校体育教学二者的相互影响关系，阐释了影响各个历史时期信息技术应用到体育教学方面的诸因素。

第三，目前，国内对于体育教师信息技术教学的研究更多的是在对地方体教师信息素养的现状研究、对体育信息技术教学能力的现状研究、对体育教学与信息技术的结合的案例研究等。研究者对体育教师信息技术教学行为的研究仅仅停留在提出问题的浅层，并没有做更深层次的探讨，可以说目前对体育教师信息技术使用行为内部机制的研究是相当匮乏的。本研究采用文献资料法、专家访谈法，参照"UTAUT"理论（技术接受与使用统一理论），确定研究维度，并编制了中小学体育教师信息技术使用意愿调查问卷，向一线体育教师收集数据，通过数理统计与分析法，利用 SPSS 23.0 软件，对收集数据进行独立样本 t 检验、方差分析，利用 AMOS 23.0 软件建模并进行验证性因子分析、结构方程模型分析，以探究影响中小学体育教师信息技术使用意愿的因素。本研究是基于结构方程模型对体育教师信息技术教学使用意愿影响因素进行研究的，在研究方法上有所创新。

第四，本研究在设计调查问卷时，采用了曲宗湖学者在《体育教师的素质与基本功》一书中提出的，新时代体育教师的教学能力，包括获取信息能力、处理信息能力、运用信息能力以及创造信息能力，为本次调查问卷的设计维度。在最后进行数理统计时，以体育教师信息化教学能力为因变量，上述四种能力为自变量，通过 SPSS 软件进行差异性分析。

第五，本研究主要运用了文献资料法、社会网络分析法、内容分析法，对我国中小学体育教师参与"草根争鸣"网络教研的相关发帖交流的行为进行研究。其中，社会网络分析法能够将体育教师参与的网络教研论坛中隐性的体育教师相互交流之间发生的关系以社会网络的形式表现出来，将隐性的信息变为显性的信息，并通过量化的数据计算分析体育教师之间发生的互动行为，并对其进行相应的评价。本研究还运用了内容分析法，对"草根争鸣"中的体育教师在网络教研论坛的发帖内容进行质性文本分析，从体育教师发帖内容中研究体育教师在参与自发性的网络教研时的行为深度互动表现情况。相较之前对于体育教师参与网络教研的相关研究，社会网络分析法和内容分析法在一定程度上具有一定的创新性，这些方法不同于早期对体育教师网络研究中单纯运用观察和亲身体验的方法，这两种方法能够以更加量化、客观的方式对体育教师参与网络教研的行为进行研究。

第六，本书研究的主要内容是信息化时代下体育教师网络教研行为影响，通过选取《中国学校体育》杂志中"草根争鸣"论坛的部分体育教师进行问卷调查分析，获取了体育教师进行网络教研时的基本情况，包括年龄、性别、职称、教龄等。通过运用影响回归分析方法进一步分析不同体育教师在进行网络教研时的差异性，进一步为本书的研究结果奠定基础。

第七，对中国知网检索结果进行分析可知，目前体育学科研究关于师生互动行为的期刊文章中，大多运用问卷调查法，很少有运用系统观察工具对于师生互动行为进行量化分析的。在中国知网查询学位论文得知，2020年上海体育学院有一名学生运用CAFIAS互动系统对于体育实习生进行研究，目前运用新编码进行对比分析的文章在中国知网中并没有相应结果。

三、理论创新

第一，本研究需要借助其他学科的理论提供研究的基础和启示。在分析信息技术应用于学校体育中的影响因素时，主要参考传播学中的传播扩散理论。通过研究发现这个问题处于体育学术史的初期，因此本研究问题的创新点基于此而呈现出来。

第二，尽管国内外已经有很多学者关注到教师信息技术的使用行为和使用意愿，运用相关理论研究教师使用信息技术教学的影响因素，但本研究第一次将UTAUT理论引入体育教师相关研究范畴，以计划行为相关理论为基础对体育教师的信息技术教学意愿进行研究，拓宽了该理论的应用范围，因此本研究在应用的理论方法上有所创新。

第三，当前国内外对于体育教师参与网络教研的相关研究还比较少，并且国内外的体育教师进行网络教研有着各自不同的方式。相对于其他学科教师的网络教研研究，体育教师的网络教研研究还较为匮乏，尤其是对体育教师参与网络教研行为相关理论的研究。本书通过行为研究的视角，对体育教师参与网络教研的行为进行研究，提出具体的建议，弥补相关理论和实践层面的不足，促进体育教师专业能力的提升。

第四，本书提及教研方式主要是通过网络平台实现，不同于传统的线下的教研方式，从影响体育教师教学资源、自我效能感、组织管理、人际交流四个层面来分析体育教师进行网络教研的差异性，分析体育教师在年龄、性别、职称、教龄上所产生的不同影响。

第五，弗兰德斯分析系统有着悠久的历史，西方众多学者针对弗兰德斯分析系统的不同特点进行研究。弗兰德斯分析系统极为依赖其中的分析编码，通过查阅文献得知，西方国家众多学者根据不同国家以及不同学者的特点开发弗兰德斯分析系统的编码，但我国大陆地区并没有针对体育学科开发出评价编码，通过继续检索发现，中国台湾学者林静萍开发了适应体育学科特点的分析编码。本研究基于林静萍所设计的编码，开发适合我国大陆地区的分析系统编码。

第四节 研究的价值

一、理论价值

通过整理专利数据、文献与课程大纲等资料，理论剖析信息技术在中小学体育教学的应用发展，对丰富学校体育学、体育教育学、体育教育技术等体育领域学科理论体系具有重要理论参考价值。综合"UTAUT"、《教育信息化2.0行动计划》等理论与背景，对中小学体育教师信息化教学能力进行调查研究，形成完整的体育教师信息化教学能力培养体系，为体育教师信息化教学能力发展提供理论依据。当前对体育教师参与网络教研的研究大多是基于经验和观察对当前现状进行分析和研究，本研究在研究视角和方法方面对现有研究的不足之处进行了丰富，对网络教研的研究在理论上具有一定的价值。

第一，本书研究的信息技术在体育教学中的应用发展，必然会涉及信息技术和体育教育两个领域，研究改变了以往只从体育教育角度谈信息技术，扩充了从信息技术角度看体育教育的方式。以往的专利研究中大多采用量化研究方法并缺少对专利摘要内容的深层次语义挖掘，采用人工阅读的方式通过内容分析法进行信息技术在体育教育领域相关专利的研究，具有一定的理论价值。

第二，通过检索文献发现当前我国对体育教师信息技术教学的研究大多以现状调查研究为主，对体育教师信息技术教学行为的内在动因以及影响因素的研究较少，理论发展较为薄弱。另外，"UTAUT"作为发展较为成熟的技术使用理论已经在多个领域内得到了应用与发展，但在教师教育的领域内缺少以体育教师作为行为主体的相关研究。因此，本研究将"UTAUT"理论引入体育教师教育研究领域内，进一步拓宽该理论的应用范围，期望形成一定的理论成果以丰富体育教师的教育教学相关理论，推动体育教师专业化发展，助力教育信息化。

第三，以《教育信息化2.0行动计划》为理论根据，面向体育教师研究信息化教学能力提高过程中的重点，并形成完整的体育教师信息化教学能力培养体系，为体育教师信息化教学能力发展提供理论依据。

第四，本研究以体育教师参与自发性的网络教研行为的视角对参与网络教研的体育教师进行相关的分析和研究，对体育教师参与"草根争鸣"体育教师网络教研论坛中的相关发帖交流的行为进行研究，能够丰富和发展体育教师参与网络教研的相关理论，填补体育教师参与网络教研的相关空白。

第五，信息网络技术的发展已经成为国家之间、人与人之间沟通交流的新桥梁，信息技术的出现大大提高了交流的频率与效率，更好地促进了生产力发展。对体育教师网络教研行为的研究，在总结体育教师网络教研影响因素的基础上，探究体育教师网络教研行为提升新策略，在目前体育教师网络教研的水平上进一步提升，更加有利于把握当前体育教师网络教研的现状，推动体育学科网络技术的发展。

第六，师生互动行为作为实践性较强的理论，个体之间固然存在较大差异，这也是目前课堂师生互动行为缺乏相关理论的原因之一。本研究借助自主开发的SFLAS（体育课堂师生互动评价）系统对体育教育（师范）专业实习生与专家型教师的师生互动行为进行系统性研究，并归纳总结出两类教师课堂师生互动行为存在的差异，为体育实习生师生互动行为培养提供理论指导，弥补目前我国体育实习生师生互动行为理论的空白。

二、应用价值

研究构建了中小学体育教师信息技术教学使用意愿影响因素模型并进行假设验证，对明确体育教师的使用意愿的影响因素具有重要的作用，为提高体育教师的信息技术教学使用意愿的具体实践提供指导。教育信息化时代的到来，使教学不再仅仅依靠人为进行。研究中开发数字化的 SFLAS 系统，以及人工智能技术对体育教师教学行为的评价系统，将会增强评价的客观性以及准确性，具有较强的实践应用价值。

第一，首先郑州市中学体育教师的问卷调查及专家访谈，切实地展现出了郑州市体育教师信息化教学能力的现状，促使中学体育教师明晰教育信息化研究的重要作用，激发体育教师参与信息化教学培训的意愿，为中学体育教师信息化教学能力发展提供了方向和路径。其次，探究体育教师信息化教学能力发展的影响因素，对今后体育教师信息化教学能力的组织和发展具有指导意义。

第二，通过对体育教师参与网络教研行为的研究，能够分析出体育教师在参与网络教研时的行为深度互动表现的情况，并对体育教师在网络教研中行为的深度互动表现以协同知识建构的水平进行评价，在一定程度上能够使得体育教师发现自身参与网络教研行为中需要注意的方面，还能够对体育教师参与网络教研互动行为的具体方式提供相应的指导意见，同时还能为网络教研的组织者更好地开展和组织网络教研提供策略依据，使体育教师更科学地参与网络教研，进行更高质量的体育教学理论和实践经验的建构，促进体育教师的网络教研参与度和专业能力水平的提升。

第三，利用信息网络技术、网络教学平台、多媒体技术等，对体育教师网络教研行为进行调查研究，有利于提高体育教师的网络教研水平以及运用能力。提升当前体育学科网络教研的技术水平，为体育教学的改革提供可行路径，更加有利于探索多元化的体育人才培养渠道。

第四，在教育信息化的大潮中，信息技术为我国教学提供了极大便利。课堂评价需要评价者依据客观实际进行研究，但在现实中，人为评价难免带有主观色彩。教育信息化时代的到来，使教学不再仅仅依靠人为进行，本研究中开发数字化 SFLAS 评价系统，最大限度地保证了评价的客观性以及准确性。

三、学术价值

第一，"教育技术在中小学体育教学的应用"一直是学校体育学术研究中的重要议题，对该问题的认识研究越透彻，越能引导实践探究其本质。

第二，本研究调查了广东省和山东省中小学体育教师信息技术教学使用意愿现状，对当前体育教师信息技术使用意愿现状进行描述与分析，了解不同的体育教师之间在使用意愿方面的差异，分析其差异性出现可能的原因，并为后续相关研究提供参照。此外，基于"UTAUT"理论编制中小学体育教师信息技术教学使用意愿影响因素的调查问卷，构建使用意愿影响因素模型，并通过结构方程模型进行验证假设，以确定影响中小学体育教师信息技术教学使用意愿的因素。

第三，中学作为义务教育中培养学生形成良好行为习惯的重要阶段，素质教育的培养尤为重要。体育作为素质教育的重要组成部分，学科的发展应当符合时代潮流，本研究立足于信息化时代背景，调查中学体育教师信息化教学能力发展的影响因素，分析各因素的影响关系，并给出建议，以期推动体育教师的信息化教学能力发展，同时对于中学体育学科教育信息化发展具有一定的指导意义。

第四，本研究基于当前国内外对体育教师参与网络教研相关理论和实践研究的不足，运用文献资料法、社会网络分析法、内容分析法等科学的研究方法选取"草根争鸣"体育教师网络教研论坛中的一期研讨内容作为研究的主题，在理论和实践层面上具有一定的创新性，对当前的体育教师参与网络教研的研究进行了更加深入的研究，相对于前人的研究具有一定的突破。本研究本着科学的态度，阐明体育教师在参与网络教研中存在的相关问题，并根据研究的结果进行相应的分析，得出相应的结论，提出科学的建议。本研究切实从客观实际出发，具备一定的科学性和学术价值。

第二章　概念界定、理论基础与文献综述

第一节　概念界定

一、体育教学

体育教学一般是指在学校教育中，学生在教师有目的、有计划、有组织地指导下，积极主动地通过掌握技术技能、增进身心健康、提高身体活动能力及自然或社会环境适应能力，养成良好思想品德和促进其个性发展的教育过程。[①]

体育教学概念的内涵是随着时代的发展和体育教学目标、教学内容、教材和教学方法的不断发展而改变的，因而体育教学的重心也逐渐由老师单方面教授向师生互动乃至以学生发展为中心转移，这种转变与信息时代体育教学的发展趋势相适应。

综上得知，体育教学是教学的下位概念，是整个教学的一个有机组成部分，在时代的发展变化中它不仅具备固有的教育性，还更强调师生之间"教与学"的双边性特征。

（一）体育教育（师范）专业实习生

张释元等将教育实习的功能解释为教育实习是师范生建构教师专业身份的重要阶段。在教育实习中，师范生以已经习得的身份前概念为基础，确证、调适与

[①] 龚正伟. 体育教学论 [M]. 北京：北京体育大学出版社，2004：20.

重构教师身份概念。① 实习生尚处在学生阶段，学生通过教育实习完成由学生到教师的角色转变。体育教育（师范）专业实习生指师范类院校体育教育专业学生，通过学校设立的课程与考试，学业达到学校要求的年限后，经学校组织，进入特定中小学学校，在指导教师的带领及指导下，将学校学习的体育知识应用到实际教学当中，培养学生独立完成体育教学任务的能力，为学校体育输送人才。

本研究中提及的体育教育（师范）专业实习生（以下简称"体育实习生"）为××师范大学体育教育专业的学生，他们均完成了在校期间理论学习与校内实践任务，成绩优异，经学校组织与分配进入特定学校进行实习工作。

（二）专家型体育教师

对于专家型教师的定义有很多，大致可以分为三类。第一类为"特殊专长说"，指在教学领域具有某一特长的教师；第二类为"特级教师说"，这里将特级教师与专家型教师画等号；第三类为"优秀教师说"，指得到同行认可的教师，此外对于教育领域发展做出贡献的优秀教师都可以称为专家型教师。② 学者徐红将专家型教师定义为在全日制中小学学校教育教学一线岗位连续工作15年以上，具有高级职称，在县级及以上级别的教学比赛中获得过二等奖及以上奖项的，以第一作者身份在正规刊物上至少公开发表过1篇教研论文或在正规出版机构出版过1部专著或主持过县（市）级及以上级别的教科研项目的老师。③ 本研究中应用其对于专家型教师的概念界定，选定专家进行分析。

（三）师生互动行为

体育教学过程是一场特殊的人际交往过程，在课堂中，一名教师面对许多名学生，教师向学生传递知识的同时，学生也在集体中进行社会性发展。课堂中的互动形式主要包括师生互动与生生互动。课堂师生互动是教师和学生之间在课堂

---

① 张释元，陈向明，邱霞燕. 师范实习生教师专业身份建构 [J]. 教师教育研究，2015，27（4）：74-79.
② 徐红. 专家型教师培养标准研究 [M]. 北京：中国社会科学出版社，2013：33-45.
③ 徐红. 专家型教师成长规律与培育机制 [M]. 北京：科学出版社，2019：22.

教学情境中发生的具有促进性或抑制性的相互作用或影响。① 课堂互动行为是师生互动中外在的行为表现方式，如动作示范或鼓励等。

二、教育技术信息化

"教育技术"一词和"技术"一样有广义与狭义之分，在教育领域范围内技术的应用都是与教育相伴而来，保罗·萨特莱所著的《教育技术发展史简述》中提道："从教育产生的那天起，就有了教育技术"。②

因此，教育技术的发展历史与教育同样久远。而自从教育技术学作为一门学科诞生，有关教育技术概念的定义引起了众多学者的关注，但是想弄清楚"教育技术是什么"还是很有难度的。本书讲述的是现代教育技术，其发展历史并不长，只有一百多年。③

教育信息化由字面意思来看，是将教育与信息化整合到一起成为一项符合当下时代的现代化教学技术。美国政府在1993年提出"信息高速公路计划"，将信息与通信技术融入教育，并作为21世纪的主要教育发展策略。"信息高速公路计划"获得了众多认可，并进行研究运用。④ 而南国农学者认为"教育信息化是一个过程，一个运用现代信息技术，不断改进教育教学，培养、提高学生的信息素养，促进教育现代化的过程"⑤。随着人工智能、区块链、大数据平台等越来越多的现代化技术融入教学实践中，人们对于教育现代化与教育信息化两种概念难以区分，虽然两者有着一定的密切联系，但在2014年中央网络安全和信息化领导小组第一次会议中做出"没有信息化就没有现代化"的重要判断，⑥ 所以二者并非等同的关系地位，教育信息化可以作为实现教育现代化的重要方式与实现途径。因此，教育信息化是一种将信息化技术整合到现代教育中的一种过程，是实

---

① 佐斌. 师生互动论——课堂师生互动的心理学研究 [M]. 武汉：华中师范大学出版社，2002：76-77.
② 保罗·萨特莱. 教育技术发展史简述 [J]. 朱景学译，王葆仁校. 教育研究，1983（3）：73-77.
③ 南国农. 中国电化教育（教育技术）史 [M]. 北京：人民教育出版社，2013：8.
④ 郝梓旭. 教育信息化内涵的界定及特征分析 [J]. 中国成人教育，2014（14）：144-145.
⑤ 南国农. 教育信息化建设的几个理论和实际问题（上）[J]. 电化教育研究，2002（11）：3-6.
⑥ 中央网络安全和信息化领导小组举行第一次会议 [J]. 时事资料手册，2014（2）：9.

现现代化教育的关键步骤。

2010年，在国家把教育信息化列为国家发展战略规划之后，政府加大了对教育和信息化的整合力度。2018年，教育部颁布了《教育信息化2.0行动计划》（以下简称"教育信息化2.0"），意味着教育信息化又将迎来更大的发展空间，教育信息化也将从初始的建立时期发展到全面应用时期。该计划中提到，2012年国家对于教育信息化的目标要求是"三通两平台"，而教育信息化2.0时代则需要做到"三全两高一大"的目标。2012年，教育信息化的目的是提高教师信息技术，但是在与学科融合过程中还是未能得到具体表现，而教育信息化2.0的目的则是加速信息化技术与学科的融合，真正做到教育信息化。① 在新的时代和新的需求下，教师要根据教育信息化2.0的需要，不断地提升自己的教学水平，以达到信息技术和教育相结合的目的。

三、网络教研

网络教研是相对于传统教研而言的，传统的教研形式一般是以学校的教学小组为单位，选取某一时间、某一地点，集体进行备课、观摩、示范课的教学研究活动。随着网络技术的发展，"互联网+教育"模式逐渐兴起，网络信息技术为教师带来海量教学资料的同时，也为他们带来了新型的教研模式。新时期的网络教研不再仅仅局限于在同一时间、同一地点的现场教研，慕课、直播课等的出现，使教师可以随时随地以屏幕共享的形式实现资源共享，不同的学术观点得以跨越时空实现交流。

关于网络教研的定义，赵旭敏提出网络教研是借助于网络信息技术，实现教学研究活动的一种校验方式，借助于网络教研平台实现教育资源的创建与共享，以此来促进教师的自身专业发展。②

蔡东方认为网络教研指的是教师利用互联网的互联互通功能，采用线上的方

---

① 王左利.教育信息化2.0要推动构建"三个模式"——访教育部科学技术司司长雷朝滋［J］.中国教育网络，2018（09）：14-16.
② 赵旭敏.中小学教师网络教研现状与促进策略研究［D］.武汉：华中师范大学，2012.

式开展交流学习,从解决实际教学问题的角度出发,达到促进教师专业教学水平成长的目的,是具有交互性、主创性、跨时空性、延伸性等特点的教研活动。[①]

本研究认为网络教研是在教育教学改革与互联网技术兴起的双重导向下形成的新型教研模式,网络教研的出现弥补了传统教研模式存在的不足,依托于网络教研的形式,教师的教研活动变得更加便捷,教学资源也进一步得到优化,更大程度地实现了教学资源的共享。

四、专利计量

专利(patent),从它的文字表述来看指的是专有的权利和利益,在知识产权领域中它有三重含义。首先是专利权,即代表它的字面意思,指专利权人享有的独占权利。第二重含义指的是受到专利相关法律保护的发明创造本身,即专利技术。第三重含义是指记载专利技术和专利成果的专利文献或者是专利权人享有的专利证书,即具体的物质文件。本书中描述的不具有特定修饰的专利均指第二重含义,即发明创造本身。

专利计量,在英文中主要表达为 patent bibliometrics。专利计量的本质是以专利文献本身为基础,有目的、有计划地挖掘其中有价值的计量信息的科研活动,它是科学管理与情报工作的结合体。随着科学技术手段的不断进步以及世界各大专利数据库的数据持续充实,为了分析处理庞大的专利数据,越来越多的新方法和手段被用来进行专利计量分析,专利计量也形成了"点—线—面"各种不同的专利数据情报分析方法。

第二节 理论基础

一、终身学习相关理论

关于终身学习的思想,古今中外早已有之。中国有"活到老,学到老"的

[①] 蔡东方. 中小学教师网络教研平台的设计与开发 [D]. 武汉:华中师范大学,2017.

谚语，而作为古代最负盛名的教育家——孔子，也有"吾十有五而志于学，三十而立，四十而不惑，五十而知天命，六十而耳顺，七十而从心所欲，不逾矩"的相关叙述。在国外，有学者认为终身学习的思想最早可以追溯到柏拉图对于学习的相关叙述，在日本也有"少而学，则壮年有为。壮而学，则老而不衰。老而学，则死而不朽"的名言，同样也是对终身学习思想的有力诠释。在美国，从17世纪殖民地时代便出现了成人教育的萌芽。1636年，最初由欧洲到美国的移民设立了哈佛学院，奠定了公立学校的基石。而当时的私立学校，如拉丁文法学校、学苑、英语学校等均实施成人教育。1780年，美国设立国家艺术科学院，其目的是提高一般民众的科学知识和艺术素养；1794年，纽约成立机械及商人总会，开始注意工人教育；1833年，美国成立公共图书馆，同时相继出版各种报纸杂志，对普及民众知识甚有助益。20世纪初期，在杜威、埃德华·林德曼、内克斯勒等著作中均展露出了终身学习思想的萌芽。

与此同时，终身教育伴随着终身学习的思想得到共同发展。1965年，联合国教科文组织在巴黎召开的第三届国际成人教育会议上，保罗·朗格朗（Paul Lengrand）在其报告中正式提出"终身教育"的设想，对终身教育的原理做了系统的说明，并强调成人教育在终身教育中的重要地位。他的这一思想得到了国际成人教育委员会的肯定，联合国也以此作为教育的基本理念。

现在一般认为终身学习的概念出现在20世纪60年代，它是伴随着终身教育及其相关理念的普及和认识的深化而逐渐产生的。进入20世纪70年代以后，终身学习的思想日益受到世界各国的重视并获得了蓬勃的发展，1972年，联合国教科文组织国际教育发展委员会在其提交的《学会生存——教育世界的今天和明天》报告中，建议"将终身教育作为发达国家和发展中国家今后若干年内制定教育政策的主导思想"，认为"唯有全面的终身教育才能够培养完善的人，而这种需要正随着使个人分裂的日益严重的紧张状态而逐渐增加"。至70年代末，终身教育和终身学习的思想广为世人所接受，这是各国对终身教育和终身学习理念积极倡导的结果。美国继1976年颁布《终身学习法》并确立了终身学习的法律定位以后，1994年又签署了《2000年目标：美国教育法》，在第5项中特别强调并鼓励终身学习机会的提供。日本于1988年将"社会教育局"改名为"终身学习局",并发表白皮书——《我国的文教政策:终身学习的新发展》;1990年又颁布了《终身学习振兴法》,开始在日本各都市县境设立终身学习中心。

而关于终身学习的定义,目前学术界大多认同1994年11月在意大利罗马召开的首届"世界终身学习大会"对终身学习的定义:"终身学习是通过一个不断的支持过程来发挥人类的潜能,它激励并使人们有权力获得他们终身所需要的全部知识、价值、技能与理解,并在任何任务、情况和环境中有信心、有创造性和愉快地应用它们。"它强调了学习者要有获取知识并创造性地应用知识的能力。当前比较统一的看法是:所谓终身学习是指贯穿人生全过程的学习历程,此历程包括正规、非正规及非正式的学习活动,旨在配合人生各阶段的社会角色与发展,以达到发展个人潜能、提高生活质量、促进社会发展的目标。

终身学习理论是综合了终身教育内涵和学习化社会的基本思想,以不断完善人的发展为最终的宏伟目标,已经成为世界上备受关注的教育思潮。许多国家在制定本国教育方针、政策及构建国民教育体系的框架时也均参考以该理论的思想内核为依据。虽然国内外学者对于终身学习概念的理解不尽相同,但归纳起来有三点共同之处。第一,终身学习是一个动态的、自主的、全面的学习过程。第二,终身学习强调学习者的主体地位,注重学习者的个体能力发展。第三,终身学习重视学习途径、方法的选择与运用。

教师专业化是指教师通过不断的学习,使其专业知识与技能不断增长的过程,包括新手教师在实践中不断提高自身能力,最终成长为一名合格教师的过程。教师职业的特殊性决定了教师需要紧跟时代的步伐,学习新知识与技能,并在课堂中传授于学生,终身学习是学习化社会对教师职业的客观要求。除此之外教师的终身学习也会使学生的学习内容不断充实,以此促进学生的终身学习与教育质量的提高。因此,教师的专业化发展主要是通过学习实现的,而在知识量暴增并且快速更新的信息化时代,终身学习是实现教师专业化的必由之路。

二、体育课堂研究相关理论

（一）基础教育改革理论

基础教育改革理论包括人的全面发展理论、多元智能理论、建构理论等。基础教育改革更加强调教育改革的本质，通过典型现象进一步反映教育改革存在的问题，从而提出基础教育改革方向。基础教育改革本身具有一定的复杂性，教育改革研究专家波尔·达林（Per Dalin）认为，教育改革的成败，大多取决于改革过程中如何处理教育与环境的关系，而不是教育内部的关系。[①] 而在开展基础教育改革的过程中，通过把握基础教育改革理论，进一步提高基础教育改革的质量。现如今，为不断适应社会发展变革，许多国家针对基础教育领域开展相应的改革，而结合以往基础教育改革的案例可以看出，基础教育改革的可能选择还包括改革"渐变论"。在基础教育改革方面，我国强调结合本土化发展现状推进教育改革。早在2001年，教育部便颁布了《基础教育课程改革纲要（试行）》，而我国也由此拉开了新世纪规模宏大的基础教育改革序幕。近几年来，关于我国基础教育改革问题的争议不断，对于基础教育改革究竟以何种理论为准，也是许多学者争相讨论的话题。但结合近几年来基础教育改革现状可以看出，基础教育改革理论的应用并不是单一的，而是多样化的。结合不同阶段的教育、不同课程种类、不同教育资源分配，所采用的基础教育改革理论也是不同的。

在基础教育改革理论中，人的全面发展理论是非常重要的内容。人的全面发展理论主要是指人的劳动能力的全面发展，包括人的智力和体力的充分的统一的发展。在马克思关于人的全面发展理论中，强调了人的需求的多方面的发展。而在基础教育尤其是素质教育的改革当中，更要严格遵循人的全面发展的理论。在党的十九大报告中，曾提出了素质教育新要求："要全面贯彻党的教育方针，落实立德树人根本任务，发展素质教育，推进教育公平，培养德智体美全面发展的

[①] 波尔·达林. 教育改革的限度 [M]. 刘承辉, 译. 重庆：重庆出版社, 1991.

社会主义建设者和接班人。"由此可见，新时代的基础教育改革更加强调人的全面发展，而素质教育发展中的内容，更以打造全面人才为基础，要求将培养学生的创新精神和实践能力融入基础教育当中，从而推动人的全面发展。在研究人的全面发展理论的基础教育意义时，许多学者认为，促进人的全面发展是哲学教育的根本价值取向。而在基础教育理念上，更应当关注人的全面发展。促进人的全面发展是马克思主义的本质要求，而人的全面发展，必须通过教育来实现，由此可以看出，基础教育的目的：推动个人实现自身最大价值。基础教育改革需要遵循人的全面发展理论，才能够进一步挖掘人的潜能，通过全面发展，充分展现人的个人价值，推动基础教育改革和进步。

在基础教育改革理论中，多元智能理论（Theory of Multiple Intelligences，简称"MI 理论"）是由美国教育学家和心理学家霍华德·加德纳（Howard Gardner）博士提出的，多元智能理论主要是指人类的思维和认识的方式是多元化的，而智能则是解决问题和创造产品的能力。智能是多元化的，每个人或多或少都会潜藏着部分智能。例如，常见的人际交往智能、音乐智能、自我认知智能等，而智能的分类也不仅限于当前发现的人的潜能，伴随着对人的深入挖掘可以发现人的更多智能种类。在基础教育改革中，多元智能理论有着非常重要的作用，加德纳教授认为，每一个孩子都是潜在的天才儿童。而在进行基础教育改革时，更要注重发掘孩子的潜在能力，推动孩子的个性化发展。这就要求教育者要不断树立多元化智能教学理念，通过多元化智能观、策略性教师观、整合性课程观以及全面发展观，推动基础教育的个性化发展。近年来，在基础教育改革中，我国也逐渐加强对多元智能理论的应用，许多教育者开始将学生的智能领域开发与学科建设有机结合，充分尊重学生的个体差异性，采取因材施教的教学方式，发挥学生潜在的优势，而这种现象也推动了我国教育改革观念的突破。

基础教育改革倡导全面、和谐的教育，建构主义教育理论的核心在于以学生为中心，强调主动探索。在建构主义教育理论当中，尤为注重环境的应用，认为知识只是对人的客观世界的解释和假设，知识具有动态性特征，因此不能永久使用，而是需要不断地创新和发展。建构主义教育理论强调学生的主动性，注重激发学生主动思考。而建构主义教育理论当中的学生观，更要求教育者拥有因材施教的观念。建构主义教育理论对于基础教育改革具有一定的指导意义，在我国建构主义教育理论的应用非常广泛，尤其是在基础教育当中，能够细化应用到知识结构融合、知识内容创新方面。整体而言，从《基础教育课程改革纲要（试行）》的制定到各学科课程标准研制、课程内容创新以及课程评价等方面，都受到了建构主义教育理论的影响。而在建构主义教育理论与多元智能理论的共同发展之下，我国的基础教育改革质量也在不断提高，对于推动我国基础教育发展具有重要作用。

基础教育改革理论所包含的人的全面发展理论、多元智能理论、建构主义理论等对于我国基础教育改革发展具有非常重要的指导意义。基础教育改革的基本逻辑取向以调动人的主动性、创造性以及积极性，给予人主动全力为线索，为基础教育发展带来更多的创新力量。现如今，基础教育改革理论逐渐应用到我国教育的课程改革当中，推动着我国教育改革浪潮。而基础教育改革理论的应用也体现了我国教育者以及教育行业的不断发展和进步，更体现了我国教育行业对学生主体的重视程度。在基础教育改革理论的应用之下，我国的教育行业也将会不断创新发展，培养出更多优秀、高质的人才。

（二）批判—交往教学理论

教学不单单是教师的教与学生的学，在重视教法与学法的同时，更应该重视师生之间课堂互动效果。在教学实践中，有一类现象经常出现，学生与某任课教师之间的关系出现矛盾，学生会对该课程产生抵触心理，甚至失去兴趣。相反的是，师生关系融洽，学生很愿意接受教师所授内容，学生把对老师的喜爱完全转移到了课程当中。该现象并不是个案，而是存在于各科教学中较为普遍的现象。但师生互动行为作为经验形式的存在，在教师主动与学生进行互动时，每名学生有着不同性格特点与知识水平，教师运用相同的方法与不同的学生进行互动往往出现较大差异，这也是目前教学领域对于互动研究较少的原因之一。本书基于批判—交往教学论，深入分析专家型教师与体育实习生的师生互动行为，通过归纳总结,为体育实习生的成长助力。

批判—交往教学论是1971年,由K.沙勒与K.H.舍费尔经过共同探讨之后提出,起初理论体系并不完善,在经过与众多教学论专家共同探讨后,逐渐形成了交往教学论,成为一门独立的教学论学派。

法兰克福学派对批判—交往教学理论产生了一定的影响。这一流派的批评思想在教育界也产生了很大的影响。许多教育界人士开始意识到,过去的教育研究仅限于运用"释义学"和"经验"的方法,忽视了对教育事实和教育现实的批判。有些教育者则认为,其结果是,对教育的研究忽视了对主体的了解,把教育认为是教师主体将教学目标机械性传递给受教育者。因此,长期以来,对于教育的研究仅将其视为一项技术活动,其关注的是怎样实现教育目标,而没有对其自身的合理性进行必要的挖掘。所以,教育研究只能发展"教育术",而不能促进"教育学"的发展。总之,教育研究忽略了批判的方法,使得教育学不再是一门理论的学科,而是一门应用学科。而有的教育者则认为,法兰克福学派的"人性的实现""个性的解放",也应该被视为教育的使命,即教育的目标。正是由于交往教学论吸取了法兰克福学派的很多思想,尤其是其批判的学说,沙勒与舍费尔才将其教学论称作"批评—交往教学论"。

(三) 批判—交往教学论的基本公理

批判—交往教学论把课堂看作是教师与学生交往的场所,课堂教学发生在教师与学生的不断交往之中,由教师传递给学生知识。但批判—交往教学论认为教师不只是单纯地进行教学,师生之间的交往才是第一位的,教师与学生通过不断地互动建立稳定的交往关系,展开教学活动。批判—交往教学论把教学过程视为一种交往过程,而任何交往都离不开交往理论研究所提出的公理。批判—交往教学论学派的代表人物之一的R.温克尔把这些公理归纳为如下11条:

①永恒性,人不能不进行交往;

②关系性,任何交往都是在一定的关系中进行的;

③确定性,处在交往关系中的人总是以一定的角色出现的;

④经济性，处在交往中的人都以经济的态度来对待交往，也就是说，任何人都不希望因交往而造成损失，即时间、精力或财富的浪费等；

⑤场合性，任何交往都处在一定的场合中；

⑥可获性，在任何交往中，参加者都期待通过交往会有所收获；

⑦角色关系的两种可能性，任何交往伙伴不是平等的就是有地位差别的，前者的交往就可能是对称的，而后者的交往是补充性的，也就是由一个交往参加者给予另一个交往者一些东西，如知识、指示、劝告等；

⑧交往成分的双重性，任何交往都始终离不开以一定内容进行交往，也离不开以一定关系进行交往，这就是说，任何交往都必定包括内容与关系两个成分；

⑨可控性，一切交往都以指示、建议、愿望、意见等信息传递为内容，它们是可以控制的；

⑩干扰性，所有交往都可能受到干扰；

⑪工具性与目的性，所有交往都被参加者作为工具（如传递信息、进行教育等）或者为达到自身的目的（如表现自己、求得他人赞同等）来对待的，因此所有交往都具有工具性与目的性。

上述这些公理是批判—交往教学理论中批判和分析教学过程的工具，本研究会按照批判教学理论的相关要求，对实验对象常规课教学进行分析。

（四）教学目标与手段

批判—交往教学理论将"解放"作为教学的最高目标。该理论强调学生个性的发展，在学生个性发展之中，不断吸收教师所授知识，从而具有独立思考与独立判断的能力。

"解放"有两个层面的含义。第一，基于以往教学观点中学生常处于被动，批判—交往教学理论强调解放师生关系，在师生不断的互动中，建立良性的师生关系，在教学中充分解放学生，摆脱束缚。第二，"解放"学生思想，教育并不是单纯的粘贴复制，中国古语："君子和而不同"，教师在教学中也应根据不同学生的特点，因材施教，培养不同的学生不同品格；教师还应在教学中解放学生思维,开拓学生思路,培养学生的发散思维,使学生具有独立探究的精神,找到兴趣所在,不断探究,终身学习,只有这样教师的教学目标才能得到深入的贯彻。

三、技术创新发展相关理论

(一) 融合创新理论

信息技术是当今社会的主要运用技术,对于信息技术与教育教学的融合则是时下的热点话题。自2018年《教育信息化2.0行动计划》颁布后,教育信息化的发展进入了新的时期,教育教学与信息化技术的融合也迎来了新的热潮,成为热点话题。对于两者如何融合,许多学者也提出了观点。何克抗教授认为,教育信息化中有四个子系统,分别是基础的硬件设施、软件平台、教学资源、教师培训。[1] 在新的教学模式下,培养创新型人才的途径与方式则是尤为重要的,教师作为教学过程中的指导者,发挥引领方向的重要作用,在教学过程中如何做到信息技术与教育教学的融合,是当前最为重要的问题。信息化时代对于教学带来的改变是重大的,从原本的黑板教学转为多媒体教学;从原有的教师主导转化为学生借助技术自主构思;等等。在一系列的改变下,教师如何正确地使用信息化技术完成教学任务,提高教学效率,优化教学活动正是培养新型人才的路径。在信息化教学中,为促进信息技术与教学深度融合,教师需要具有良好的信息素养,具有应用信息技术创新教育教学的意识、态度、方法与技能。这就意味着,信息化教学必将赋予教师教学能力新的内涵。信息技术在课堂教学中的应用有利于提高课堂教学效率。当下在我国教育领域表现出信息技术水平与一线教师信息技术应用水平不对称的问题。可以说,互联网与教育领域相结合,推动了我国信息技术水平的发展。但在实际的、基础的教学工作中,教师、学生对信息技术的应用水平还停留于技术的浅表层面,并没有深入挖掘信息技术在课堂教学中的深度应

---

[1] 中国科学技术咨询服务中心. 科学技术回顾与展望 [M]. 北京: 中国科学技术出版社, 2004: 366.

用与全面应用。因此,有必要探究信息技术与课堂教学深度融合的有效策略。

在信息技术环境下,教师可以借助信息技术来为学生创造相应的教学环境,使学生可以身临其境地去感受教学内容。在模拟环境下,教师为学生指出方向,使学生自主探索,在自主学习过程中,掌握学习规律,解决问题。

本研究在设计问卷时,参考《教育信息化2.0行动计划》对于体育课程中教师如何使用信息技术、如何提高信息化教学能力均依据信息技术与教育教学的融合。

(二) 创新扩散理论

本研究需要借助其他学科的理论提供研究的基础和启示,尤其在分析现代教育技术应用于学校体育中的影响因素时。这里主要参考传播学中的传播扩散理论[①]。该理论是在20世纪60年代由美国学者埃弗雷特·罗杰斯(Everett Rogers)提出的。首先,创新扩散过程主要受到以下四方面要素的影响:①创新性,指能够决定该项创新为社会成员所接收的速度,而影响其扩散速度的主要因素有相对优势、兼容性、复杂性、可试性以及观察性;②传播渠道,通常是指个体之间信息传播的方式或者手段,它又可以分为按照大众媒体进行传播的大众传播和依靠个体之间口碑交流的人际传播两种方式;③时间,指扩散过程达到一定比例成员采用该项创新需要的时间,主要由创新采用决策过程和创新采用速度两个因素决定;④社会系统,指由相互关联,并面对共同问题、有着共同目标的单位组成的创新扩散环境。

其次,该理论将创新采纳过程用"S"形曲线表现(如图2-1所示),先快后慢,扩散的速率呈正态分布。图中可以看出在扩散的早期,采用者很少,进展速度也很慢;当采用者人数扩大到居民的20%左右时,到达"起飞点",进展猛然加快,该曲线迅速上升并保持这一趋势,在接近"饱和点"时,进展又会减缓。

---

① 罗杰斯. 创新的扩散 [M]. 辛欣,译. 北京:中央编译出版社,2002.

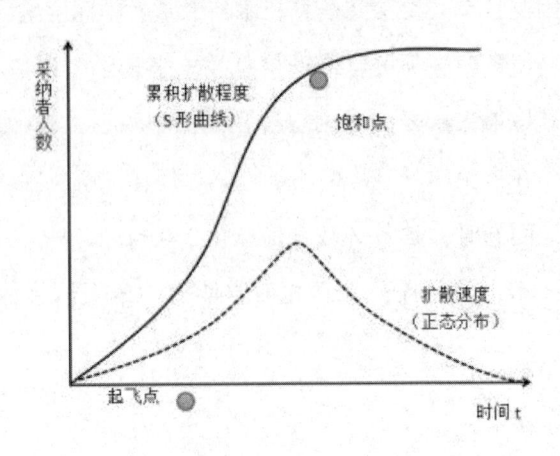

图 2-1　创新扩散的"S"形曲线

罗杰斯解释道，新事物在一个社会系统中要想持续的扩散下去，必须有一定数量的人采纳这种新事物。当创新扩散比例一旦达到临界数量，扩散过程就会起飞，进入快速扩散阶段。而饱和点是指创新在社会系统中一般不总能100％扩散。事实上，很多创新在社会系统中最终只能扩散到某个百分点。当系统中的创新采纳者再也没有增加时，即系统中的创新采纳者数量（绝对数量表示）或创新采纳者比例（相对数量表示），就是该创新扩散的饱和点。

罗杰斯在《创新的扩散》一书中，总结修订了有关创新扩散的早期理论，最初在1928年美国农民开始推广杂交玉米的研究中发现该理论。1955年，美国农业社会学家委员会在此研究基础上提出了人们接触新事物的五阶段论：①了解阶段，接触新技术、新事物，但知之甚少；②兴趣阶段，发生兴趣，并寻求更多的信息；③评估阶段，联系自身需求，考虑是否采纳；④试验阶段，观察是否适合自己的情况；⑤采纳阶段，最终决定在大范围内实施。

而罗杰斯进一步指出创新扩散的五个阶段，提出"创新决策"过程五阶段模式（如图2-2所示）：①知晓，接触某种新事物，对其功能有所了解，且对创新的项目的认知取决于这些条件——过去的实践、需求、技术创新性、系统准则等；②说服，对该新事物的态度执赞成或反对态度，主要从影响扩散速度的五个要素出发进行，即相对优势、兼容性、复杂性、可试性以及观察性；③决定，进一步思考、谈论其相关信息，并分为明确地采纳和拒绝两种结果；④实施，具有明显的行为改变，投入新事物的运用，采用决策又分为两种——继续采用与延迟采用，拒绝决策细分为停止与继续拒绝；⑤确认，更为深入地探求与之相关的信息内容，采纳者如果遇到与该创新相冲突的信息，就会转变先前的采纳决定，如果没有遇到则可以确认该创新。

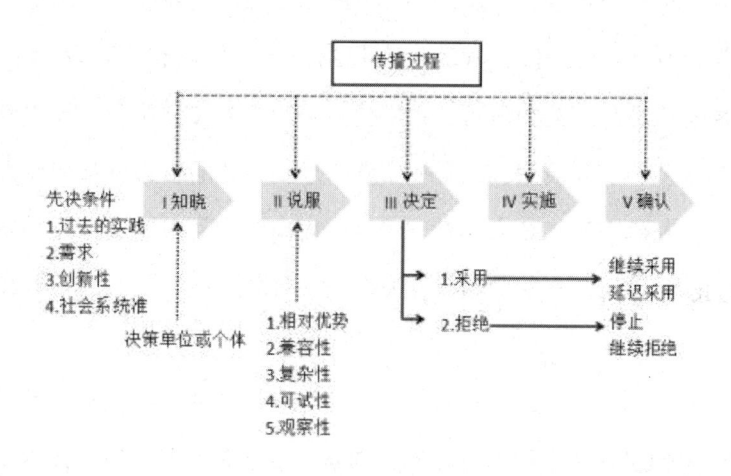

图 2-2　"创新决策"过程的五阶段

最后，该理论分析了创新的动机与结果。创新的动机可能是经济或社会地位，因为经济不是采纳率的唯一指示器，而创新的结果有三类：①合意的与不合意的；②直接的与间接的；③可预期的与不可预期的。

因此，在现代信息化发展的大背景下，技术的创新扩散必定要借助现代社会网络进行，在向社会推广和扩散的过程中，信息技术能够有效地提供相关的知识和信息，但在说服人们接受和使用创新的技术，以及寻求更为高效的创新推广模式是重中之重。信息技术在学校体育教学中的应用是一个复杂的创新扩散过程，各个时期的新兴的技术都是创新事物，而新的技术是否被采纳取决于众多要素，是一个系统性的扩散过程，也要考虑在应用于学校体育时与其他新事物以及配套条件一起才具有可实施性。因此，创新扩散理论对本研究信息技术应用于学校体育教学中的影响因素具有重要意义。

(三) 技术创新理论

20世纪30年代末，约瑟夫·阿洛伊斯·熊彼特（Joseph Alois Schumpeter）提出了技术创新理论，自此，20年时间内科学技术迅猛发展，技术变革对人类社会产生了巨大的影响，人们重新认识技术创新对社会发展的巨大作用，积极研究技术创新规律。技术创新涉及多个学科的相关理论，导致其并没有一个公认的概念。经济合作与发展组织（OECD）提出，技术创新包括产品创新和工艺创新，以及原有产品和工艺的显著技术变化。美国工业协会认为，技术创新是新材料、设备和工艺的实际应用，或是在实践中已经存在的事物以某种新方式进行的有效使用。也有研究者将技术创新表述为不面向社会需求的基础科学阶段、面向社会需求的科学阶段、发明阶段、开发阶段、创新阶段、创新的扩散阶段这六个阶段。

技术创新是动态的、多因素相互作用的综合性活动。而创新扩散是技术创新的延伸，技术创新的潜在效用需要通过创新扩散逐渐得到发挥。技术创新的主体为企业、科研机构和大学，而这些机构和单位也是技术创新的知识和人才的主要来源。

专利具有公开性、前瞻性等特点，作为技术成果重要表现形式之一的专利，在学术研究中常被当作是测量技术创新与进步的指标[1]。根据世界知识产权组织（WIPO）的统计研究，全球范围内90%~95%的发明都可以从专利中检索发现，而且许多发明只收录在专利中[2]。信息技术专利反应信息技术的发展创新，信息技术应用于教育领域又为教育提供了强力的支持。教育现代化的基础是教育信息化，创新教育信息技术手段是基本条件，开发教育信息技术资源是基本内容，传递教育信息技术资源是基本形式，实现教育目的是根本内涵。

依靠不断进步的信息技术才能推动教育现代化的实现。专利是技术创新的源

---

[1] 栾春娟. 专利文献计量分析与专利发展模式研究——以数字信息传输技术为例 [D]. 大连：大连理工大学，2008.
[2] 李建蓉. 专利文献与信息 [M]. 北京：知识产权出版社，2006.

泉，也是时代的主题。"创新"是推动教育发展的强大助力，也处在国家发展全局的核心位置，在不同会议中被多次强调。专利事业的发展程度在一定程度上代表了一个国家的创新程度，专利意识越好创新意识越强。世界知识产权组织2019年共收到约26.58万份PCT国际申请，中国申请数量达到了58 990份[①]，首次成为PCT申请最多的国家，其中人工智能、互联网、大数据等技术发展最为迅速，这些专利技术的自主创新为我国教育事业的发展提供了强力的技术支撑。

四、社会建构主义理论

社会建构主义是建构主义的一部分。它是在20世纪由威廉姆斯和博登将维果茨基的社会建构主义理论与皮亚杰、布鲁纳和凯利的认知发展心理学和教育理论相结合后逐渐发展起来的学习理论[②]，该理论对当今教育的理论与实践产生了重要的影响。社会建构主义理论主张知识源于社会的意义建构，学习者应在社会情境中积极地相互作用，学习是知识的社会协商[③]。相对于客观主义的观点，知识就应当被认为是客观的、绝对的真理，学生在学习科学知识的时候只需要被动地接受，而并非主动地参与，建构主义认为，知识不是被动接受的，而是个人主动构建的。社会建构主义把知识作为社会建构，其中的依据在于，知识的基础是语言知识、约定以及规则，这些基础对某些领域中真理的确定和判断起着重要的作用。在个人的知识转化为他人能接受的知识的过程中，需要一定的社会交往，所以知识的建构有着一定的社会性。而知识在社会的传递过程中，个体的知识需经过他人的审视和评判，才有可能被其他人接受并使其承认。同时，个人获取知识后，客观的知识得到了主观的表现，因为个人所具备的知识已是主观内化后的，另外无论是知识的生成还是对他人知识的评判，个体总能够起到自身积极的

[①] 新华网. 2019年中国PCT国际专利申请含金量首次跃居全球第一位 中国专利"含金量"越来越高 [EB/OL]. (2020-4-24) [2020-6-20]. https://baijiahao.baidu.com/s? id=166481323027>>466128&wfr=spider&for=pc.

[②] 龚亚夫, 罗少茜. 课程理论、社会建构主义理论与任务型语言教学 [J]. 课程. 教材. 教法, 2003 (1): 49-53.

[③] 郑东辉. 社会建构主义学习理论述评 [J]. 宁波大学学报（教育科学版）, 2004 (6): 35-38.

作用①，这也是社会建构主义的知识观。

目前，社会建构主义的流派众多，随着时间的推移，社会建构主义对学习、教学、各类课程有着逐渐加深的影响，社会建构主义的不同流派对知识本质及知识的建构过程中的所需元素的重要程度等问题的看法也是不一致的，如以英国的所罗门为代表的社会性建构主义，以杰根为代表的社会建构论，以沃茨奇和鲍尔斯费尔德为代表的社会文化认知的建构主义②。但是这些流派至少在以下几个方面有共同的观点：第一，知识是主动建构的，而不是被动接受的，反对知识建构的客观主义；第二，知识只是个人经验的合理化；第三，知识是个体与他人经由磋商并达成一致的社会建构③。与其他建构理论一样，社会建构主义把学习看作个体自身建构的过程，但是其相对于其他建构主义理论，更加关注知识建构过程中的社会方面。

在知识建构的社会方面，参与知识建构的个人需要以各种方式与社会互动，从而实现知识建构。人们在社会和文化环境中接受它的影响，并通过与他人的直接互动来构建自己的观点和知识④。社会建构主义认为，任何知识都不是个人的产物，而是集体智慧的结晶。根据维果茨基的理论，个人知识结构是在社会交往中形成的，发展是将主体之间存在的东西转化为内部和个人独特的东西的过程。也就是说，个人通过与在社会各类场景的互动，主动将社会中外部活动内化为自己个体的内部活动，促进了社会建构主义学生观的形成和发展。社会建构主义学生观认为，学习者通过社会的交流和互动，以最初始的个体知识和经验为背景，以自己的方式进行意义的构建。因此，学习者只是知识建构的主动发起人，教师只对学生的意义建构起帮助和促进的作用⑤。因此，学习者是知识认知的主体，也是知识建构的主要参与者。英国著名数学教育专家珀尔·欧尼斯特（Paul

---

① 高文. 维果茨基心理发展理论与社会建构主义 [J]. 外国教育资料, 1999 (4): 10-14.
② 郑东辉. 社会建构主义学习理论述评 [J]. 宁波大学学报（教育科学版）, 2004 (6): 35-38.
③ 潘玉进. 建构主义理论及其教育上的启示 [J]. 东北师大学报, 2000 (4): 90-93.
④ 钟启泉. 知识建构与教学创新——社会建构主义知识论及其启示 [J]. 全球教育展望, 2006, 35 (8): 12-18.
⑤ 梁爱民. 维果斯基心理发展视角下社会建构主义学习理论的构建与应用研究 [J]. 山东外语教学, 2011, 32 (3): 64-66.

Ernest)还指出,社会建构主义的中心论点是,只有当个人建构的独特主观意义和理论与社会和当前客观的世界相适应时,社会建构的知识才能够发展。因为发展的主要媒介是通过互动引起的社会的意义协商[1],这也是社会建构主义的学生观。

社会建构主义学习观认为,学习是一个获取知识的过程,知识不是通过教师传授得到,而是学习者在某种情况下,即社会文化背景下,在他人(包括教师和合作伙伴)的帮助下,使用必要的学习资源(包括文本材料、视频材料、多媒体课件和互联网信息),通过意义的建构而获得。也就是说,学习是知识的社会协商,是学习者根据自己的知识背景,在他人的帮助下,在社会情境中积极建构自己的意义学习的过程。简而言之,社会建构主义的知识观、学生观和学习观强调主客体之间的互动,认为个人在社会文化背景下,借助各种工具和符号中介,通过与他人的互动和与社会的协商,积极建构和内化自己的知识[2]。

因此,我们可以进一步明确学习与知识建构的区别:传统学习旨在掌握共同知识,培养公共技能,这些共同知识或公共技能是协商或传统的相对确定知识结果;当信息技术参与学习时,特别是在时空分离的在线学习环境中,传统学习形式转变为发展社区公共知识的知识建构。学习者之间的协同学习和意义协商,促进了知识的创新,学习已成为知识创新的副产品。

在体育教师自发性的网络教研活动当中,教师的专业知识的输出和输入,需要教师作为参与者的个体和这些个体所组成的社会关系来进行知识的建构,而并非单纯的被动接受。在网络教研的过程中,体育教师能够通过共享、论证、协商、共识、应用、反思等几个阶段提升教师的实践知识与智慧。在提升专业能力的过程当中,需要在网络教研平台当中产生一定的社会交往,通过社会性的知识协同建构,组成一个学习的共同体,以这样的形式来将自身的知识向社会建构,社会在进行知识建构的过程当中将知识内化于个体当中,从而促进自身专业能力发展。

---

[1] 安维复.社会建构主义:后现代知识论的"终结"[J].哲学研究,2005(9):60-67.
[2] 严明.大学英语教学基础理论与实践研究[M].长春:吉林出版集团股份有限公司.2009

第三节 文献综述

一、体育教育中信息技术应用发展历程研究现状

21世纪人们深刻地认识到,现代信息技术对人类生活的方方面面产生了巨大的影响。教育技术在教育领域乃至在中小学体育教学的发展和变革中都有着重要的作用。为了深入探究现代教育技术在学校体育教学中的作用,必须首先对国内外有关教育技术的发展和发展状况进行了解。笔者通过大量的文献检索发现,在众多关于教育技术的研究中,对教育技术在教育领域应用现状很多,说明现代教育技术在教育乃至体育领域的应用得到了众多学者的关注。然而对教育技术应用历史的研究文献非常匮乏,一方面说明这个领域的史学研究学者少有较大研究空间,另一方面也说明这个领域具有较高的研究意义与价值。

(一)教育技术与教育信息化发展历程的历史研究

从一个研究领域的建立过程来看,内蒙古师范大学的李龙教授[①]对教育技术在我国发展的情况做了如下总结,如表2-1所示。

表2-1 我国教育技术的发展阶段

阶段名称	时间	技术设备	发展特征
初创阶段	1920—1949年	幻灯、电影、广播	我国少数城市和地区开展了电化教育实验
奠基阶段	1950—1965年	幻灯、电影、广播、录音	奠定了我国电化教育的基础

---

① 李龙.信息化教育:教育技术发展的新阶段(下)——四论教育技术学科的理论与实践[J].电化教育研究,2004(5)32-36.

续 表

阶段名称	时间	技术设备	发展特征
发展阶段	1978—1995年	幻灯、电影、广播、录音、电视、录像、计算机	以音像技术为主,电化教育得到迅速发展,引入国外教育技术的基本理论
深入阶段	1995年以后	幻灯、投影、广播、录音、电视、录像、多媒体计算机、网络、仿真教学系统	以计算机和网络为主,智能技术得到重视,教育技术学科体系初步建立

来到21世纪,我国教育技术发展到了新的阶段。教育信息化以运用现代信息技术为基础,以促进教育改革和教育发展为目的,能为解决教育中出现的诸多问题提供保障。北京师范大学教育学部黄荣怀教授等人所著的《中国教育改革40年:教育信息化》,对中国教育信息化40年的改革和发展进行了总结和分析,如表2-2所示。

表2-2 我国教育技术的发展阶段

阶段名称		起止时间	采用的技术	发展趋向
前教育信息化阶段	计算机教学起步阶段	1978—1990年	幻灯、投影、广播、录音、电视、录像、微型计算机、多媒体计算机	计算机逐渐成为主要教学媒体,计算机教学从起步发展到辅助教学具有重要作用
	计算机教育发展阶段	1991—1999年		

续表

阶段名称		起止时间	采用的技术	发展趋向
教育信息化 1.0阶段	基础设施建设大发展阶段	2000—2005年	互联网、校园网、微型便携式计算机、在线教育平台（慕课、智慧树、学堂在线、网易云课堂等）、虚拟仿真实验教学、物联网技术、学习分析技术等	教育信息化基础设施建设、数字化资源建设、信息化应用能力提升等方面取得了巨大成就。教育技术也极大促进了现代远程教育的全面发展，数字校园阶段正向智慧校园阶段迈进
	教育信息化应用水平大力提升阶段	2006—2010年		
	特色教育信息化发展阶段	2011—2018年		
教育信息化 2.0阶段	教育信息化未来发展	2018年及以后	人工智能、大数据、机器人等	教育信息化未来发展将趋向拟人化、智能化和智慧化

从以上两位学者对我国教育技术发展历史阶段划分来看，我国的教育技术的发展经历了由弱到强、从无到有的发展历程。尤其到了21世纪，我国的教育技术走向了更加广阔的领域，同时也以新的极具中国特色的发展形势应用先进技术设备传递教育信息，以促进教育的发展。笔者通过查阅资料了解到：中国早期电化教育史的研究，较少有明确以史为题进行系统研究的文章，且研究学者对于发展历程的研究较少。而对学校体育电化教育早期历史研究更是匮乏，因此其研究空间较大，相应的研究价值也较高。

在国外，美国教育史学家拉里·库班（Larry Cuban）的诸多著作中很多是从科技改革发展的历史思维出发进行论述，为教育信息化时代信息技术应用于教育事实提供了历史和文化视角。库班在1986年的著作《教师和机器：1920年以来技术的课堂使用》中把技术在教育应用的阶段划分为：电影和广播阶段、教学电视阶段和计算机阶段，而他在 2001 年发表的著作《卖得太多，用得太次：教室中的计算机》[①] 中分析了 20 世纪 80 年代至 21 世纪初美国硅谷的一些学校的计算机应用情况，重点分析了新兴的技术是如何使用的，是否真正能够对教学有重要的影响，投入的资金是否值得，三个重要问题。库班教授认为，从历史的角度来看，科学技术融入教育总的来看是不成功的，大部分的研究者都过度理想化或夸大了技术对教育的影响。虽然他对技术应用于教育的现状感到不满，但他仍然认为技术会在教育中一直共存发展下去。他在 2013 年的专著《课堂实践的黑匣子里面：美国教育不改革就变革》中也有关于技术应用课堂教育方面的分析。

同一时期的瓦尔迪兹（Valdez）等人在 2000 年对计算机辅助教学的发展历程进行了历史的梳理[②]。将计算机技术的应用分为三个阶段：印刷自动化（20 世纪 80 年代—90 年代中期）；学习机会的扩展（20 世纪 90 年代中期）；数据驱动的虚拟学习（20 世纪 90 年代后期）。

（二）教育技术在其他学科中的应用研究

由于教育技术学这门学科相比于其他学科起步较晚，因此学者大多从教育技术学理论、学科建设、技术融合教学实践等方面进行相应的论述，经过几十年的研究已经形成了比较成熟的研究体系。由此其他具体学科的研究也逐渐多了起来，也涉及各个学科各个方面，本研究综述部分主要聚焦其他学科中教育技术应用研究部分。

在教育技术和数学学科的融合中，学者关注的方面更加丰富，有关注数学学科与教育技术整合的，如 2005 年孙名符、刘岗的研究，提出了信息技术与数学课程在整合的过程中，教师需要从课程目标和内容、教学过程和评价这几个方面

---

① CUBAN L. Teachers and Machines: The Classroom Use of Technology since 1920 [M]. New York: Teachers College Press, 1986.
② VALDEZ G, MCNADD M, FOERTSCH M, et al. Computer-Based Technology and Learning: Evolving Ues and Expectations [M]. Oak Brook, IL: North Central Regional Laboratory, 1999.

进行综合设计①。2007年王彦辉在《课程标准(修订稿)》的基础上,"从三个具体的教学实例出发,阐述了计算机技术在数学教学中的应用②。有应用新兴教学手段提升教学效果的,如黄样、敬仁强等都研究了新兴的教育技术对提升数学学科教学质量与效率起到了积极作用"③④。

还有学者注意到教育技术应用的实践教学中的问题与不足,如于会祥指出"在初中数学教学过程中,有些教师准备的课件不够充分,还有些教师在教学中太过于依赖视频课程教学等问题⑤"。唐庆茂通过实际调查发现农村教师习惯于传统的黑板教学方式,对新兴的教学设备如交互式电子白板的使用不熟悉,不方便等⑥。

在教育技术和语文学科的融合中,由于语文与数学是我国基础教育阶段两门最重要的基础学科,所以学者对教育技术应用于语文学科的研究不仅数量与角度多,而且更具深度。同样在语文学科与教育技术整合方面,郭晓卓等四名学者的文章从语文学科的写作模式、阅读教学等方面与教育技术进行整合研究。在研究教育技术应用效果方面,2002年刘国强提出了"不可替代"的观点。他认为传统教学模式还难以超过多媒体教育方式。相对于传统教学而言,多媒体教学显然可以极大地激发学生的学习积极性,同时还提升了课堂容量,极大地提高了教学效率⑦。运用多媒体教学,显然能激发学生学习的主动性。多媒体技术增加了课堂容量,与传统教学相比较而言,会大大增强教学的效率。2011年朱艳敏总结:"利用多媒体可以更好地调动同学们的学习热情,激发学生学习兴趣;恰当地使用多媒体技术设备能够提升学生对于教学内容的理解能力,从而达到更好的教育

---

① 孙名符,刘岗. 国家基础教育课程改革中信息技术与中学数学课程整合的若干思考[J]. 电化教育研究, 2005 (1): 16-19.
② 王彦辉. 现代教育技术在中学数学教学中的运用[J]. 中山大学学报论丛, 2007 (11): 87-90.
③ 黄样. 微课在初中数学教学中的研究和应用[D]. 武汉: 华中师范大学, 2018.
④ 敬仁强. 现代教育技术在初中数学教学中的应用[C]. 中华教育理论与实践科研论文成果选编(第二卷). 中国教育教学丛书编委会, 2012: 252-253.
⑤ 于会祥. 初中数学教学过程中现代教育技术装备的应用策略探究[J]. 课程教育研究, 2018 (1): 133-134.
⑥ 唐庆茂. 农村初中教师交互式电子白板使用现状分析[D]. 大连: 辽宁师范大学, 2018.
⑦ 刘国强. 多媒体技术在语文教学中的应用[J]. 天中刊, 2002 (3): 114-115.

目的，提高知识传递的有效性等①"。2019年李萍对多媒体应用进行了简要分析，指出："多媒体技术的应用极大地提高了学生学习语文课程的欲望，运用多媒体技术有利于营造良好的学习氛围，培养学生的个性和兴趣②"。

在教育技术和历史学科的融合中，众多历史学科研究学者关注于将多媒体技术、计算机技术和网络技术应用于历史的研究。例如：孙欣宇提出利用多媒体手段将历史地图动态地展现出来，有助于学生对历史事件过程的认识；李奕燃、郑婷婷等研究的共同特征是运用了与网络技术密切联系的新型教学模式来提高课堂的有效性。

综上可知，本小节只对数学、语文和历史三个学科进行综述，可以看出学者对现代教育技术与其他学科的结合研究很多，研究具有广度与深度，体现了现代教育技术对于其他各学科教学的重要性，这给了笔者很多启示。但是笔者搜索关于教育技术应用于具体学科的历史演变的研究很少，说明众多学者还没有广泛关注到基础教育学科有关教育技术应用的历史研究，这一点是较为遗憾的。

（三）教育技术在体育学科的应用研究

1. 关于教育技术提升体育教学的应用效果的研究

在信息技术条件下，如何转变体育教学模式，改善其教学效果，成为当前体育教学研究的一个重要课题。比如学者刘志清的《合理运用多媒体课件切实提高体育教学的质量》③ 以及杨东锋的《多媒体技术在体育教学中的应用》④。杨品良、梁培根⑤⑥等人对信息技术与学校体育课程整合的思考进行了深入的探讨，

---

① 朱艳敏. 多媒体技术在语文教学中的应用 [J]. 中国教育技术装备, 2011 (28): 110-111.
② 李萍. 多媒体技术在语文教学中的应用探究 [J]. 汉字文化, 2019 (2): 144-145.
③ 刘志清. 合理运用多媒体课件切实提高体育教学质量 [J]. 中国学校体育, 2004 (2): 66-68.
④ 杨东锋. 多媒体技术在体育教学中的应用 [J]. 教育理论与实践, 2005 (8): 59-60.
⑤ 杨品良, 廖敏. 信息技术与体育课程整合的"教育场"构建研究 [J]. 教学与管理, 2006 (2): 110-111.
⑥ 梁培根. 信息技术与体育课程有效整合的现状调查与对策研究 [J]. 南京体育学院学报, 2009, 23 (6): 87-89.

并对其进行了改革。曹秀玲、温禹、张高华和王安平对体育教学中的信息技术进行了系统的分析，提出了体育教学与信息技术相结合的模式，即媒介式体育教学、任务驱动式体育教学、情景式体育教学模式[1][2][3]。

以上研究是从多媒体或信息技术的角度探讨体育教学效果的提升，而教育技术的发展只是体育传播渠道的升级，其应用的限制因素太多，未能探究其实质性应用规律。

2. 关于各类单一具体的科学技术在体育教学中的应用情况研究

余千春、杜世全、王爽、张枝、白利[4][5][6]等学者的文章都分析了虚拟现实技术在体育教学中的作用，虚拟现实技术作为一种新型的教学媒介，最终将在体育教学中发挥其重要作用。还有王裕桂、黄睿航、朱刚[7][8][9]等学者的文章重点分析了各种新兴单一技术在体育教学中应用的作用，但是笔者发现绝大部分研究者研究的主体是高校高职或者社会体育等，而本研究主体是中小学学校体育，因此也说明中小学在各个时期新兴技术的普及性与可行性的问题，这也是技术应用的关于研究主体的影响因素，值得在之后研究中更深入的分析。

---

[1] 曹秀玲. 信息技术与体育课程整合的再认识——"情境——探究"模式 [J]. 哈尔滨体育学院学报，2006（1）：63-64.
[2] 温禹，张高华. 信息技术与体育课程的整合策略 [J]. 中国成人教育，2008（4）：154-155.
[3] 王安平. 网络环境下的高校体育教学模式探析 [J]. 电化教育究，2008（4）：72-74.
[4] 余千春，杜世全. 虚拟现实技术在体育教学中的应用 [J]. 安徽体育科技，2005（4）：115-117.
[5] 王爽. 虚拟现实技术在体育教学和训练中的应用 [J]. 陕西教育（高教版），2012（3）：116.
[6] 张枝，白利. 虚拟现实技术在体育教学中的应用探索 [J]. 电脑知识与技术，2020，16（21）：164-166.
[7] 王裕桂. 论计算机辅助运动（CAS）技术在体育训练中的应用 [J]. 湖北体育科技，2006（2）：193-195；199.
[8] 黄睿航. 体感技术在体育教学中的应用探析 [J]. 软件导刊（教育技术），2015，14（9）：58-59.
[9] 朱刚. 微课开发技术在高职体育教学中的应用 [J]. 农村经济与科技，2016，27（24）：251；257.

3. 关于线上网络平台技术在体育教学中应用的研究

郭红、何仲涛、李庆、陈红霞、王新建、张武生[1][2][3][4]等学者的文章探究了网络在体育教学中应用的情况。龚成旭提出，线上网络教育技术在体育教学中的应用是现代科学技术不断进步和发展的必然趋势和要求[5]。

2020年初，教育部要求实行在线教学。众多学者对于以慕课、微视频为依托的翻转课堂学校体育教学中的应用进行探讨，分析其模式在应用过程中存在的问题并提出建议。杜彦蕊等人分析出传统教学的弊端，然后对MOOC等线上教学平台实际应用情况做了分析，提出混合式教学模式[6]。王迪、王耀东，王侯杰[7]等学者对于线上体育课程的教学方式，教学应用的平台特征、利弊等都有了较为充分的研究。

综上所述，从我国学者对于教育技术在体育学科的应用研究文章中可以看出，现代教育技术与体育学科的整合的趋势越发明显，对学校体育教学改革起到了积极的促进作用，线上线下体育课程的结合也要求学校体育工作者及时学习现代教育技术设备使用的相关知识以适应"新"的教学环境，发挥现代教育技术在学校体育教学中应用的优势。由于目前没有找到关于专门分析影响教育技术应用于学校体育方面的文献，因此本部分没有这方面的综述，这方面可以成为一个议题进行深入研究。

(四) 教育技术在教育中应用的影响因素相关研究

技术在教育中应用的影响因素是人们不断追问的话题，对影响因素进行深入

---

[1] 郭红，何仲涛. 网络信息资源的利用与高校体育教学改革 [J]. 体育学刊，2000 (6)：107-109
[2] 李庆，陈红霞. 论网络信息技术在体育教学中的应用研究 [J]. 湘潭师范学院学报 (社会科学版)，2005 (4)：165-166.
[3] 王新建. 网络在体育理论课中的应用 [J]. 软件导刊，2006 (10)：17-18.
[4] 张武生. 网络在体育教学中的应用发展研究 [J]. 电子测试，2016 (21)：98-99.
[5] 龚成旭. 网络教育技术在高职学校体育教学中的应用探索 [J]. 中国多媒体与网络教学学报 (中旬刊)，2020 (6)：8-10.
[6] 杜彦蕊，刘怡，靳慧龙. 现代教育技术应用研讨 [J]. 教育教学论坛，2020 (10)：9-10.
[7] 王迪. 基于MOOCs的民办高校体育教学应用 [J]. 内江科技，2020，41 (09)：26-27

的分析有利于更好地找出促进技术应用于教育的有效措施与路径。如何促进技术更好地影响教育，提升教育的效果、效率和效益？为了回答这个问题，就有必要知道哪些因素会影响技术有效应用于教育，即哪些因素能够促进技术对教育产生正面的、积极的影响。对于这一问题，已有研究已经得出部分有价值的结论，以下用表2-3列出相关研究结果。

表2-3 我国学者对教育技术在教育领域中应用的影响因素分析

时间	姓名	所涉及的影响因素
2003年	李文	教师主观需求缺乏；教育技术学科发展方向与中小学教育实际需要的偏差；对教育技术的认识有很多误区
2007年	王春蕾	政策因素；经济因素；文化因素；支持因素
2008年	吴庆伟、李兴保	教育的本质；学校的属性；教师因素；技术本身因素
2011年	李文高、方兴、明道洋	教师制作课件缺乏科学性和灵活性；教师的授课节奏与学生的接受速度脱节；不恰当的感性材料冲淡主体内容；多媒体教学的便利容易让教师养成依赖思想；多媒体课件教学环境的特殊性不利于课堂师生交流
2015年	田红雁	学校因素；教师因素；学生因素；环境硬件因素
2019年	张哲、陈晓慧、赫鹏、秦鹏晰	智能技术提升教学工作绩效程度；教师的信息素养水平；外部激励机制与客观环境可控性

学者的研究不仅总结了影响技术应用与教育的各种因素，学者还在研究中从不同角度提出了促进技术在教育中应用的策略与建议，可以为本研究提供参考。但笔者搜索相关文献时发现，目前学者还没有关注到教育技术应用到具体学科的影响因素。因而深度分析教育技术应用于具体学科的影响因素可以有利于推进技术与该学科的融合，进而进一步加大该学科教学的发展速度。

在国外教育技术在教育中应用的影响因素研究中，学者从不同角度对影响因素进行了分类，如表2-4所示。

表 2-4　国外教育技术在教育领域中应用的影响因素分析

维度	具体影响因素
内部与外部	外部因素：缺乏器材设备、设备的不可靠性、缺乏技术支持和其他资源。 内部因素：学校层面（如组织与管理）、教师层面（如对技术应用于教学的态度、面对变革的包容性）。（Snoeyink, Ertmer, 2001） 外部因素：组织方面。 内部因素：教师、管理者和学生。（Hendren, 2000）
物质与非物质	物质因素：缺少计算机或相应软件。 非物质因素：教师缺乏信息技术知识与技能、信息技术与教学融合困难。 教师缺乏时间等。（Pelgrum, 2001）
微观、中观和宏观	微观：教师应用计算机的态度与方法。 中观：组织层面的因素。 宏观：系统层面的因素，更广阔的教育环境。（Balanskat 等人, 2006）
教师与学校	教师因素：技术应用与教师的教学风格是否相符合。 学校因素：领导人的态度、培训时间。（Veen, 1993） 教师因素：缺少时间与自信、拒绝改变等。 学校因素：技术培训不够、资源不足等。（Becta, 2004） 教师因素：缺乏自信、能力不足、拒绝改变、消极态度等。 学校因素：缺乏时间、教师培训、资源、技术支持等。（Khalid, 2009）
重要因素	教师态度与认知、知识与技能、机构、资源、评价、课程文化等。（Khe Foon Hew, Thomas Brush, 2007）

在众多影响因素中，教师是最多被提及的，因而教师是影响技术在教育中应用的重要因素。贝克（Becker）[1]认为影响教师使用计算机的积极因素：学校的支持、课程资源、小班教学、教师培训。还有学者专门研究了教师在教学中使用

---

[1] BECKER H J. Findings from the Teaching, Learning, and Computing Survey: Is Larry Cuban Right? [J]. Education Policy Analysis Archives, 2000, 8, (51): 1-31.

新兴的教育技术设备进行教学的阻碍，其主要的制约因素：设备学习成本、专业人员技术保障、学生的认知、教授老师的应用水平以及学校经费支持等。

综上所述，在国外学者相关研究中，技术与教育二者的相互影响的关系引起众多学者的关注，从历史的视角来分析技术与教育并从中寻找学科知识形成依据是教育技术领域的学者所追求的重要方向。而影响技术有效应用于教育的相关因素包括：环境、领导者、学校（组织）、教师、学生、技能培训、软硬件设备、学习资源等。其中，教师因素是国外学者研究的重点影响因素，因此本研究在各个历史时期分析影响因素时会重点分析该因素。

（五）文献评述

不论是国内还是国外，在 20 世纪乃至今日教育技术在教育领域的应用一直是重要的研究议题，学者在此研究领域发表了大量的研究成果。结合以上国内外的研究来看，首先笔者查询了教育技术与教育信息化发展历程的研究资料，已经有学者把我国教育技术整个发展历程分阶段地进行了分析概括，包括其划分时代的代表技术设备名称、其特点特征、所依据的理论基础、未来发展趋势等，本研究通过表格的形式进行了总结整理，发觉我国教育技术及教育信息化发展历经了从无到有、由弱到强的过程。接下来笔者通过对教育技术应用到具体学科，如数学、语文、历史和体育的文献资料进行探究其应用情况，研究具有一定的广度与深度，但是对于具体的学科应用教育技术的发展历史研究资料匮乏，尤其对中小学学校体育电化教育历史的研究没有太多文献资料发表，具有较大的研究空间。国内外对教育技术在教育中应用的影响因素相关研究，为本研究后面的分析提供了参考，需要重点考虑时代背景、新兴教育技术本身特性、学科地位、教师因素以及突发因素等。

在查找相关内容文献资料时，发现庄榕霞的研究[①]与本研究思路比较相似，虽然分析的是我国教学媒体在中小学教育中应用的发展情况，不是研究具体的学

---

① 庄榕霞.20 世纪我国教学媒体在中小学教育中应用的研究［D］.北京：北京师范大学，2005.

科，但是可基于过往学者的研究思路，研究我国教育技术在中小学体育教学应用史实。因笔者在收集现代教育技术在学校体育教学应用历史资料过程中发现其历史研究资料较为匮乏，因此之后的研究只能在早期社会电化教育研究、各个历史发展时期学校教育的研究中以及一些相关文献资料所隐含的研究主题中找到一些研究线索。

二、专利视角下信息技术在体育教育领域应用研究现状

（一）专利计量的研究

专利计量通常被用来探明某一领域的技术发展趋势或不同领域的技术融合趋势，专利计量可以从不同的方面入手，如技术融合、技术扩张、技术创新、技术影响等。以物联网和人工智能领域技术为例，在现实中这两种不同技术领域正在不断融合，而运用专利计量法可以具体探明二者的融合现状与未来发展趋势。[①] 而对 AI（人工智能）技术在医疗健康领域的专利信息进行计量分析，则可以探明 AI 技术在世界范围内医疗健康领域的技术融合创新趋势。[②] 专利计量方法还可以探究某一技术领域的技术生命周期规律，并基于此来预测技术优势方向。[③] 此外，专利计量研究对于协助相关企业有效监测同行业竞争者的技术创新战略也是一种有效方法，这一系统的研究还能够为企业发展制定战略框架指标。[④] 利用专利计量方法并结合定性分析方法还能够建立产业发展预测模型，帮助科技工作者和企事业管理部门把握产业发展方向。[⑤] 专利计量方法也被越来越多地用于体育领域相关专利计量研究，如利用专利计量法在时间和空间上对国际

[①] 吕一博，韦明，林歌歌.基于专利计量的技术融合研究：判定、现状与趋势——以物联网与人工智能领域为例[J].科学学与科学技术管理，2019，40（4）：16-31.
[②] 陈欣然，李国正，崔一迪，等.基于专利计量的全球人工智能技术在医疗健康领域应用发展态势分析[J].科技管理研究，2021，41（3）：139-147.
[③] 张敏，孟浩，谢祥生.基于专利计量的氢燃料电池技术研究[J].中国能源，2019，41（12）：33-39.
[④] 孙作伟.基于专利计量的企业技术创新战略研究[D].大连：大连理工大学，2020.
[⑤] 焦健，胡志刚.纳米科技与产业发展态势研究——基于专利分析和共识形成[J].高科技与产业化，2020（8）：54-59.

冰雪专利技术领域的专利分布特点、热点技术演化趋势以及核心专利等内容进行了研究分析，[①]以及运用专利分析的方法对国际体育器材专利进行分析来揭示国内外体育器材技术研发现状。[②]还有人对我国体育产业专利发展转移的时空演化特征进行了探讨，结果发现我国体育产业专利创新的重心正在向东南沿海地区转移。[③]

关于专利计量的研究还有一部分是对于专利计量方法本身的研究，如在已有研究的基础上，利用新的算法和手段来提出新的专利技术识别模型并进行实验测试来验证模型的可行性。[④]还可以从不同视角出发，通过专利计量学手段结合数学计算方法来研究生产生活实际中的产学研合作问题。[⑤]目前，关于专利计量方法本身的研究成了当前研究的热点之一。

国外对于专利计量的研究起步较早，从1994年弗朗西斯·纳林（Francis Narin）提出"专利计量"这一概念之后，对各个领域专利的相关研究如雨后春笋般不断涌现，如今已经形成比较完备的专利计量研究体系。但对于专利的研究依旧在不断持续深入，尤其是在专利计量的分析方法方面。有人提出了一种结合专家意见和专利文献计量的混合方法来识别新兴的有发展前景的技术领域，[⑥]也有人提出一种基于机器学习方法来预测多技术融合的专利信息分析方法。[⑦]还有人对专利文献的不同内容进行了研究，Milanez等发现权利要求书是一种可靠的技术主题关键词来源，可能对技术发展预测、行业技术监测以及竞争对手情报分

---

① 何秋鸿，汪毅，邱招义. 国际冰雪专利技术领域的竞争情报分析［J］. 北京体育大学学报，2020，43（4）：102-112.
② 万宇，张元梁. 国际体育器材专利技术竞争情报研究［J］. 西安体育学院学报，2018，35（5）：521-531.
③ 王佳玉，姜同仁. 中国体育产业专利创新的时空演变特征研究［J］. 山东体育学院学报，2021，37（3）：41-49.
④ 李乾瑞，郭俊芳，黄颖，等. 基于专利计量的颠覆性技术识别方法研究［J］. 科学学研究，2021，39（7）：1166-1175.
⑤ 宋凯. 基于专利计量的校企合作伙伴选择方法——以人工智能领域为例［J］. 图书馆论坛，2021，41（11）：19-27.
⑥ CHOI Y，LEE S，PARK S. Identifying Emerging Technologies to Envision a Future Innovation Ecosystem：A Machine learning Approach to Patent Data［J］. Scientometrics，2021，126（7）：5431-5476.
⑦ LEE C，HONG S，KIM J. Anticipating Multi-technology Convergence：a Machine Learning Approach Using Patent Information［J］. Scientometrics，2021，126（3）：1867-1896.

析具有重要作用。① 另外,还有国外学者从专利角度对我国的科技创新能力影响因素进行了研究分析。②

(二) 教育中有关信息技术的研究

目前,我国的教育信息化事业已经从信息技术应用走到了融合创新阶段,正朝着智慧教育方向转型发展。学习者对更加个性化、高品质的教育需求与现今学校标准化、模式化的教育供给服务形成了矛盾,③ 学校智慧生态建设成了智慧教育发展关注的一个重要部分,对学校技术生态建设提出了新要求。④ 这种发展趋势也对教师提出了更高的信息素养要求,教师的信息素养和信息化教学能力是推动应用融合走向智慧发展的关键,智慧教育发展导致的是教师短期负担减轻而长期负担增加,教师要不断提升自身的数字教学胜任能力水平。⑤ 教师专业化发展有多种途径,而线上与线下相结合的教研形式成了当下的热门。胡小勇等人针对传统教研模式弊端,依托信息化技术和手段,创新性提出和形成了信息化高质量在线教研发展的理论体系和实践方式,为推动教师队伍整体高质量发展提供了参考。⑥ 也有人提出了下一代线上智能研修平台的设计构想,更好地使其从信息交流的内容载体发展成为一种交流互动方式,提高网络教研效果。⑦ 在"十四五"开端之年,许多学者将教育信息化的研究关注转移到了"教育新基建"。教育新基建提出涵盖信息网络、平台体系、数字资源、智慧校园、创新应用和可信安全

---

① MILANEZ D H, GREGOLIN J A R, AMARAL R M D, et al. Claim-based Patent Indicators: A Novel Approach to Analyze Patent Content and Monitor Technological Advances [J]. World Patent Information, 2017, 50 (Sep.): 64-72.
② SCHMOCH U, GEHRKE B. China's Technological Performance as Reflected in Patents [J]. Scientometrics, 2022, 127 (1): 299-317.
③ 余胜泉,刘恩睿. 智慧教育转型与变革 [J]. 电化教育研究, 2022, 43 (1): 16-23+62.
④ 高铁刚,杜娟,王宁. 学校智慧教育生态建设研究 [J]. 中国电化教育, 2021 (12): 26-32.
⑤ 赵健. 技术时代的教师负担:理解教育数字化转型的一个新视角 [J]. 教育研究, 2021, 42 (11): 151-159.
⑥ 胡小勇,曾祥翊,徐欢云,等. 信息化教研赋能教师集群化高质量发展的创新与实践 [J]. 电化教育研究, 2022, 43 (2): 5-10+18.
⑦ 代毅,刘臻,傅龙. 基于智能研修平台的教师知识共享研修模型建构与实践 [J]. 中国电化教育, 2022 (1): 134-142.

的保障体系等的新型基础设施体系。① 教育新基建的发展,要体现在以新一代数字化、智能化的信息技术为基础支撑,最终落实到教育高质量发展这一新的战略目标上。

Fernandez-Cruz 等人通过问卷调查了马德里社区 80 所学校 1 433 名中小学教师的信息与通信技术(Information and Communications Technology,简称"ICT")技能水平,来试图建立一个适应西班牙教育环境的教师数字能力框架。调查结果表明中小学教师的数字技能水平存在着明显的差异性,教师的数字技能水平对信息技术作为工具引入教学过程起着非常重要的作用②。Gil-Flores 等采用多水平 logistic 回归模型分析了来自西班牙 192 个中等教育中心的 3339 名教师,发现教育软件的可用性、教师信息和通信技能培训、教师之间的协作、教师的自我效能感和教学概念影响课堂信息技术的使用,并提出了指导西班牙教育政策的建议来鼓励在教学中使用信息技术。③ Zagami 等人概述了与国家政策的设计、实施和评估有关的四个挑战,即:①制定为未来做好准备的政策;②统筹利益相关者;③促进向政策学习的承诺;④开发和实施支持性流程。从国际视角分享了四个主要挑战,并提出了战略视角和解决方案,以及可以用于推进一个国家的教育系统的技术赋权的策略。④

弗格森(Ferguson)等人为探究在正式和非正式教育中使用信息技术的年龄限制影响,对 19 名 10~11 岁的儿童进行了焦点小组访谈,并且为他们制作提供了用来支持非正式学习的数字资源。对这些数据的专题分析显示,青少年对他们使用信息通信技术方面的一系列年龄相关限制做出了反应。在学校教育中,这些限制在小学和中学阶段类似。在学校以外,监管更具有年龄针对性,一些限制影

---

① 祝智庭,许秋璇,吴永和. 教育信息化新基建标准需求与行动建议 [J]. 中国远程教育,2021 (10):1-11;76.
② FERNANDEZ-CRUZ F J, FERNANDEZ-DIAZ M J. Teachers Generation Z and their Digital Skills [J]. Comunicar, 2016, 24 (46):97-105.
③ GIL-FLORES J, RODRIGUEZ-SANTERO J, TORRES-GORDILLO J-J. Factors that explain the use of ICT in secondary-education classrooms: The role of teacher characteristics and school infrastructure [J]. Computers In Human Behavior, 2017, 64 (Mar.): 441-449.
④ ZAGAMI J, BOCCONI S, STARKEY L, et al. Creating Future Ready Information Technology Policy for National Education Systems [J]. Technology Knowledge and Learning, 2018, 32 (3): 595-506.

响了10~11岁儿童参与正式和非正式学习的方式，特别是他们的交流方式和他们发展评估技能的迫切需要。① 帕伦博（Palumbo）等人通过对5个欧洲国家9所学校26个小组的283名10~15岁的学生进行了焦点小组访谈来调查学生对在课堂上使用技术工具和数字教育活动的偏好，结果发现大多数受访者认为智能手机主要是为了交流或获取信息，而平板电脑则是为了更好地在课堂教学上使用②。此外，与其他数字教育活动相比，协作游戏被认为是更有用和有益的。教师需要进一步了解信息技术和培训在教学中的作用。有必要鼓励教师为学生提供机会，让学生利用信息技术解决问题或发展能力。

（三）体育教育中有关信息技术的研究

信息技术应用于体育教育领域并不是一个新的概念，虽然这一应用实践由来已久，但是在新技术日新月异的智能化时代，信息技术与体育教育的各方面都发生了很大的变化。信息技术对体育教学、体育训练、体育科研和体质监测这四个方面起到重要影响。信息技术除了作为体育教育过程中的客体，它还影响着作为学校体育教育过程主体的教师和学生。③ 但是，在教育信息化高度发展这一时代背景下，我国体育教育信息化的基本现状并不乐观，尤其存在体育教师数字化意识不强、教师信息化教学模式滞后、学生信息化学习能力不高、体育课程信息化建设存在表现形式单一、忽视教学方式信息化建设，以及缺乏便于利用的优质教学资源等现实问题。④⑤

有人提出要依靠大数据驱动来破解信息技术与体育教学深度融合的难题，依

---

① FERGUSON R, FAULKNER D, SHEEHY K, et al. Pre-teens Informal learning with ICT and Web 2.0 [J]. Technology Pedagogy And Education, 2015, 24（2）：247-265.
② GIGANTESCO A, PALUMDO G, CASCAVILLA I, et al. An International Study of Middle School Students' Preferences about Digital Interactive Education Activities for Promoting Psychological Well-being and Mental Health [J]. Annali Dell Istituto Superiore Di Sanita, 2019, 55（2）：108-117.
③ 董亮. 信息技术在学校体育工作中的应用：诊断与完善 [J]. 沈阳体育学院学报, 2018, 37（2）：115-122.
④ 雷敏. 我国大学体育课程信息化建设现状分析 [J]. 体育学刊, 2017, 24（3）：101-105.
⑤ 赵海波. 我国体育专业信息化教学的时代逻辑与路径选择 [J]. 沈阳体育学院学报, 2020, 39（1）：39-44+60.

据体育教学活动实施过程的基本特征以及体育教学模式的基本结构，从目标、过程、评价三个层面来构建体育精准教学模式。① 以实心球教学为例，与传统的实心球投掷教学相比，以数据驱动为学习导向的体育教学更有利于优化学生的学习过程与方法，有助于强化学生的运动知识与技能。② 还有学者从深度融合的视角阐释了建设现代大学公共体育在线教学体系首先要提高体育在线教学的认识，其次还要构建适宜在线教学模式、丰富在线教学资源体系。③ 在谈及人工智能对体育教育的影响中，有人认为这种技术将来能够推进实现体育教育公平、贯彻落实体育新课程改革理念、转变教师角色以及促使体育教育研究范式完成全面转型。④ 还有人对人工智能技术在体育运动中的应用现状进行分析，提出了人工智能运动教练系统未来的四个关键研究方向。⑤ 以往的体育教学因为受到教育技术发展影响，导致很多预期的教育理念和思路很难落实。近年出现的基于混合虚拟现实技术的元宇宙（Metaverse）有望解决因为客观因素造成的教学空间问题和教学环境问题，从而提高体育教学效果。⑥ 目前，我国信息技术在体育教育领域的发展方向以"智慧体育"为主，致力于实现智慧体育课程一体化设置与实施的系统性和完整性，达到涵盖课程、学习方式、课堂、教材、教学模式、教学设计、学习过程等核心内容各方面均衡发展。它构建的混合虚拟现实的学习资源和带来的学习体验为体育教学模式的创新提供了技术平台。

国外对于信息技术与体育教育的相关研究也有很多，在体育教师的信息素养能力方面，一项研究对塞维利亚及其省小学体育专业教师在残障学生应用ICT方

---

① 张丽军，孙有平．大数据驱动的体育精准教学模式研究［J］．天津体育学院学报，2022，37（2）：174-180．
② 苏阳，彭国强，叶强．数据驱动学习：新时代学校体育教学的创新趋向与发展应对［J］．天津体育学院学报，2022，37（2）：181-187．
③ 庄巍，樊莲香，汤海燕，等．新时代大学公共体育在线教学建设研究［J］．体育学刊，2021，28（5）：83-88．
④ 杨伊，任杰．我国中小学体育课程改革70年——兼论人工智能对体育教育的影响［J］．体育科学，2020，40（6）：32-37．
⑤ 刘昊扬．基于人工智能的运动教练系统分析与展望［J］．北京体育大学学报，2018，41（4）：55-60．
⑥ 黄谦，王欢庆，李少鹏．体育未来发展的逻辑重构与实践展望——从元宇宙概念谈起［J］．西安体育学院学报，2022，39（2）：129-135．

面的培训水平和技术知识进行了调查，结果显示这些教师在残障学生应用 ICT 方面的培训不足。另一项研究也表明体育教师有必要进行适当的培训来提高其使用信息技术促进残障学生学习的效果。

在信息技术应用于体育教学效果方面，Osterlie 发现将翻转课堂应用于体育课教学后会提升学生体育学习的动机，尤其是在认知层面取得了较好的学习效果。[1] 此外，进行体育学科理论与实践教学过程中的科学信息管理，对支持教学过程、促进知识的传播与反馈具有重要意义。[2] 在有关人工智能的研究中，Yang 等人结合人工智能技术构建混合体育教学模式，实现了对学生的个性化教育。[3] 一项关于人工智能技术的文献计量学分析也指出了利用人工智能技术可以使教育者和学习者将更多时间应用于体育活动本身以及教育者和学习者之间的互动上。[4]

（四）文献评述

通过文献梳理可以发现，许多学者和教师都进行了信息技术与体育教育融合的思考，并且在不同的背景下进行了大量相关研究，基于对教育实践和信息技术的理解纷纷提出了自己的看法。从研究的类型上来看，许多研究停留在理论探讨与展望层面，缺乏实际支撑；有些学者对信息技术应用于具体运动项目教学进行了实践研究，但得出的结果适用性、推广性不强。在研究对象上，关于体育教师的研究出现频次最多，尤其是体育教师的信息技术素养。其次，学生也是研究的主要对象，主要包括学习兴趣、动机、学习效果方面的研究。而对于信息技术的研究与介绍则是一笔带过，没有进行深入的研究，与此不同的是，在新基建背景下，教育领域的许多研究中专门对支持教育现代化发展的教育技术基础提出了具

---

[1] OSTERLIE O, MEHUS I. The Impact of Flipped Learning on Cognitive Knowledge Learning and Intrinsic Motivation in Norwegian Secondary Physical Education [J]. Education Sciences, 2020, 10 (4): 16.
[2] SANTIESTEBAN-HERNANDEZ I, VAZQUEZ J M. The management of Information in the Discipline Theory and Practice of Physical Education [J]. Arrancada, 2019, 19 (35): 56-72.
[3] YANG D, OH E S, WANG Y. Hybrid Physical Education Teaching and Curriculum Design Based on a Voice Interactive Artificial Intelligence Educational Robot [J]. Sustainability, 2020, 12 (19): 14.
[4] LEE J, LEE H S. Applying Artificial Intelligence in Physical Education and Future Perspectives [J]. Sustainability, 2021, 13 (1): 1-16.

体要求，在体育中则更关注体育产业与体育服务业的新基建发展。在研究方法上，许多研究者采用了逻辑分析法来探讨信息技术与体育教育融合的关系；还有一些研究者通过教学实验或问卷调查、访谈等方式来获取信息技术在体育教育领域的应用情况和功能效果，但是这种方法周期长、成本高。虽然也有通过文献计量的方法来研究信息技术与体育教育融合发展的研究，但是研究的数据来源只能是已经被实际应用于体育教育领域的信息技术，不能够对那些没有应用于体育教育而又确实存在的技术来进行研究，造成了研究结果缺乏一定的前瞻性。

通过信息技术在体育教育领域相关专利来进行信息技术与体育教育的研究，既能够全面地囊括技术、具备事实依据，又具有一定的前瞻性。因此，信息技术在体育教育领域的相关专利成为研究信息技术与体育教育融合发展趋势的一个突破口。体育教育新理念的确立、教育模式的创新以及体制的改革，都离不开与体育教育相关的信息技术。体育教育领域的每一个人，包括教师、学生、体育管理者和信息技术专家，都应该能够利用体育工程来进一步推动体育教育创新。

三、中小学体育教师使用信息技术教学意愿实证研究现状

（一）中小学教师信息技术教学应用相关研究现状

经过文献梳理后发现，当前我国教师信息技术教学的研究主要集中在两个方面：一是教师使用信息技术情况和教师信息素养的现状研究，二是信息技术与教师教学结合路径的案例研究。而运用技术使用理论对教师的信息技术教学使用行为、使用意愿进行的研究相对较少。

在现状调查方面，不同学者对不同地区的现状进行了研究与分析，并结合当地的实际情况给出了建议。学者杨福义、杨仕对我国中小学教师信息技术教学的具体情况进行了比较深刻的研究分析。杨福义采用了大样本的调查，对我国近200所中小学的11 000多名教师进行了调查研究。分析了中小学教师教育信息技术应用的基本状况，对不同性别、地域、学历教师的应用基本状况进行了差异性

分析，在此基础上对应用状况影响因素进行了多元回归分析。[①] 杨仕为了调查小学教师信息素养的相关现状，以湖南省长沙市156小学教师为调查对象，设计问卷并进行调查，结合文献综述法和数据分析法进行了研究。他发现内在动力不足以及目标偏差是小学教师信息素养发展不完善的原因并且缺乏专业的指导和较少的实践机会是当下小学教师信息素养进一步发展的阻碍。他在充分分析现状的基础上结合当地实际情况提出了提升教师信息素养的学校保障机制以及加强教师相关培训的建议。[②]

除此之外，信息技术与各科教师教学结合路径的案例研究也较为丰富。在《整合视野下信息技术与语文教学深度融合的实践探索》[③] 一文中，作者以整合视野构建了一个信息技术学习者的中心环境，可以通过学生主动积极学习，使语文教学和信息技术深度融合，构建了三位一体的数字化环境下语文整合教学体系，成为实现语文学科核心素养的整体提高的教学范式。王润兰等人在研究中发现信息技术环境为支持物理实验探究教学提供了大力支持，让物理实验探究教学模式实现了学生学习的过程与结果的统一，还可以调动学生学习的主观能动性，让学生通过经历探究的过程实现既定的教学目标，提高了学生的探究能力。[④] 寇辉通过研究发现与信息技术结合的化学课程会以新的信息表征方式和多样的概念表达方式来提高学生对某些化学概念属性的理解，并且现代信息技术可以创造更加符合真实情况的学习情境，为学生新旧知识的连接提供有利的情境条件。[⑤]

在教师的信息技术教学使用行为、使用意愿研究方面，大多数学者运用的理论模型有两种，一是技术接受理论（TAM），二是UTAUT。

---

① 杨福义. 我国中小学教师教育信息技术的应用状况及其影响因素——基于全国数据库的实证分析 [J]. 华东师范大学学报（教育科学版），2017，35（6）：116-125+157.
② 杨仕. "互联网+"背景下小学教师信息素养问题及对策研究 [D]. 长沙：湖南师范大学，2018.
③ 戴晓娥. 整合视野下信息技术与语文教学深度融合的实践探索 [J]. 中国电化教育，2015（3）：110-114.
④ 王润兰，白然，黄金辉，等. 信息技术环境下初中物理实验探究教学模式研究 [J]. 中国电化教育，2007（3）：84-88.
⑤ 寇辉. 信息化教学在高中化学优质课中的应用研究 [D]. 武汉：华中师范大学，2015.

刘禹等人在《西部农村中小学教师信息技术使用意向影响因素分析》[①]中就以 TAM 为基础，设计问卷并进行调查研究，采用建模的方法分析了教师信息技术使用意向影响因素，并根据研究结果，结合西部农村中小学的相应现状与实际情况提出了相应的策略。

而 UTAUT 理论的运用则较为广泛，李毅等人发现教师信息技术使用的努力期望、绩效期望、社群影响和便利条件能够显著影响教师信息技术使用意愿和使用行为。[②] 张思等人对中小学教师使用网络学习空间影响因素进行了研究，探究了 UTAUT 模型中各种变量因素与使用行为的关系，并且探究了各种调节因素的作用。[③]

在研究深度上，已经有学者在研究中结合实际情况对模型中的维度进行修改并进行进一步的开发。例如，杨洒在《农村初中教师信息技术使用意愿影响因素分析》[④]中，首先，根据专家意见、文献资料，在 UTAUT 模型的基础上添加了新变量；其次，根据模型设计了问卷并进行了调查；最后，运用 AMOS 建模进行了验证分析。该研究探究了影响农村初中教师对信息技术使用意愿的总体情况、影响因素以及各个影响因素之间的关系。研究最后结合农村教育教学的相关现实情况，提出了增强农村初中教师信息技术使用意愿的策略。

相对于国内，国外的相关研究涉及的范围更广，内容更加丰富。Teo 为了考察职前教师对计算机的态度，在 TAM 框架之上，增加了主观规范、便利条件和技术复杂度作为外部变量建立了理论模型，通过定量研究发现 TAM 和主观规范、便利条件和技术复杂度是影响职前教师对计算机使用态度的重要因素。[⑤]

[①] 刘禹，陈玲，余胜泉. 西部农村中小学教师信息技术使用意向影响因素分析 [J]. 中国电化教育，2012（8）：57-61+77.

[②] 李毅，吴思睿，廖琴. 教师信息技术使用的影响因素和调节效应的研究——基于 UTAUT 模型 [J]. 中国电化教育，2016（10）：31-38.

[③] 张思，刘清堂，黄景修，等. 中小学教师使用网络学习空间影响因素研究——基于 UTAUT 模型的调查 [J]. 中国电化教育，2016（3）：99-106.

[④] 杨洒. 农村初中教师信息技术使用意愿影响因素分析 [D]. 黄冈：黄冈师范学院，2019.

[⑤] TEO T. A Path Analysis of Pre-service Teachers' Attitudes to Computer Use: Applying and Extending the Technology Acceptance Model in an Educational Context [J]. Interactive Learning Environments, 2010, 18(1): 65-79.

Teo 与 Lee 等人在调查马来西亚和新加坡职前教师在未来使用技术意愿的研究中以 TAM 为理论基础，通过问卷调查和结构方程模型，对影响 495 名来自新加坡和马来西亚的职前教师未来技术使用意愿的影响因素进行了深入的对比分析。①

Smarkola 通过半结构化访谈，以分解的计划行为模型为基础，对影响职前教师和经验型教师使用技术教学影响因素进行了对比，发现二者在多个维度存在显著差异。②

Pynoo 与 Devolder 等人以 UTAUT 为理论框架，通过问卷调查法和数理统计法，对中学教师接受与使用数字化学习环境的情况进行了预测，并发现了中学教师接受与使用数字化学习环境最重要的影响因素。③

综上所述，国内对于教师信息技术教学的研究内容丰富、层次多元，虽然研究更多地集中于信息技术教学的应用现状、使用效果、应用路径等方面，但已经有很多学者关注到教师信息技术的使用行为和使用意愿，运用相关理论研究教师使用信息技术教学的影响因素。相比之下，国外相关研究运用的理论更加丰富，将目光更多聚焦教师信息技术教学行为内部机制。

（二）中小学体育教师信息技术教学应用的相关研究现状

当前我国体育教师信息技术教学的研究方向除信息技术运用情况的现状研究外，许多研究者对体育教师信息技术素养和信息时代下体育教师身份的转变进行了探究。

在国内范围，范运祥等人认为体育教师承担着组织体育教育实践和践行体育

---

① TEO T，LEE C B，CHAI C S，et al. Assessing the Intention to Use Technology Among Pre-service Teachers in Singapore and Malaysia：A Multigroup Invariance Analysis of the Technology Acceptance Model（TAM）[J]. Computers & Education，2009，53（3）：1000-1009.
② SMARKOLA C. Efficacy of a Planned Behavior Model：Beliefs that Contribute to Computer Usage Intentions of Student Teachers and Experienced Teachers [J]. Computers in Human Behavior，2008，24（3）：1196-1215.
③ PYNOO B，DEVOLDER P，TONDEUR J，et al. Predicting Secondary School Teachers' Acceptance and Use of A Digital Learning Environment：A cross-sectional Study [J]. Computers in Human Behavior，2011，27（1）：568-575.

教育改革的责任，不能只扮演单一的知识传授者、技能教习者的角色，而是要更多地去承担和传递信息资源、组织学习活动、构建学习模块方面的任务，引导学生找到适合自己的学习路径。[①] 学者廖萍和王健[②]则认为体育教师的传统身份在当今变得不再那么清晰，主要表现在体育教育文化变迁导致的体育教师身份危机和体育教师教学实践体验到的身份尴尬。根据身份协商理论，体育教师需要从觉察力、身份认识、协商技巧三个方面通过身份协商来应对当前困境，满足信息技术时代寄予体育教师的身份期待。

江群英在武汉市中小学体育教师信息素养培养研究中，采用科学的研究方法，以当地中小学体育教师的信息素养为研究对象，对当地中小学体育教师的信息技术手段应用的意识和相关知识进行了详细的分析，研究发现教师基本的信息知识水平尚可，但与教学结合的知识水平较低；教师培训尚可但缺乏系统性。研究者在研究结论的基础上，结合中小学体育教师的实际情况在教师的培训方面提出了相关建议和策略。[③]

在国外相关研究方面，研究者也更多地将研究方向放在了信息技术与体育教学的结合路径上，并运用了对照实验、质性分析、文献计量等多种研究手段。

Rivilla等人在一项信息技术在手球运动的教学应用研究中采用对照实验的方法，一组采用传统教学模式，一组采用信息技术进行教学，研究发现实验组和对照组在提高方面具有显著性差异，实验组明显优于对照组。研究表明，使用多媒体教学比传统教学对18岁以下的手球运动员的变量动机和游戏感知分析能力有更大的积极影响。[④] Kang在一项运用信息技术进行的体育教学计划的研究中，探讨了将信息技术教育模式应用于体育教学的可能性，研究发现运用虚拟现实技术

[①] 范运祥，舒根，马卫平. 教师教育信息化与体育教师信息素养的提升 [J]. 湖南师范大学教育科学学报，2013，12（1）：57-62.
[②] 廖萍，王健. 信息技术时代下体育教师的身份协商 [J]. 北京体育大学学报，2015，38（5）：102-107.
[③] 江群英. "互联网+教育"背景下武汉市中小学体育教师信息素养培养研究——以教育信息化特色学校为例 [D]. 武汉：华中师范大学，2017.
[④] RIVILLA-GARCíA J, SILLERO M, GRANDE I, et al. Do ICT Resources Improve Sports Teaching Processes in Handball? [J]. Revista Internacional de Medicina y Ciencias de la Actividad Fisica y del Deporte, 2014, 14 (53): 53-67.

学习运动技术，可以利用虚拟现实模拟评估动作的准确性水平，通过使用相关的虚拟现实运动程序进行体育活动与教学反馈，运用虚拟现实技术的教学策略对学生的体育学习是有效的。[1] Van Doodewaard 等人在一项数字视频技术在体育教学中的应用研究中，采用刺激回忆访谈工具，研究教师在视频教学实践中选择示范学生的标准和选择学生的话语，并发现这些选择可能对某些学生的特权化和边缘化产生的后果。[2]

Joo 等人在探究中小学体育教师对科技体育课认知的研究中，采用质性研究的方法，分别从学生、教学、课堂等维度探讨了中学体育教师对体育课中信息技术运用的认知。[3]

Calabuig-Moreno 等人在对 WOS 数据库（Web of Science）上发表的关于体育课中信息技术使用的文章进行计量学分析后发现，在 2015 年后国际上对于体育课中虚拟现实技术运用的研究开始增多，其中美国和西班牙的研究者最具影响力。[4] Stanescu 等人提出现代教育理论强调终身学习，而对于体育教育者和运动训练专家来说对教学方法的改进是一个必然的趋势，而使用计算机和其他信息技术来提高教学过程的效率是他们的必然选择。研究对目前应用于体育与运动教学领域的信息技术进行了总结并对其可能产生的实际效果进行了评估。[5]

综上所述，笔者通过查找 CNKI、维普、超星数字图书馆、WOS 数据库等，发现国内外没有对于体育教师的信息技术使用意愿或其影响因素的研究，相关的研究更多的是在对地方体育教师信息素养的现状研究、对体育信息技术教学能力

---

[1] KANG S A. A Study of Teaching Plan for the Physical Activity Using ICT [C] // International Conference on Information Science & Applications. Springer, Singapore, 2017.

[2] VAN DOODEWAARD C, KNOPPERS A, VAN HILVOORDE I. Of Course I Ask the Best Students to Demonstrate: Digital Normalizing Practices in Physical Education [J]. Sport Education and Society, 2018, 23 (8): 786-798.

[3] JOO H C, SANG B K. A Study on Middle and High School PE Teacher's Perceptions of Technology Physical Education Classes [J]. Journal of the Korean society for Wellness, 2018, 13 (2): 81-99.

[4] CALABUIG-MORENO F, GONZAález-SERRANO M H, FOMBONA J, et al. The Emergence of Technology in Physical Education: A General Bibliometric Analysis with a Focus on Virtual and Augmented Reality [J]. Sustainability, 2020, 12 (7): 2728.

[5] STANESCU M, STOICESCU M, CIOLCA C. Computer Use in Physical Education and Sports Teaching [C] // Elearning & Software for Education. 2011.

的现状研究、对体育教学与信息技术的结合的案例研究等。研究者对体育教师信息技术教学行为的研究仅仅停留在提出问题的浅层，并没有做更深层次的探讨，可以说目前对体育教师信息技术使用行为内部机制的研究是相当匮乏的，严重制约该领域理论的进一步发展，因此该领域需要研究者进行进一步的探讨和研究。

（三）文献评述

综上所述，国内研究者对教师信息技术教学的研究还是比较丰富的，但研究主要还是在描述现状，调查教师的信息技术使用水平和信息技术素养，探究信息技术与课堂教学的结合方式与途径等，对于教师个人技术使用行为及其内在机制的研究还是较少；而国外的相关研究则更加丰富，更多地将目光聚焦在教师信息技术教学行为上，从教师个人使用意愿和使用行为的角度进行研究。

在理论模型方面，国内外的研究大多是以 Davis 的 TAM 和其扩展模型、Venkatesh 和 Davis 的 UTAUT 模型为基础进行的；在研究方法上，则是以文献综述法、访谈法、问卷调查法和结构方程模型、数理统计软件相结合的定量研究为主；在研究结果上，多数研究者都对 TAM 模型和 UTAUT 模型进行了验证，并且大量的研究结果都显示，绩效期望、努力期望、社群影响、便利条件四个因素是影响教师信息技术使用意愿的主要因素；在研究维度上，不同地理区域的教师和不同学科的教师，新手教师和经验型教师都有涉及，但并没有发现国内外有针对体育教师信息技术教学使用意愿的研究。

体育教师是学校体育工作的主要实施者，是体育课堂的主导者，是教育信息化发展的促进者。对于体育教师行为内部机制研究的缺乏会阻碍相关领域的发展，这也是研究者需要进一步探索的领域。

四、信息化时代中小学体育教师网络教研行为相关研究现状

（一）国外研究现状

1. 关于"网络教学"的研究

国外网络教学的起源较早，早在 19 世纪 50 年代，美国等西方国家便开始将

收音机、电视机等现代化设备纳入教学资料。电子计算机和互联网的出现，使得师生之间的教学资料得以用图像、音频的形式通过电子邮件的方式实现传递。由于西方国家的互联网发展起源较早，因此他们对于互联网网络教学的研究也较早，国外关于互联网教学研究最早的是 1984 年弗朗西斯·伍德（Frances E. Wood）在美国信息科学学会的期刊上发表的一篇文章，提出在联合国图书馆建立学校教授的最新信息检索，以此来完善谢菲尔德大学教师的信息体系。

António Moreira 通过定性研究的方式描述了艾伯塔大学开设的葡萄牙语在线教学培训课程的进展，研究建议应持续改进需求的动态教学设计，及时调整不同的具体的教学策略。[①] 因此，应积极创新在线课程教学技术及教学要素，促进在线课程的良性发展。

Corie Haylett 回顾了社交媒体在线教学的利弊，对在线教学是否可以提高大学生商业沟通技能进行了探究，研究得出的结论为使用社交媒体在线教学与学习者参与度呈正相关，但与学习者成就呈负相关。[②]

Lorna R. Kearns 对在线教学经验如何影响教师在教学实践中的思维和计划进行了研究，提出当教师对自己的教学目标和目的提出疑问时，就会对实践进行反思；创建结构包括课程规划和设计；指导课堂是指持续考虑最大化学生学习的课堂时间；促进学习包括创造促进学生学习的条件。[③]

欧美国家对于线上教学的作用影响进行了探究，为教师的在线教学提供了教学实践经验，在一定程度上提升了教师的数字化教学水平。

2. 关于"体育教师教研"的研究

体育作为一门重要的学科，目前在世界上的各个国家与地区之间都得到了普

[①] MOREIRA J A, HENRIQUES S, BARROS D, et al. Digital Learning in Higher Education: A Training Course for Teaching Online - Universidade Aberta, Portugal [J]. Open Praxis, 2017, 9 (2): 256-263.
[②] HAYLETT C. Use of Social Media for Teaching Online Courses and Enhancing Business Communication Skills at the University Level: Can This Really Be Done? [J]. International Journal of Online Pedagogy and Course Design (IJOPCD), 2016, 6 (4): 71-85.
[③] KEARNS L R. The Experience of Teaching Online and Its ImpAct on Faculty Innovation Across Delivery Methods [J]. The Internet and Higher Education, 2016, 31 (10): 71-78.

及，体育课程几乎贯穿小—中—大学一系列教育进程，因此学术界对于体育教师方面的研究颇多。以"体育教师"为检索关键词在知网进行检索，其中关于中等体育教育、体育教育理论与教育管理、高等体育教育等方面的研究居多。

Gul Burmaoglu 调查了埃尔祖鲁姆体育教师的多元化管理与组织发展之间的关系。埃尔祖鲁姆的 55 名体育教师参与了本次研究，研究得出多样性管理与组织发展之间存在显著的相关性，体育教师的多样性管理同时也会对组织发展的纬度产生影响。[①]

Søren Svane Hoyer 认为文化能力对于体育教师来说是必不可少的，教师教育项目应以促进文化能力发展为目标。因此，开发了一项足球跨文化的创新课程，旨在提高体育教师的教练技能、足球技能和文化能力，帮助体育教师在多元文化环境中进行体育教学时更具有包容性。[②]

Leirhaug 和 MacPhail 认为学习评估（AfL）作为支持学习和加强教学的工具的作用愈来愈大，提出体育教育工作者需要将 AfL 纳入其教学和评估实践，作为该学科未来发展的重要组成部分。[③]

国外学者对于体育教师方面的研究，注重于体育教师的人文关怀方面，从体育教师工作的满意度、自主支持力以及体育教师工作的开展对大学生知识学习、健康等的影响方面的研究居多，侧重于从心理建设层面、气质建设层面以及多元化的管理层面，对体育教师的发展以及体育教师对学生的影响进行研究。

3. 关于"体育教师网络教研"的研究

计算机、网络信息技术的出现为体育变革提供了契机，西方国家最先将网络信息技术引入体育教学，由于体育学科所具有的特殊性，国外关于"体育教师网

[①] BURMAOGLU G E. Relationship Between Diversity Management with Organizational Growth of Erzurum Physical Education Teachers [J]. Journal of Education and Training Studies, 2018, 6 (9a): 15.
[②] HOYER S S, HENRIKSEN K. Soccer Across Cultures: An Innovative Course to Develop Physical Education Teachers Cultural Competence [J]. Journal of Physical Education, Recreation & Dance, 2018, 89 (9): 39-50.
[③] LEIRHAUG P E, MACPHAIL A. "It's the Other Assessment That Is the Key": Three Norwegian Physical Education Teachers' Engagement (or Not) with Assessment for Learning [J]. Sport, EducationandSociety, 2015, 20 (5): 624-640.

络教研"的研究成果并不多见。美国、英国是最早建立起体育教学共享平台的国家，学生可以凭借校内的"一卡通"查阅学习各类体育资源，并完成体育课程所需要的学分。

在外文网站以"体育教师网络教研"为关键词进行检索，尚未发现有关文献研究，以此推断有关体育教师网络教研行为的研究尚未引起国外学者的注意，目前国外对于体育教师网络教研行为的研究仍处于起步阶段。

（二）国内研究现状

1. 关于"教师网络教研"的研究

在中国知网对"教师网络教研"进行检索，并对检索结果进行可视化分析得出，关于教育理论与教育管理方面的研究最多，占到了研究总量的41.85%；关于计算机软件应用的研究成果数量占到了总文献研究量的20.93%；中等教育、初等教育等学科的研究分别为16.55%和11.67%。

从"教师网络教研"文献发表的时间维度来看（如图2-3所示），2002年我国出现了第一篇关于教师网络教研的研究文献：李依铭以市级中学的地理学科教学为出发点，对教研信息化与网络教研进行了深入探讨，提出要不失时机地开展教师的现代信息技术培训，推动现代信息技术与地理学科教学的有机整合。[①]

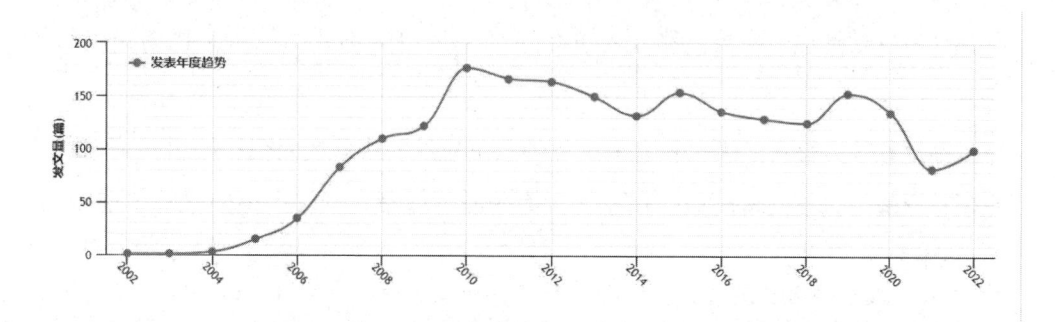

图2-3 "教师网络教研"文献发表年度趋势

李琳等人采用社会网络分析方法，对网络教研活动中的社会网络关系进行了

---

① 李依铭. 市级中学地理教研信息化与网络教研的探讨 [J]. 地理教育，2002 (5)：51.

分析，并对淄博市信息技术学科教研组的网络密度、中心性以及凝聚子群等做了具体的分析，认为应设计管理网络教研活动，激发教研组成员的主观能动性。[1]

戴心来等人认为网络教研已成为信息时代教师继续教育发展的新模式，研究基于接受和采纳行为理论，对于教师在网络研修过程中的行为意向、促成因素、使用行为与教师教学能力的发展之间的关系进行了实证研究，从而得出结论：网络研修中的教学资源平台对教师教学能力的提升有着正向的影响。[2]

在教育大数据背景下，王丽珍、刘佳星对教师开展网络教研的必备条件进行了研究，提出要通过提升教师的专业化发展实现网络教研的最优化发展。[3]

基于活动理论，武滨等人构建了 CTMA 区域网络教研模式，围绕如何构建四方协同环境下多层级教研共同体、建设以多平台有效融合的综合网络教研支撑平台、制定有效可持续的保障机制、组织开展三层次七阶段的主题教研活动这四个方面进行了详细论述。最后，以湖北省咸宁市咸安区的应用实践为例，具体介绍了基于 CTMA 的区域教师网络教研建设实践及成效。[4]

李晓华提出网络教研作为一种全新的教研模式出现，为区域教研工作的开展、学校网络教学资源平台的建设、网络教研内容的丰富提供了有效途径。[5]

在"互联网+"背景下，朱春晓指出"互联网+"时代为学校教研文化的协同共享提供了可行路径，研究以"互联网+教研"为切入点，探究得出了"互联网+"背景下协同共享教研文化的机制构建，应通过加强教育宣传、组建核心团队、创新教学管理、实现共享评价几个方面来构建协调共享教研文化的路径与机制。[6]

钟绍春等人分析了人工智能助推教师队伍建设的瓶颈性问题，提出要依据课堂信息化教学以及网络研训的新模式进一步改进课堂教学，优化网络学习资源，

---

[1] 李琳，孙卫华. 网络教研活动的社会网络分析 [J]. 开放教育研究，2010，16 (6)：107-112.
[2] 戴心来，严雪松，郭莹. 网络教研的采纳行为与教师教学能力提升的关系研究 [J]. 电化教育研究，2014，35 (10)：114-120.
[3] 王丽珍，刘佳星. 教育大数据对网络教研的影响 [J]. 中国电化教育，2016 (11)：51-55.
[4] 武滨，左明章，闞伟，等. 基于活动理论的 CTMA 区域网络教研模式研究 [J]. 中国电化教育，2017 (9)：104-110.
[5] 李晓华. 提高区域网络教研实效的实践探索 [J]. 教学与管理（中学版），2018 (9)：38-39.
[6] 朱春晓. 互联网+背景下协同共享教研文化形成的研究 [J]. 教学与管理，2020 (5)：50-53.

建立中小学教师的智能研训体系，充分运用智能课堂工具提升教师智能教育的关键素养。①

国内关于教师网络教研的研究一直处于上升趋势，2010年文献研究总量达到177篇的巅峰值，此后虽略有下降，但年度平均文献研究量仍保持在120篇以上。分析国内学术界关于教师网络教研的研究发现，教师网络教研经过多年的研究已经与各学科实现了有机融合，尤其是在校本课程提出之后，教师网络教研的热度居高不下。人工智能、"互联网+"以及区域网络教研等研究视域的出现，为教师开展网络教学以及网络教研提供了基础条件，也成为学术界的研究热点。

2. 关于"体育教师网络教学"的研究

从体育教学文化、网络文化的角度出发，黄福挺和王家宏认为网络文化的产生为体育文化、教学文化的生成提供了重要支撑，体育在线教学文化要通过以下几个方面得以实现：①设计文化回归的教学目标；②选择统整的文化教学内容；③体悟文化的跨越式教学过程；④构建教学评价体系。②

基于网络模块化视域下，杨洋以"模块化理论"为研究的理论依据，对体育教育主题式微格教学模式进行了探究，提出了体育教学的宏观系统"教学需求分析—技能需求主题化—教学技能学习集群化"与微观系统"创设主题—形成技能—课堂情境化—教学技能风格"这两个层面，来促进教学技能的最终形成。③

在物联网的研究视角下，李尚滨等人对体育教学平台进行了设计，通过对原始教学活动数据的分析、建模、反馈等，构建了排球教学平台模型技术，发现在体育教学网络平台的仿真作用下学生对排球基本技术有了更深刻的理解、掌握与

---

① 钟绍春，钟卓，张琢.人工智能助推教师队伍建设途径与方法研究[J].中国电化教育，2021（6）：60-68.
② 黄福挺，王家宏.新时代体育在线教学文化释义[J].体育学研究，2020，34（4）：80-86.
③ 杨洋.基于网络模块化的体育教育主题式微格教学模式研究[J].中国教育学刊，2015（A2）：105-106.

运用。[1]

汪广林提出信息化技术与学校体育的融合是现代体育教学的发展趋势,研究以现代体育教学为出发点,对网络信息化对现代体育教学的辅助作用进行了研究,指出执教者对网络信息技术的了解有限、缺乏信息化意识以及学校硬件设备的不足等是制约当前体育教学信息化发展的主要原因。[2]

于秋芬研究了互动式网络教学对体育教学的影响,提出远程体育网络课程的开展丰富了体育教学的师生互动形式,作为一种新颖的教育形式,体育网络互动平台的出现激发了大学生的体育学习兴趣,有力地提高了大学生的体育教学效果,推进了师生之间的情感交流。[3]

通过对国内"体育网络教学"方面的文章综述发现,网络教学作为一种新形式的教学方式,学术界关于体育网络教学的研究虽起源时间较早,但一直处于一种不温不火的状态。从1989年第一篇关于体育网络教学的文献出现后,一直到2002年其年发文量才突破10篇。2010年是体育网络教学研究量出现质的飞跃的转折点,国家对于教学的信息化战略的推出,已经逐渐渗透到体育学科,体育领域的专家学者开始加大对于体育网络教研的研究力度,其年均发文量稳步攀升,尤其是在近年来,关于体育网络教学的发文量再攀高峰,学术界研究成果逐渐丰硕。从文献研究的主题分布来看,学术界关于体育网络教学方面的研究主要集中于体育网络课程、体育网络教学平台、体育网络教学模式等方面。

3. 关于"体育教师网络教研行为"的研究

在文献检索网站尚未发现有关"体育教师网络教研行为"方面的研究,在信息化背景下体育教师的网络教研行为对教师的教学水平、学生的培养形式等都会产生一定的影响,因此本书选取体育教师作为研究对象,针对其网络教研行为

---

[1] 李尚滨,王德才,刘英爽,等. 基于物联网的体育教学平台设计 [J]. 体育学刊, 2015, 22 (1): 90-94.
[2] 汪广林. 网络信息化对现代体育教学的辅助作用——评《现代体育教学改革与信息化发展研究》[J]. 材料保护, 2021, 54 (3): 184.
[3] 于秋芬. 互动式网络教育对体育教学的影响 [J]. 教育与职业, 2014 (20): 182-183.

进行研究，探讨体育教师的网络教研行为的影响因素及提升策略，有着深远的实践意义。

（三）国内外研究述评

通过以上的文献研究可以看出，国内外关于"网络教研"的研究成果较多，但在教师的"网络教研行为"方面的研究并不多见，且由于体育学科有着异于其他学科的实践性、示范性等的教学特点，目前尚未检索到关于"体育教师网络教研行为"的相关研究，仅检索到部分关于体育网络教学的研究。21世纪以来，网络信息技术快速发展，已经与教育领域做到了有机融合状态，国外学者对于教师网络教学的研究更注重于运用实验数据、调查数据等，对网络教学的教学效果、学生的学习效果等以量化的形式进行评估，通过具体的量化数据更能直观地展示调研结果，也使得学术研究更具说服力与科学性。国内的研究更倾向于对于问题的具体理念、网络教研方法、路径、策略等方面的研究，在时代的发展下研究视角也逐渐多元化，关于"互联网+""人工智能"等方面的教研文献不断出现，但尚未构成有研究价值的理论研究体系，研究成果较为分散。这些前人的研究成果在一定程度上对本研究起到了理论支撑作用，但由于目前学术界尚未有关于体育教师网络教研行为的研究，故本研究仍存在一定的研究难度，从另一方面而言，也具备相应的研究意义。

（四）国内相关研究现状

1. 国内体育教师网络教研研究现状

本研究以"体育"并含"网络教研""网络研修""网上教研""远程教研""远程研修"为关键词在CNKI中进行检索，经过筛选后得到相关文献52篇。

当前在我国的体育教师网络教研研究当中，研究内容主要集中在两方面：一方面是对体育教师参与网络教研的现状和策略研究，另一方面是体育教师参与网络教研的案例研究。在体育教师参与网络教研的现状和策略研究中，不同的研究者分别从不同的视角阐述了体育教师参与网络教研当前的发展现状,并提出了一些促进体育网络教研发展的策略。在案例研究中,研究者针对不同地区组织的体育网络教研活动进行案例研究,总结相关经验。

在体育教师参与网络教研现状和策略研究中,姚玉琴指出当前有影响力的体育网络教研平台是"菁体育"论坛,当前体育网络教研参与人数最多,主题更加符合一线教学教师的需求,有利于体育教师的知识建构,能够提高体育教师教研水平。但是也存在着缺乏应用信息技术的能力,并且存在着缺乏监管、评价机制不完善、体育知识的协同建构水平不够的问题。[①] 李坤申指出当前体育网络教研具有跨越时空的便利性和经济性、交流的互动性和趣味性,但是存在着教研观念意识淡薄、缺乏专业人才引领和带动等问题。[②] 宋向阳在总结当时上海地区组织举办体育网络教研现状后,提出了七点未来体育网络教研需要推进的要素,其中包含了"网络教研质量",其指出教研质量主要体现在组织参与的效率与发帖的质量两方面。[③] 丰国富针对体育网络教研平台的更好发展提出了组织体育网络教研时要目的明确、有组织架构、有管理制度、文本进行净化和总结,使体育网络教研真正有成果,而不是流于形式的发展策略。[④] 唐金根等人在研究中小学体育教师在线教学的行为影响因素时,提出了加快移动终端在线研究开发、创造泛在学习环境、加强技术服务精准援助、加强研究资源适宜性有效建设、营造知识共享氛围、增强教师归属感等建议。[⑤] 叶朝海和仲兆仓基于体育网络教研的优势,提出了农村教师以体育网络教研为途径提升自身专业能力水平的相关策略,促进农村体育教师的教科研水平。[⑥][⑦]

在案例研究中,我国多地教师基于当地的区域性体育网络教研的进展情况进

[①] 姚玉琴.中小学体育教师网络研讨现状与对策研究[J].科学大众(科学教育),2019(3):181+135.
[②] 李坤申.浅谈基于网络环境下体育教研活动的现状与思考[J].消费导刊,2008(2):128+82.
[③] 宋向阳.对体育网络教研运作机制有效性的思考[J].中国学校体育,2011(6):71-72.
[④] 丰国富.构建优秀网络教研平台促进高效教研服务教学[J].运动,2018(5):105-106.
[⑤] 唐金根,刘怀金,邓辉剑,等.中小学体育教师工作坊网络研修行为影响因素研究[J].福建体育科技,2021,40(1):81-87.
[⑥] 叶朝海.农村体育教师怎样以网络教研为平台,促专业成长[J].科技资讯,2012,9(11):231.
[⑦] 仲兆仓.利用网络研讨提升农村体育教师的教科研水平[J].小学教学研究,2019(24):22-24.

行研究，如姜涛总结了吉林市昌邑区中小学音体美教师开展网络教研的情况，发现存在体育教师对体育网络教研工作积极性不高、体育教师参与网络教研质量不高、传统教研和网络教研的优势互补不够等问题。[①] 丁晨总结了南京体育网络教学研究中存在的知识和能力、对网络教学研究缺乏监督等问题，提出了加强在线研究平台建设、加强体育教师培训等方法。[②]

在体育教师参加网络教研的案例研究中，有很多是针对《中国学校体育》杂志的"草根争鸣"体育网络教研论坛的案例研究，如吕兵文和于霞针对当前体育网络教研存在的抄袭和敷衍的问题，依据"草根争鸣"论坛提出了体育网络教研组织者在进行网络研讨时需要注意的问题，如话题切口要小、定论直接给出、案例引导剖析等重要经验，以及打"假"查"抄"、评定"精华"等促进体育网络教研健康发展的策略。同时在"草根争鸣"论坛第100期中，回顾总结了当前"草根争鸣"体育网络教研的现状，包括平台更迭、运作更完善、住处团队递增、学术产出扩大等积极现状，并提出了将来发展的意见。[③] 杨正伟对"草根争鸣"以及《中国学校体育》杂志下的"学体部落"中的"案例研析""网研集锦"等板块作为体育网络教研的案例分别提出了相关的建议。例如，在讨论过程中和发表的总结中没有争论，议论和反复争论较多，分析、答辩和论证相应案例的较少，对于某些地区出现研讨积极性不够稳定的现象予以正确引导等。[④]

综上所述，在体育教师网络教研的研究中，研究者主要来自各地的中小学，是网络教研的积极参与者。研究者主要从对体育网络教研的认识、体育网络教研相对于传统体育教研的优势、网络教研的发展现状以及当前存在的问题进行研究和分析。在对于体育网络教研所存在的问题当中，研究者绝大部分是依靠自身的体验和观察对当前体育网络教研存在的问题进行描述，仅仅是在浅显的层次上对体育网络教研所存在的问题进行大体的描述，几乎没有针对体育教师参与网络教

---

① 姜涛. 昌邑区中小学音体美教师开展网络教研情况调研报告 [J]. 中小学电教（下），2011（11）：26.
② 丁晨. 南京市体育教师在线研修的实践与反思 [J]. 文体用品与科技，2014（16）：118.
③ 吕兵文，于霞. 案例剖析，评价反馈：扎实开展区域网络教研 [J]. 中国学校体育，2012（3）：96.
④ 杨正伟. 对新时代"学体部落"网络教研的发展建议 [J]. 中国学校体育，2018（12）：16.

研的行为方面的研究，说明当前对网络教研行为的研究是十分匮乏的，需要研究者对其进行更加深入的研究。

2. 国内网络教研互动行为研究现状

本研究以"网络教研""网络研修""网上教研"并含"互动"和"交互"等关键词在 CNKI 中进行相关文献的检索，检索到相关文献 24 篇。

当前关于网络教研的互动行为研究中，梁秀香和周剑云等人运用了社会网络分析的方法对网络教研中教师的互动行为展开研究，并根据研究的结果对开展网络教研互动的教师提出了在网络教研中需要发展核心成员等促进网络教研互动的建议。[①②] 陶佳以哈贝马斯交往行为理论为基础，剖析了网络教研中教师的交往行为，提出强化专题化的交往内容，丰富真诚的交往活动；搭建开放共享的审美平台，建构真诚的交往行为；建立合理的评价体系，形成稳定的交往关系等促进网络学习共同体持续健康发展的可行性建议。[③] 贾巍等人通过对"国培计划"的网络教研活动进行研究，认为网络教研应当从"传递接受"走向"互动生成"，并提出了互动生成的教师远程学习活动模型，对我国网络教研的发展有一定的意义。[④] 陈玲等人对网络教研中教师的交互频次数据和交互内容数据进行研究，尝试建立了促进校际混合式教研的多维对话模型。[⑤] 戴心来等人对 WIKI 环境下的网络教研的交互机制进行分析，提出了基于 WIKI 平台的网络教研活动路径。[⑥] 以上是不同的研究者对于不同的网络教研案例进行不同视角的研究，在网络教研中教师具有不同的互动形式，研究者针对不同的形式进行了不同的研究，

---

① 梁秀香. 初中综合实践活动网络教研有效性研究 [J]. 中国教育信息化, 2020 (24): 65-68.
② 周剑云. 网络教研讨论区的社会网络分析 [J]. 中国远程教育, 2010 (19): 37-40.
③ 陶佳. 教师交往行为与网络学习共同体构建路径——基于哈贝马斯交往行为理论视角 [J]. 安徽师范大学学报 (人文社会科学版), 2018, 46 (3): 151-157.
④ 贾巍, 黄兰芳, 华俊昌. 互动生成的教师远程学习活动设计与实践研究——以宁夏"国培"远程培训为例 [J]. 教师教育研究, 2017, 29 (1): 102-108.
⑤ 陈玲, 汪晓凤, 余胜泉. 如何促进混合式教研中多维、深层次网络对话——一项基于学习元的案例研究 [J]. 中国电化教育, 2016 (6): 113-120.
⑥ 戴心来, 任丽燕, 谌亮. WIKI 环境下网络教研的交互机制与活动路径探究 [J]. 中国远程教育, 2012 (2): 52-55.

这些研究的共同点放在了教师在进行网络教研的有效性中，试图通过提升教师参与网络教研互动行为的质量来提升网络教研的有效性。

在对网络教研互动行为的研究中，还有不同的研究者基于"李克东难题"进行了讨论。黎家厚针对"李克东难题"，将网络教研中产生的不同深度层次的互动定义为"深度互动""中度互动""浅层互动"三个标准，①对海盐教师博客的教师互动情况进行了分析，发现教师在进行网络教研时并没有引发深刻的交流与讨论。宦成林针对"李克东难题"提出了一些解决网络教研中教师"伪协作"的策略。②姚赛男采用质的研究方法对网络教研的互动进行研究，提出解决这一难题的路径可能在于通过问题探究切入，以深度对话贯穿始终，在对话中独立思考、质疑和反问，在交流和互动中不断产生和扩展经验，实现生成目标，逐步进行在线教学和研究。③针对这个问题，王竹立认为单从博文后的留言和回复少就断定缺乏深度的学习和交流是不够的，同时对博客互动少是技术原因还是人的原因的问题进行了剖析，从侧面表达了不同的网络教研中的平台教师的互动情况可能是不同的。④刘荣也认为，通过博客形式的网络教研非常好，是老师民主平等状态下的智慧分享，专家不应该发难。⑤针对网络教研的互动深度问题，不同的研究者存在着不同的视角，但是针对这一问题，研究者对网络教研的互动情况也都有一个普遍的共识，那就是在当前的网络教研中，互动的形式往往大于实际，教师在进行网络教研互动的过程中产生的互动对共同进行相关的知识产出并没有起到其应有的作用，所以如何提升教师网络教研互动的深度和有效性也是当前对网络教研研究的重要问题。

3. 国内网络教研的协同知识建构研究现状

本研究以"网络教研"并含"协同知识建构"和"协作知识建构"等关键

---

① 黎加厚．"李克东难题"与网络环境下教研团队的成长 [J]．中国信息技术教育，2009 (7)：5-6．
② 宦成林．伪协作：协作学习遭遇"李克东难题" [J]．中国教育技术装备，2010 (36)：8-10．
③ 姚赛男．深度对话：试解"李克东难题"的可能路径——基于"杜甫诗歌"专题教学的个案研究 [J]．中国电化教育，2010 (7)：96-99．
④ 王竹立．李克东难题：争鸣与反思 [J]．远程教育杂志，2010，28 (2)：63-67．
⑤ 刘荣．如何利用网络平台促进教师同伴间的交流与合作？[J]．基础教育课程，2011 (11)：37-39．

词在 CNKI 中进行检索，经检验筛选后得到文献 18 篇。

2000 年以来，随着互联网的普及和发展，教育网络博客在教师群体中逐渐成为受欢迎的存在，魏宁在其研究中以协同知识建构的视角对教师博客群的发展进行了研究，在协同知识建构理论的基础上，提出了教师博客组合作知识建构的过程和原则，也提出了教师博客组群发展需要注意的相关问题[①]。在 2006 年，胡勇和王陆就开始应用 Gunawardena 的协同知识建构模型对教师异步网络协作学习中的知识建构进行了研究[②]，刘丽南等人对当时的教师论坛网中的 BBS 交流论坛，运用了 Gunawardena 的协同知识建构模型，对该 BBS 论坛中的有效帖子进行归类统计，并对论坛中的协同知识建构水平进行分析，提出了促进边缘性参与策略、信息属性分类策略和观点收敛策略等[③]。随着时间的推移，研究者在网络教研的协同知识建构的研究中逐渐开始运用社会网络分析和内容分析的方法对教师在网络教研中的协同知识建构水平进行分析和描述，如郭炯等人对教师以 QQ 群为主要形式的网络教研的协同知识建构水平进行分批次分析评价，运用这两种方法对网络教研的过程维度、话题维度、社会关系维度进行分析[④]；在此之后，华中师范大学的团队对以教师工作坊为主要形式的网络教研进行协同知识建构水平的分析，如朱姣姣改进了 Gunawardena 的模型，对教师工作坊中协同知识建构的水平性特征进行分析，同时还对社会性、时序性特征进行了分析[⑤]；张思在基于教师网络教研的协同知识建构研究基础之上，进行了在线教师共同体模型及应用研究[⑥]。

当前，主要是运用了 Gunawardena 的协同知识建构模型来对教师网络教研中协同知识建构进行分析，同时结合了社会网络分析的方法分别从互动内容和互动关系进行研究，这两种方法所呈现的结果没有太紧密的关系，当前的研究中，没

---

① 魏宁. 协作知识建构：教师博客群发展的新视角 [J]. 中小学信息技术教育，2006（11）：52-54.
② 胡勇，王陆. 异步网络协作学习中知识建构的内容分析和社会网络分析 [J]. 电化教育研究，2006（11）：30-35.
③ 刘丽南，任剑锋. 协作知识建构视角下的教师论坛组织策略研究——以教师论坛网中的教师 BBS 为研究案例 [J]. 现代教育技术，2009，19（10）：94-97.
④ 郭炯，霍秀爽. 网络教学研讨中教师协同知识建构研究 [J]. 中国电化教育，2014（3）：101-109.
⑤ 朱姣姣. 教师工作坊活动中协作知识建构特征研究 [D]. 武汉：华中师范大学，2017.
⑥ 张思. 在线教师共同体模型及应用研究 [J]. 中国远程教育，2019（3）：69-76；93.

有将社会网络分析的结果与协同知识建构模型很好地进行结合。

(五) 国外相关研究现状

1. 国外体育教师网络教研研究现状

相对于国内的体育教师网络教研，国外的体育教师网络教研主要是以远程继续教育课程进行的，更多的是针对新任的体育教师。而随着互联网的快速发展，国外体育教师也更加专注于非正式的体育教师专业发展学习的网络社区，以社交媒体为主的形式进行体育网络教研。国外更注重社区发展。作为一种新兴的教师培训模式，社区化和规范化是教师网络培训发展的主要方向[①]。本研究以"physical education"并含与教师网络教研相关的术语"online learning communities""online continuing professional development""online communities of practices""professional learning communities"为关键词在 Web of Science 中检索，筛选出相关文章 19 篇。其中，对于国外体育教师网络教研的研究集中在三个方面，分别是国外体育教师网络教研的案例研究、对体育教师参与网络教研的态度情感研究、对体育网络教研发展的策略研究。

在国外体育教师网络教研的案例研究中，Hanson 等人以一个名为"PECentral"的网络教研平台为案例，描述了该平台的现状以及体育教师对该平台的满意度，并从体育教师对该网络教研平台的满意度进行评估，发现该平台为体育教师的发展提供了一些关键的要素[②]。Goodyear 和 Hyndman 分别对体育教师应用社交媒体 Twitter 进行体育网络教研的研究，前者对体育教师应用 Twitter 进行网络教研时的具体应用方法以及主持人在网络教研中发挥的作用进行研究，后者对体育教师应用 Twitter 的态度和看法进行研究，发现应用 Twitter 进行网络教研对体育教师促进学习、技术参与、获取国际洞察力、加强协作和沟通方面可能

---

① 刘艳丽. 网络研修对中小学教师自我效能感的影响研究 [D]. 兰州：西北师范大学, 2021.
② HASON A, PENNINGTON T R, PRUSAK K, et al. PECentral: A Possible Online Professional Development Tool [J]. Physical Educator-Us, 2017, 74 (3): 570-87.

很有价值,同时,还描述了使用 Twitter 的潜在障碍,涉及接受足够的培训、隐私、过度使用技术方面的不足[1][2]。

在国外的体育教师网络教研参与态度情感研究中,Bores-Garcia 对体育教师参与网络教研的动机和障碍进行了研究,其中体育教师参与网络教研的动机在于体育教师将知识转移到课堂的可能性以及初入职教师对其自身知识的丰富;其中的障碍在于缺乏时间进行(重新)制作,平台中制作的文本复杂且密集,以及初始形成的参与者或最初几年的教学经验中的恐惧和自卑感[3]。Garcia-Monge 对体育教师参与网络教研的变化进行了三年的跟踪研究,结果发现最初所有参与者都预见到这种虚拟实践社区的巨大潜力。后来,由于懒惰和时间不足、在网上发短信时谨慎、害怕被评判以及其他学业更高的参与者参与评论时受到抑制等原因,参与度会下降。参与者表示,多视角有助于他们感受到职业上的活跃,欣赏自己职业的丰富性,并发现职业上的可能性[4]。Brooks 对体育教师网络教研参与者的参与情况和网络教研对其自身孤立感的影响进行研究,发现社交媒体可以为体育教师提供一种社区感,让他们感觉不那么孤立[5]。Lee 对体育教师以即时通信工具参与网络教研时的参与模式,发现体育教师有 5 种参与形式,分别为主持人、被动上传、主动上传、提问者、旁观者,这 5 种不同的形式都说明了参与在线持续专业发展的教师的不同学习目标、互动类型和参与形式[6]。

---

① GOODYEAR V A, PARK M, CASEY A. Social Media and Teacher Professional Learning Communities [J]. Physical Education and Sport Pedagogy, 2019, 24 (5): 421-33.
② HYNDMAN B, HARVEY S. Health and Physical Education Teacher Education 2.0: Pre-service Teachers' Perceptions on Developing Digital Twitter Skills [J]. Australian Journal of Teacher Education, 2019, 44 (2): 34-50.
③ BORES-GARCIA D, GONZALEZ-CALVO G, GARCIA-MONGE A. Barriers and Motivations for Participation in a Community of Virtual Practice of Physical Education Teachers: the Case of "(Re) Produce" [J]. Agora Para La Ecluation Fisica Y El Deporte, 2018, 20 (2-3): 368-391.
④ GARCIA-MONGE A, GONZALEZ-CALVO G, BORES-GARCIA D. "I like the idea but …": the Gap in Participation in a Virtual Community of Practice for Analysing Physical Education [J]. Open Learning, 2019, 34 (3): 257-272.
⑤ BROOKS C C, MCMULLEN J M. Using Social Media: One Physical Education Teacher's Experience [J]. Journal of Teaching in Physical Education, 2020, 39 (4): 464-471.
⑥ LEE O, CHOI E, GOODYEAR V, et al. Exploration of the Patterns of Physical Education Teachers' Participation Within Self-Directed Online Professional Development [J]. Journal of Teaching in Physical Education, 2021, 40 (4): 618-625.

在国外体育教师网络教研的策略研究中，Dania 通过对体育教师的协作学习社区进行线上和线下的对比，包括线下的面对面会议、线上的 ZOOM 和 WhatsApp 进行协作学习，发现基于网络的体育教师共同协作有助于打破权威、建立共享权力和包容性，使用数字工具有助于体育教师的教学成长①。其他研究者通过对不同的体育教师，其中包含职前体育教师、在职体育教师、教授残障学生的体育教师等参与不同目的的网络教研活动进行研究，均发现网络教研能够帮助其专业发展，并在教师的参与、硬件设备的保障等方面提出了相关建议。

综上所述，国外对体育教师网络教研的研究集中在以上三点，与我国体育网络教研的研究相比，多了对体育教师参与体育网络教研的态度情感，我国在这一方面的研究是不足的。在体育教师网络教研的行为研究中，国内外的研究都比较少，而国外在进行网络教研时，所进行的形式大多数为线上的社区，而对于体育教师在以学习社区为形式的教研中，针对线上行为的研究较少。

2. 国外网络教研互动行为研究现状

本研究以"interaction""teacher"并含"online learning communities""online continuing professional development""online communities of practices"等关键词在 Web of Science 中进行文献检索，筛选出 15 篇相关文献，得到以下结果。

国外对不同网络环境下的教师专业发展活动进行了研究，如 Matzat 讨论了教师在线下环境的关系对教师在线上的专业发展、知识共享交互的影响，发现教师线下的关系影响着教师线上的交互②；Kara 调查了职前教师在三种类型的在线互动中的自我调节和学习结果，发现互动自我调节的改善会提高学习者的感知学习能力和满意度③。

---

① DANIA A, GRIFFIN L L. Using Social Network Theory to Explore a Participatory Action Research Collaboration Through Social Media [J]. Qualitative Research in Sport Exercise and Health, 2021, 13 (1): 41-58.
② MATZAT U. Reducing Problems of Sociability in Online Communities: Integrating Online Communication With Offline Interaction [J]. American Behavioral Scientist, 2010, 53 (8): 1170-1193.
③ KARA M, KUKUL V, CAKIR R. Self-regulation in Three Types of Online Interaction: How Does It Predict Online Pre-service Teachers' Perceived Learning and Satisfaction? [J]. Asia-Pacific Education Researcher, 2021, 30 (1): 1-10.

在对教师的互动情况的研究中，Satar 和 Alwafi 均运用了社会网络分析和内容分析两者相结合的方法对教师的在线培训互动情况进行了详细的分析和描述，用社会网络分析的方法来调查教师在进行网络教研中的社会存在水平，并通过内容分析来评价教师进行网络教研互动的维度，他们的研究表明引用这两种方法对研究教师的网络教研的互动行为有着明显的优势[1][2]。

对教师的互动情况研究中，国外也有很多研究者对于当前的教师在线专业发展互动的现状进行了相关的研究和调查，如 Sing 调查了新加坡师范学院在职教师在线互动的参与模式和话语分析的结果，研究发现教师缺乏深度和可持续的在线互动[3]；Bernard 研究了音乐教育者在网络社区中通过话语参与和促进教学和学习的特点和方式，使用了温格的实践社区的理论框架，数据收集包括观察和分析成员的帖子/评论，特别是频率和类型，以及使用的语言和话语对音乐教师的在线学习的互动情况进行了研究，教师的互动通过制定互动指数进行量化研究[4]。

3. 国外网络教研的协同知识建构研究现状

本研究以"collaborative knowledge building"并含"online"和"teacher"在 Web of Science 中进行文献检索，经筛选后得到文献 15 篇。

在国外对网络教研的协同知识建构研究中，新加坡的蔡敬新研究了教师在参与网络教研中认识论信念和在网络教研中协同知识建构的话语模式之间的对比，发现在网络的知识建构环境中，教师的认识论信念和教师参与网络教研的讨论深度有关，有可能影响教师的网络教研兴趣和先验知识等[5]。Van Aalst 在协同知识

---

[1] SATAR H M, AKCAN S. Pre-service EFL Teachers' Online Participation, Interaction, and Social Presence [J]. Language Learning & Technology, 2018, 22 (1): 157.

[2] ALWAFI E M, DOWNEY C, KINCHIN G. Promoting pre-service Teachers' Engagement in An Online Professional Learning Community Support from Practitioners [J]. Journal of Professional Capital and Community, 2020, 5 (2): 129-146.

[3] SING C C, KHINE M S. An Analysis of Interaction and Participation Patterns in Online Community [J]. Educational Technology & Society, 2006, 9 (1): 250-261.

[4] BERNARD C F, WEISS L, ABELES H. Space to Share: Interactions Among Music Teachers in An Online Community of Practice [J]. Bulletin of the Council for Research in Music Education, 2018 (215): 75-94.

[5] CHAI C S, TAN S C. Teachers' EB and Its Influences on Their Online Interaction Patterns [C]. proceedings of the 15th International Conference on Computers in Education (ICCE 2007), Hiroshima, Japan, 2007.

建构的背景下，从协作、学习如何学习、想法改进三个方面建立了一个思维框架，从而更好地去进行以异步学习网络为主要形式的网络教研①。在其之后，Michos也提出了一个框架（CIDA），包含了探究过程、集体过程和技术支持三个部分，用于调查教师在网络教研过程中进行教师的学习分析，以促进教师网络教研过程中的协同知识建构②。

在国外对于教师网络教研协同知识建构的研究中，有很多为案例研究，如蔡敬新用社会网络分析和互动分析模型（IAM）分析教师在网络教研中协同知识建构的水平，发现在线社区下的教师知识建构社区能够成功地让教师进行协同知识建构，从而使教师对基于计算机的学习有了更加深入地了解，并针对该案例提出了相关的建议③。

Gunawardena运用了一个在线智慧社区的教学设计模型，通过建立在线的学习社区检验了教师在进行网络学习的过程中影响教师学习满意度的四个因素，包含社区建设、互动、课程设计和学习者支持，发现在这四个因素中，互动是影响教师进行协同知识建构的最有力的因素，这一发现表明了设计互动学习活动对在线学习的重要性，该研究在斯里兰卡进行，Gunawardena发现网络教研能够提升在斯里兰卡这个普遍以传统教育为特殊背景下的教师的互动和协同知识建构，同时在该研究中，Gunawardena提出了三个提升教师协同知识建构的因素，包括总体享受和兴趣动机、协作学习和社区建设、知识建设④。Lee等人考察了苏格拉底的诘问法对基于网络的协同知识建构的职前教师批判性思维技能的影响，他们的批判性思维技能根据以下三种共识建立类型对个人帖子和学生讨论流程进行内

---

① VAN AALST J. Rethinking the Nature of Online Work in Asynchronous Learning Networks [J]. British Journal of Educational Technology, 2006, 37 (2): 279-288.
② MICHOS K, HERNANDEZ-LEO D. CIDA: A Collective Inquiry Framework to Study and Support Teachers as Designers in Technological Environments [J]. Computers & Education, 2020, 143 (Jan.): 103679. 1-103679. 26.
③ CHAI C-S, TAN S-C. Professional Development of Teachers for Computer-Supported Collaborative Learning: A Knowledge-Building Approach [J]. Teachers College Record, 2009, 111 (5): 1296-1327.
④ GUNAWARDENA C N, JAYTILLEKE B G, FERNANDO S, et al. Developing Online Tutors and Mentors in Sri Lanka through a Community Building Model: Predictors of Satisfaction [C]. proceedings of the 3rd International Conference on Advances in ICT for Emerging Regions (ICTER), Colombo, Srilanke, 2012.

容分析：①快速达成共识；②以一体化为导向的共识建设；③以冲突为导向的共识建构。另外，Lee等人还使用讨论流分析工具和多项式逻辑回归对他们的讨论流进行了定性和定量分析，结果表明，在教师提供苏格拉底诘问法的职前教师讨论中，更有可能发现新颖、合理和批判性的信息[1]。多项逻辑回归分析表明，接触苏格拉底诘问法的群体更有可能通过冲突导向的过程达成共识，而不是通过简单的协议快速达成共识。

国外对于教师进行网络教研的协同知识建构研究相对于国内更加深入，其研究的关注点更多地在于教师参与网络教研的协同知识建构的感受等方面。

（六）文献述评

在我国对体育教师在线教学的研究中，主要描述和分析在线教学研究的现状，讨论对在线教学研究应用和发展的理解，并根据研究人员的观察和经验研究体育教师在线教学研究的整体发展现状和案例，对网络教研更深层次的质性和量化的分析较少，对其研究的视角和层次还较为浅显。相对于国外对体育教师网络教研的研究中，相关的研究更加多元化，在研究体育教师网络教研的现状和认识的基础上，对于体育教师网络教研的心理层面的研究较为丰富，但是对于网络教研的质量研究较为匮乏。国内与国外的网络教研研究中，对于体育网络教研行为相关的具体研究都比较少。

在当前国内外网络教研的互动行为研究中可以发现，国内外对于网络教研的研究均离不开使用社会网络分析的方法进行研究，说明该方法对于研究网络教研的互动有着明显的优势。在国内外对于网络教研的互动行为研究中，均基于在网络中交流讨论的重要性来开展研究，与国外研究相比，我国网络教研互动行为研究不仅研究了互动的现状和影响因素，还构建了网络教研互动模型、互动深度指标等标准，对提高教师参与网络教研互动有积极影响。在国外教师网络教研互动研究中，对教师网络教研现状的研究较多，对更深层次的互动研究较少。

---

① LEE M, KIM H, KIM M. The effects of Socratic questioning on critical thinking in web-based collaborative learning [J]. Education as Change, 2014, 18 (2): 285-302.

在当前国内外对网络教研的协同知识建构研究中，国内的研究者倾向于使用内容分析法，结合 Gunawardena 等人的协同知识建设模型分析和评价网络教研中的协同知识建设水平。而国外对网络教研协同知识建构的研究更多的是关于提高网络教研协同知识建构策略的研究，通过开展一系列网络教研活动来提升教师网络教研的协同知识建构水平。国内对于网络教研的协同知识建构水平研究内容较为单一，对于教师的协同知识建构水平的评价也基本上停留在整体分析的层次，缺乏对于网络教研中不同群体的协同知识建构的描述和评价研究。

综上所述，基于国内外的相关研究，国内对体育教师网络教研的相关研究大多基于研究者的观察和体验，提出的问题较为宽泛，缺乏具体的解决方案，缺乏更深入的研究。体育教师参与网络教研的行为方面的研究较少，体育教师的网络教研需要解决研讨质量以及形式大于实际的问题，可以选择以网络教研行为的视角对当前我国体育网络教研进行研究，提出具体的建议，弥补相关理论和实践层面的不足，促进体育教师专业能力的提升。

五、体育学科师生互动行为相关研究现状

（一）国内研究现状

1. 体育学科师生互动行为相关研究

（1）师生互动行为中体育教师行为研究

通过中国知网检索关键词"体育师生互动行为"，在结果中筛选相关文献。通过对文献进行分析后可将文献分析总结如下：

通过查阅师生互动类文献资料可知，师生互动行为主体中的教师，在教学中对学生起引导作用。在相关文献中，对于教师提出优化其互动行为的文献居多。文献从教学实际出发，应用纯理论研究或实验研究，提出优化课堂中师生互动行为的策略。

对于我国体育教学中的师生互动行为，大多学者选择运用观察法进行研究，

进而得出结论。

时维金等人在《初中体育教师课堂教学活动空间的研究——基于师生互动言语行为的视角》[①]中研究得出,体育课不同于其他学科课程,体育课程在操场、体育馆授课,教师的站位与行走路线对教学产生较大影响,教师应根据不同教材、不同内容选择队形与学生积极进行互动。

沈建华等人在《初中体育课中师生互动言语行为研究——基于弗兰德斯互动分析系统》[②]中研究得出,体育课堂是由教师和学生构成的教学互动系统,教师与学生之间形成的良性互动行为,有利于完成教学目标。在教学中教师应充分引导学生,避免灌输性教学,多与学生进行互动,营造良好教学氛围。

王艳荣在《中小学体育教学师生互动的基本类型和方式》[③]中研究得出,体育教学大多数情况下的学习是集体学习,具有一定社会性,教师在教授知识的同时,要注意与学生协调沟通。师生互动可以分为师个互动与师组互动,通过研究发现,师组互动在教学中比重较大。不同年级不同教学师生互动比例不同。年级从低到高,互动时间呈现递增。体育教学中师生互动的基本方式分为双向互动与多向互动,不同于其他学科,体育学科流动性强,有利于多向沟通。在沟通中,教师应调整好情绪,良性沟通对于学生情感态度价值观能够产生积极影响。

金璇运用纯理论研究的方法,梳理文献资料,对教师课堂教学行为提出建议。金璇在《小学体育合作学习中课堂师生互动行为的思考》[④]中,分析小学体育合作学习中师生互动存在的问题,包括教学思想传统,教师缺乏与学生主动互动的意识,互动效果差,影响体育教学效果,互动方式单一,并没有很好的利用互动特点。提出应转变观念,与学生主动进行互动,创设良好教学环境,激发学生学习兴趣,提高教学质量。茹海亮[⑤]在此基础上提到应将评价多元化,利于评

---

① 时维金,沈建华,蔡皓.初中体育教师课堂教学活动空间的研究——基于师生互动言语行为的视角[J].体育学刊,2016,23(4):91-96.
② 沈建华,时维金,伊鲁波,等.初中体育课中师生互动言语行为研究——基于弗兰德斯互动分析系统[J].上海体育学院学报,2014,38(2):63-68.
③ 王艳荣.中小学体育教学师生互动的基本类型和方式[J].体育学刊,2003(6):97-99.
④ 金璇.小学体育合作学习中课堂师生互动行为的思考[J].当代体育科技,2019,9(12):114;116.
⑤ 茹海亮.小学体育合作学习中课堂师生互动行为的思考[J].亚太教育,2016(10):18.

价进行师生交流，发现不足。

梁丽娟在《体育实习生互动行为研究》①中研究得出，经过一段时间的实习工作，实习生在师生互动行为方面得到了显著的提升。实习生学会运用直接或间接的方式影响学生，学会运用肢体语言代替不必要的教学行为，通过改变教师行为的比例已完成教学目的。

综上所述，教师在课堂教学中应重视与学生积极互动，通过良性互动行为营造良好的教学氛围，对提高学生的兴趣，完成教学目标有着很大的帮助。目前，对于师生互动行为缺少评价体系，教师不能准确地了解自身互动行为是否有利于教学发展。本研究中应用师生互动行为分析系统将教师行为与学生行为进行记录，并对结果进行分析，本部分为结果分析提高理论依据。

（2）不同运动项目中师生互动行为研究

通过查阅师生互动类文献资料，不同运动项目教学中师生互动行为存在一定差异。

王艳荣在《体育教学中师生互动的现状分析》②中主要运用录像分析法，自建指标，对课堂进行分析，得出结论。

她在《体育教学中师生互动的现状分析》中得出师生互动行为是一种既含有外显要素又包括内隐要素的复杂的行为现象。师生互动可以由教师引起也可以由学生引起，但是，教师引起的互动行为决定了课堂上学生的活动。不同项目师生互动同样存在差异，如在初二年级篮球项目教学中，学生互动行为高于田径项目，教师在篮球项目教学中的示范和指导明显高于田径项目。由学生开启的师生互动行为中，学生在篮球项目学习中独立或共同训练的比例高于田径项目，学生在篮球项目学习中有着更多的交往与互动。

卢天凤与张正民等人运用问卷调查法，对体育教师发放问卷，通过数据整理，探究不同项目中师生互动行为的差异。

---

① 梁丽娟.体育实习生师生互动行为研究［D］.上海：上海体育学院，2020.
② 王艳荣.体育教学中师生互动的现状分析［J］.体育与科学，2003（4）：78-80.

卢天凤在《体育院系术科课师生互动中教师行为的研究》[1]中得出体操教师在教学中的领导、理解、友好帮助行为上明显高于田径教师与篮球教师。而篮球教师在教学中的犹豫、不满、惩戒行为多于田径老师与体操老师。造成不同项目之间的差异原因是项目自身特点所决定的，体操项目难度大，教师多以正向鼓励，篮球项目游戏性强，学生易出现因极度兴奋而违反课堂纪律的行为，故教师在互动中出现较多不满。

张正民在《影响体育课中人际网络运行因素的研究》[2]中得出，在体育课中教授不同的教学内容，师生教学频率以及互动行为也不同。男生在篮球项目中互动频率最高，女生在排球项目中互动频率最高；男生互动频率最低的项目为排球，女生互动频率最低的项目为足球。学生之间进行交流的次数与学生对体育的兴趣相关。同时，学生之间的交流不全是有利的，教师应根据教学特点，进行综合分析。

王洪亭主要应用 BAT 系统观察工具对中小学教师进行分析研究，通过系统观察工具分析体育课堂，得出结论。

他在《基于 BAT 对中小学体育课堂师生互动行为分析及对策研究》[3]中得出，在足球教学中教师更多的是与个体或多名学生进行互动，足球课中教师更关注的是学生学习的差异性。田径、健美操教学、武术教学中教师与全体学生互动比例高。按照项目分类得出技能主导类同场对抗项目以师个互动为主，体能主导类与技能主导类项目以师全互动为主。

综上所述，在不同运动项目教学中，师生互动行为存在着明显的差异。目前，该内容研究文章发文量少，相关内容只出现在通过实验研究师生互动行为的文章中，主要应用实验方法为问卷调查法与录像分析法，实验方法有待革新。通

---

[1] 卢天凤，魏丕来，王恩锋. 体育院系术科课师生互动中教师行为的研究 [J]. 北京体育大学学报，2009, 32 (10)：89-92; 97.
[2] 张正民，王美红. 影响体育课中人际网络运行因素的研究 [J]. 吉林师范大学学报（自然科学版），2006 (2)：81-83.
[3] 王洪亭. 基于 BAT 对中小学体育课堂师生互动行为分析及对策研究 [D]. 石河子：石河子大学，2019.

过文献梳理，不同运动项目中师生互动行为存在着较大的差异，本书将探讨同一教师在不同项目中师生互动行为是否存在差异。

2. CAFIAS 互动系统研究

（1） CAFIAS 互动系统在体育教学中的应用研究

通过中国知网检索关键词"弗兰德斯系统"，对结果进行筛选与分析。以下为 CAFIAS 互动系统应用分析：

我国学者应用 CAFIAS 系统进行研究，通过 CAFIAS 系统分析课堂，总结数据，得出结论。

陈肇在《优秀乒乓球教师课堂教学行为的特征研究》[①]中应用 CAFIAS 系统对同济大学浙江学院乒乓球课程进行分析，得出对教师和学生的行为进行分析和评价是进行教学改革的关键性问题。CAFIAS 分析系统在课堂教学量化评价中占据重要地位，但目前体育课堂中应用较少。张鹏飞[②]、张宝根[③]等人也持同样观点。

盛乐东、张宝根和张海介绍了 CAFISA 系统，并分析了本系统的优缺点。

盛乐东在《基于互动分析系统的高中体育课师生互动言语行为研究》[④]介绍了 CAFIAS 分析系统的特点与局限性，对比传统的师生互动研究方式，主要以记录为主，课堂记录存在较大缺陷，数据结果存在不准确现象。应用弗兰德斯分析系统，弥补课堂记录表缺陷，简化了师生互动行为研究的复杂性，本系统的局限性体现在忽视了对于非语言的行为的研究，系统编码在划分上存在一定不足。

张宝根在《国外体育教学中系统观察工具的运用与启示》中对于国外系统观察工具进行了分析，系统观察工具有助于发现教学中的问题与规律，方便教师

---

① 陈肇，陈志勇，张尧. 优秀乒乓球教师课堂教学行为的特征研究 [J]. 内江科技, 2020, 41 (11)：82-83.
② 张鹏飞. 高中体育教师课堂教学行为研究 [D]. 石家庄：河北师范大学, 2017.
③ 张宝根，唐炎，辛飞，等. 国外体育教学中系统观察工具的运用与启示 [J/OL]. 体育学研究, 2021, 35 (3)：50-57.
④ 盛乐东，李秀兰. 基于互动分析系统的高中体育课师生互动言语行为研究 [J]. 青少年体育, 2015 (4)：86-87.

在课后进行教学反思。目前我国缺乏本土系统观察工具,教学评价缺少量化研究,不利于课堂教学行为的深度分析。其文章中介绍了三种言语行为观察工具,将CAFIAS系统定义为科学课堂观察的开始,对比另外两种观察工具从定性角度研究,本系统在定量角度进行分析。

张海在《弗兰德斯互动分析系统的方法与特点》[1]中对CAFIAS系统进行分析,提出了师生互动是课堂中最主要和最重要的人际互动,师生互动研究是提升课堂质量的重要方法。CAFIAS系统较好地融合了质性研究与量化研究,能够反映出课堂教学的场面以及重要特征。

综上所述,CAFIAS互动系统是1970年由美国学者弗兰德斯研制,作用为对于师生互动行为进行观测。不同于其他系统,本系统运用定量分析的方式,对动态教学过程进行描述,结果对于教师能力的提高有着很大的帮助。目前,受多种因素影响,该系统在体育教学中应用较少。

(2) CAFIAS互动系统编码研究

通过对于CAFISA互动系统的分析,可以看出系统中原编码有着一定历史,以下为当前学者对于CAFIAS互动系统具体编码研究:

顾小清、王炜[2]在《支持教师专业发展的课堂分析技术新探索》中将CAFIAS互动分析系统编码设置为18个,其编码设置中将学生行为进行扩展,加入学生被动应答与同伴讨论,意在将学生课堂行为真实地反映出来,在原系统编码的基础上新增沉寂与技术类别,以适应现代课堂要求。方海光等人[3]将顾小清文章中的编码进一步归类,由18个编码归类为14个编码,将教师提问与学生说话的主动与被动设置为二级编码,删除了沉寂中的学生做练习与技术中的学生观察媒体演示。文章对于重新编码的原因也进行了阐述,原编码针对当前典型的数字化环境下的课堂分析显得不够全面。

---

[1] 张海. 弗兰德斯互动分析系统的方法与特点 [J]. 当代教育与文化, 2014, 6 (2): 68-73.
[2] 顾小清, 王炜. 支持教师专业发展的课堂分析技术新探索 [J]. 中国电化教育, 2004 (7): 18-21.
[3] 方海光, 高辰柱, 陈佳. 改进型弗兰德斯互动分析系统及其应用 [J]. 中国电化教育, 2012 (10): 109-113.

周琪与李海英在《运用改进型弗兰德斯互动系统优化高校体育理论教学过程》[①]中提到 CAFIAS 分析系统创立时间长,是一种定量客观的评价方法。但现阶段,传统的 CAFIAS 系统编码不能完全适应现代教学。本文章将方海光归类的编码进行了一定改造,将 14 个类别编码增加为 16 个,新增类别为原文章中子类别。文章还对于 CAFIAS 系统用法进行了详细的介绍。

另外,有相关学者,应用 CAFIAS 系统对四名有十年以上教学经验的老师进行分析,其对于系统中的编码进行了改造,经与专家修订,将编码分为 10 个类别,20 个子类别。将原系统分类进一步细分,主要体现在将一个类别分为语言与非语言两个子类别。最后得出教师互动主要以语言互动为主,学生互动主要以非语言互动为主。

综上所述,本系统的不足为输出结果依赖于编码的设置,原编码的设置有着悠久的历史,不能很好地适应目前的体育教学。国内外多位学者针对系统中的编码进行了重新设计,学者设计编码主要从学生互动行为出发,对于学生的互动行为进行重新归类与设计,并扩展了沉默类别,新增技术类别,以更好地适应目前课堂教学。本研究主要针对体育课堂进行师生互动行为研究,以上多名学者对系统中编码进行了改造,为本研究编码的改造提供了参考。

(二) 国外研究现状

1. 体育学科师生互动行为研究

通过 Web of Science 数据库检索关键词"teacher-student interaction",对结果进行筛选与分析,得到结果如下:

RoBert[②] 提到对教师互动行为进行记录是衡量教师素质的重要工具,对课堂进行观察性评估最重要的原因是促进教师专业发展。师生互动行为是可以被标准

[①] 周琪, 李海英. 运用改进型弗兰德斯互动系统优化高校体育理论教学过程 [J]. 体育科技, 2020, 41 (2): 125-126.
[②] PIANTA R C, HAMRE B K. Conceptualization, Measurement, and Improvement of Classroom Processes: Standardized Observation Can Leverage Capacity [J]. Educational Researcher, 2009, 38 (2): 109-119.

化进行观察评估的，可以帮助教师系统性地分析教学中出现的问题，对于学生学习有一定的预测作用，通过预测学生行为不断提升教学质量。提出在情感支持、课堂组织与教学支持三个维度对师生互动行为进行评价。

Steffen 等人[1]提到教师的备课质量与师生互动质量有着很大区别，好的教学规划并不一定是好的教学。高质量的教师应该懂得教什么、怎么教，并将相关经验加入教学设计，在课堂师生互动中有所体现。师生互动与互动质量影响着学生的学习积极性，互动质量高影响对促进学生学习有着积极作用。

Virginine 等人[2]提出性别差异潜在影响师生互动。男性或女性教师与男生互动较多，但这并不能说明男生是更加积极的学生。在具体的互动反馈中，性别同样存在一定差异，男生得到更多的批评，教师运用批评的方式促进男生体育学习，女生得到更多的表扬。教师发起的互动的频率根据所教活动的类型而有性别差异，研究发现，女生在羽毛球教学中得到了更多的反馈，男生在举重教学中得到的反馈较多。Weiller 等人[3]得出男生和女生发起的互动行为是类似的。

Stacy[4]提出教师不应主要关注教学内容与学生课堂参与情况，而应该关注如何与学生进行科学互动，并使学生在教学中体验成功的感觉，从而促进学生学习。成功的互动方式可以使学生参与自身以前并不感兴趣的活动，促进学生之间共同学习，将课堂知识推向实践应用。

综上所述，对师生互动行为进行记录是衡量教师素质重要的工具。国外对于不同性别教师与学生的师生互动行为进行差异性研究，通过文献梳理得知，不同性别教师与不同性别学生在互动行为方面存在差异。国外主要应用系统观察工具进行研究，研究方法相较于国内更加新颖。

---

[1] GREVE S, WEBER K E, BRANDES B, etc. Development of Pre-service Teachers' Teaching Performance in Physical Education During a Long-term Internship-Analysis of Classroom Videos Using the Classroom Assessment Scoring System K3 [J]. German Journal of Exercise and Sport Research, 2020, 50 (3): 343-353.

[2] Nicaise V, BOIS J, DAVIS K, et al. Teacher Feedback and Interactions in Physical Education: Effects of Student Gender and Physical Activities [J]. European Physical Education Review, 2007, 13 (3): 319-337.

[3] WEILLER E R, DOYLE E J. Teacher - Student Interaction: An Exploration of Gender Differences in Elementary Physical Education [J]. Journal of Physical Education, Recreation and Dance, 2000, 71 (3): 43 - 5.

[4] STACY O. Promoting Student Engagement in Science: Interaction Rituals and the Pursuit of a Community of Practice [J]. Journal of Research in Science Teaching, 2007, 44 (1): 33-56.

2. CAFIAS 互动系统研究

通过 Web of Science 数据库检索关键词"CAFIAS system",并进行筛选与分析,得到结果如下:

Martina[①] 应用 CAFIAS 互动系统了解教师和学生之间交流与互动的影响因素,在选择实验方法时作者提到,CAFIAS 系统将师生互动行为归类为不同的编码,通过应用本系统,可以清晰地观察和识别课堂师生互动行为。

Schempp[②] 在文章中对专业高尔夫教练主要互动行为进行分析,得出行为在互动分析系统中进行量化,使师生之间的教学关系清晰可识别。CAFIAS 互动分析系统量化了语言和非语言教学师生互动,并确定了体育课堂与体育课程教学中的教学主体。虽然该系统对于学生成绩无法进行预测,但是该系统对于师生互动的研究已经被证明是有效的。

Pasi[③] 运用 CAFIAS 互动系统对中学教师互动行为进行研究,在分析 CAFIAS 互动分析系统时说到,系统将教师行为分为 7 类,学生行为分为 2 类。该系统以恒定的速率进行编码可以观测出一个行为或多个行为实践的比例,包容性强。应用系统分析结果的主要目的是确定课堂上师生互动是以什么样的方式展开。

Walker[④] 应用 CAFIAS 互动系统,并对系统不足进行分析,该系统的功能为对于课堂情境的描述,描述的结果完全取决于实验者向系统输入的参考框架。系统受到固有的限制,将无法分析互动行为具体意义。

综上所述,本系统运用量化的方法对师生互动行为进行观察与分析,结果对提升教师师生互动行为是有效的。本系统中依赖于系统中编码,编码的选择对系

---

① MANENOVEAM, ZEMDOVAN. Analysis of Lessons using Interactive Whiteboard Focused on Pedagogical Interaction and Communication [J]. Procedia - Social and Behavioral Sciences, 2012, 69:1719-1728.
② SCHEMPP P, You J, CLARK B, et al. Expert Golf Instructors' Student-Teacher Interaction Patterns [J]. Research Quarterly for Exercise and Sport, 2004, 75 (1):60-70.
③ PASI S, ELONA B. Are Teachers Teaching for A Knowledge Society? [J]. Teachers and Teaching, 2010, 16 (1):31-48.
④ WALKER R, ADELMAN C. INTERACTION ANALYSIS IN INFORMAL CLASSROOMS: A CRITICAL COMMENT ON THE FLANDERS' SYSTEM [J]. British Journal of Educational Psychology, 1975, 45 (1):73-76.

(三) 文献述评

综上所述，师生互动行为是课堂中教学基本构成要素之一，良好的互动行为是开展教学的基础，一切教学方法与教学模式的展开都是以互动为基础。但是，目前我国研究该领域文章较少，并没有系统性研究指导与规范师生互动行为，师生互动行为作为教学的基础，对教学有着重要的影响，该领域研究较少，不利于教师职业发展。对于体育实习生的师生互动行为研究更少，近些年只有少数几篇硕士研究生的研究论文主要研究相关内容，在这些文章中实习生实习前与经过一段时间的教学，所呈现的师生互动行为是完全不同的，经历过实习的学生教学能力得到了很大提升。纵向对比实习生实习前后，实习生只认识到自身提升，并不了解自身与专家型教师存在怎样的差距，体育实习生与专家型教师对比研究目前在我国仍旧空白。国外文献研究较国内研究更进一步，国外对不同性别教师与不同性别学生之间的互动行为进行了差异性研究，并得出一定成果。目前，我国对于师生互动行为的研究中，很少运用 CAFIAS 分析系统，主要以问卷调查法与录像分析法为主。运用问卷调查法，综合教师自评与学生评价教师，但教师自评与学生评价教师存在一定差异，教师在评价自身教学行为分数高于学生评价[①]，实验结果受到一定影响。

国内外研究都提到了 CAFIAS 分析系统对于系统中编码的依赖。本系统中原编码为 20 世纪产物，并不能很好地应用于现代课堂。国内外多位学者针对系统中编码进行了重新的设计，学者设计编码主要从学生互动行为出发，对于学生的互动行为进行重新归类与设计，这也体现出教学的重心从对于教师的关注转向对于学生的关注。

在众多学者设计的编码中，林静萍设计的编码针对体育课程，符合体育教学特点。本书将对学者林静萍设计的编码进行改造，并对改造后的编码进行专家检

---

① 卢天凤，魏丕来，王恩锋. 体育院系术科课师生互动中教师行为的研究 [J]. 北京体育大学学报，2009, 32 (10)：89-92; 97.

验。上文提及体育课程中的互动不同于其他学科，有其特殊性，众多学者针对全学科进行设计并不能完全适应体育学科，故本书选择林静萍文章中的编码进行改造。

第三章 专利视角下信息技术在体育教育领域应用发展分析

第一节 专利视角下信息技术在体育教育领域应用发展分析思路

一、研究数据来源与处理

（一）数据库选择

数据库的选择决定着研究数据的质量基础，德温特专利数据库（Derwent Innovations Index，DII）将德温特世界专利索引（Derwent World Patents Index）与专利引文索引（Derwent Patents Citation Index）加以整合，提供全球40多个专利机构收录的专利信息，是全球最权威的专利情报和科学技术情报数据库。此外，德温特专利数据库还将不同地区申请的同一专利合并形成一条同族专利。专业团队将对德温特专利数据库收录的专利数据中原有的标题和摘要进行改写，形成格式标准统一的英文标题和摘要，并将专利赋予德温特独有的手工分类代码，这一举措对专利进行了更为细致和标准的技术划分，方便了研究人员的检索和查询。因此，本研究选择德温特专利数据库为数据来源，能够为本研究提供全面并且准确可靠的结构化数据。

（二）检索式构建

除专利数据库的选择外，专利数据的检索方式是另一个直接影响着整个研究效果的重要因素,对整个研究成果的质量起决定性作用。对于研究一定领域的专利数据来说,检索式构建是一个循序渐进并不断完善的过程,在查阅大量相关研究以及不断尝试检索分析后,确定使用关键词组合来进行检索。关键词组合为体育教育+教育技术关键词,教育技术关键词的选取参考了西北师范大学南国农先生主编的《中国电化教育(教育技术)史》[①] 以及北京师范大学黄荣怀教授参编的《中国教育改革40年:教育信息化》[②],最终确定的检索式如下:

TS = "physicaleducation" and TS = (slideshow or projection or projector or film or broadcast or record or radio or television or audio or video or amplifier or camera or computer or "microelectronic technology" or telephone or "camcorder system" or "editing system" or "CCTV system" or network or "streaming media technology" or "distance education" or "communication system" or "information system" or "management platform" or "management system" or "service platform" or "smart phone" or "online course" ordatabase or "digitalresource" or "virtual learning" or "virtual experiment" or "remote experiment" or softwareor "teaching program" or "information resource" or "cloud platform" or "cloud computing" or "audio–visual teaching materials" or "recording and broadcasting system" ore-learningor "blended learning" or "examination system" or "display screen" or "touch screen" or "wireless control" or "remote control" or "human – computer interaction" or "electronic whiteboard" or "electronic school bag" or "learning machine" or "electronic equipment" or "internet of things" or "large data" or "artificial intelligence" or AI or VR or AR or "machine learning" or 5G or "smart venues" or "wearable device" or "virtual simulation" or holographic or ict or "information technology" or robot or App or Web or "speech recognition" or "face recognition" or monitor or smart or intelligent or multimedia)

使用以上检索式在德温特专利数据库中进行检索,检索时间范围为

---

① 南国农. 中国电化教育(教育技术)史 [M]. 北京:人民教育出版社,2013.
② 黄荣怀,王运武. 中国教育改革40年:教育信息化 [M]. 北京:科学出版社,2018.

1963—2022年，共检索到相关专利323条。

（三）原始专利数据的处理

1. 数据清洗

根据检索到的数据结果，导出数据选择"纯文本"格式，之后再选择"全记录"将专利数据导出作为研究的原始数据。因为本研究选取的是DII专利数据库，检索到的原始数据均为英文文献，需要通过人工仔细阅读翻译去掉与研究内容无关的专利数据（如physical education experiment 物理教学实验等）以及涉及体育教育但与信息技术无关的专利文献（physical education data recording board 体育教学用数据记录板等），经过数据清洗最终得到251条符合本研究的专利数据，之后再利用python软件对数据做出了进一步的处理留待进行可视化分析使用。

2. 数据格式转换

下面本书将以从DII数据库中导出的一个专利数据对数据格式做一个简要的说明（如表3-1所示）。

表3-1 DII数据库中的专利数据

PT P

PN CN110102025-A

TI Sports bracelet and network cloud platform based physical education intelligent system, has hand-ring end and cloud platform connected by narrowband internet-of-things and end web and cloud platform connected by internet network.

AU YU H

AE UNIV SHANGHAI JIAOTONG (USJT-C)

GA 201970755K

AB NOVELTY - The system has a hand-ring end and a cloud platform connected by a narrow-band internet-of-things technology. An end web and the cloud platform are connected by an internet network. Abracelet end is provided with a hand ring terminal data collecting module, a hand ring end alarm receiving module, a hand ring end locating module, a web terminal. The web terminal is provided with a teacher student web end. The cloud platform is provided with a monitoring alarm module, a course effect analysis module, a teaching information management module. The monitoring alarm module is provided with a monitoring unit and an alarm unit. The teaching information management module is provided with a course information management unit, information teacher information management unit, a student information management unit and a device information management unit.

USE-Sports bracelet and network cloud platform based physical education intelligent system.

ADVANTAGE-The system utilizes modern biomedical sensing technology and modern information and communication technology to combine the sports bracelet and the network cloud platform. The system establishes a set of sports based on the target heart rate analysis and evaluation of the teaching effect of the physical education class.

DC T01 (Digital Computers); W04 (Audio/Video Recording and Systems)

MC T01-J30D; T01-N01B3; T01-N01D3A; T01-N01F; T01-N02B2; W04-W05A; W04-X01A; W04-X01K

IP A63B-024/00; H04L-029/08

PD CN110102025-A 09 Aug 2019 A63B-024/00 201971 Pages: 16 Chinese

AD CN110102025-A CN10279128 09 Apr 2019

PI CN10279128 09 Apr 2019

UT DIIDW: 201970755K

ER

从案例中可以看出，DII导出的专利数据具有严谨一致的格式，每个字段都代表着具体而不同的含义,通过下面的介绍可以帮助我们更好地理解每一个字段的含义和内容。

PT 指 Publication Type,即出版物类型,PT 后面的 P 是英文单词 Patent(专利)的缩写。

PN 指 Patent Number,即专利号,同一专利可能因申请地域不同而具有多个专利号。

TI 指 Title,即专利标题。

AU 指 Author,即作者,又称"专利的发明人"。

AE 指 Assignee,即专利权人,专利权的所有者。

GA 指 Given Accession,德温特入藏登记号。

AB 指 Abstract,即摘要,经德温特专家改写后又细分为新颖性摘要、用途摘要、技术优势摘要以及附图说明。

DC 指 Class Code,德温特分类号,德温特数据库特有分类标准。

MC 指 Manual Code,德温特手工代码,在德温特分类号下的进一步技术及细节划分。

PD 指 Patent Details,包含专利公布日期等。

AD 指 Application Details,专利申请的日期和具体细节。

PI 指 Priority Application Information and Date,优先权申请信息和日期。

ER 指 End of Record,文件结束。

CiteSpace 软件不能直接对 DII 专利数据进行分析,但可以对 WOS 导出的期刊文献数据进行分析,DII 专利数据也依托于 WOS 平台,导出的数据和 WOS 期刊文献数据具有相似性,因此接下来对 WOS 导出的期刊文献数据样例进行分析,找到两者的相同点和不同点,在此基础上将专利数据转化为 CiteSpace 软件可以识别的文献格式。除此之外,将 WOS 期刊文献格式与 DII 数据库中导出的专利数据进行数据格式的对比分析来探究数据格式转换方法(如表 3-2 所示)。

表 3-2　WOS 平台中的期刊文献数据

PT J

AU Koryahin, VM

Mukan, NV

AF Koryahin, VictorM.

Mukan, Nataliia V.

TI STUDENTS' COORDINATION SKILLS TEST INGINPHYSICAL EDUCATION: ICT APPLICATION

SO INFORMATION TECHNOLOGIES AND LEARNING TOOLS

LA English

DT Article

DE ICT; student; control; testing; physicaleducation; microcontroller platform; software

AB The informatisation of modern education necessitates the development of a new model of physical education, based on interdisciplinary integrative processes using ICT. This paper considers using ICT for…

C1 [Mukan, NataliiaV.] Lviv Polytech Natl Univ, Dept Foreign Languages, Lvov, Ukraine.

[Blavt, OksanaZ.] Lviv Polytech Natl Univ, Lvov, Ukraine.

…

SN 2076-8184

J9 INFTECHNOL LEARNTO

JIInf. Technol. Learn. Tools

PY 2019

VL 70

WC Education & Educational Research

SC Education & Educational Research

GA HV7BY

UT WOS：000466137700016

ER

因为期刊文献导出的数据字段过多，所以部分与本书研究内容无关的在上面以省略号进行了代替，并且下面只对接下来研究分析要用到的字段进行介绍。

PT 含义同上，PT 后面的 J 是英文单词 Journal（期刊）的缩写；AU、AF 含义分别为作者和作者全称；TI 含义同上；SO 为文献来源；DE 为关键词；AB 含义同上；C1 含义指作者单位，这里可以等同于上面的专利权人；PY 含义为出版年份，是研究分析共现网络中必不可少的元素；WC 含义是 WOS 分类，也是用于可视化分析节点的基本元素；SC 含义为研究领域。

在经过多次实验和尝试后，研究决定以 WOS 平台导出的期刊数据格式为标准，利用 python 将 DII 专利数据改写为符合 CiteSpace 软件可以识别的数据格式。对比两种文献格式可以看出，两者都以"PTP"或是"PTJ"开始，以"ER"为结尾。两者在每一组数据中还具有相同的字段，如 AU、TI 等，还有一些字段并不符合研究的要求，如 AB、AD 等，经过研究尝试，最终形成了字段需要保持不变以及需要改变的字段对照表，如表 3-3 所示：

表 3-3　表专利字段对照表

专利文献字段	期刊文献字段	专利文献字段对应含义	可用于分析的内容
TI	TI	标题	技术词共现网络
AU	AU	发明人	发明人共现网络
AE	C1	专利权人	专利权人共现网络

续 表

专利文献字段		期刊文献字段	专利文献字段对应含义	可用于分析的内容
AB	NOVELTY- USE- ADVANTAGE-	AB	新颖性摘要	创新词共现网络
			用途摘要	用途词共现网络
			优势摘要	优势词共现网络
DC		DE	德温特分类代码	技术领域热点
MC		SC	德温特手工代码	技术主题热点
IP		SO	国际专利分类	技术领域热点
AD		PY	专利申请的日期和具体细节	时间

通过表 3-3 可以清楚地看到本研究接下来需要进行的工作。首先是替换，即将原始专利文献数据中的 AE=>C1，DC=>DE，MC=>SC，IP=>SO，AD=>PY，AB（NOVELTY-）=>AB，AB（USE-）=>AB，AB（ADVANTAGE-）=>AB 进行替换。需要注意的是，AE、DE、MC、IP、AD 均可直接被替换，但 AD 如果只有一个申请日期则截取其后四位作为 PY 的值（举例，原 AD09Apr2019，替换后为 PY2019），若 AD 后面有多个申请日期，需要以其中最早的申请日期为准。完成上述步骤后，将处理好的专利数据导入 CiteSpace 软件留待分析备用。

3. 数据编码

标题和摘要是对文章内容的精练和总结，在专利文献中亦然。对于一般文章的摘要来说，通常只有完整的一个部分，但通过研究发现，德温特专利数据库中的专利文献摘要分为三个部分，即新颖性摘要（NOVELTY）、用途摘要（USE）和优势摘要（ADVANTAGE），这三部分摘要中包含着大量的技术主题细节、专利用途领域和预计能取得的功能效果。因此，结合标题对这三部分摘要包含的主题词进行内容分析有利于进一步研究相关专利在体育教育教学实践中的用途以及期望达到的功能效果。

通过专利文献阅读，对 251 条专利文献的标题和摘要进行系统梳理和总结，提炼出专利标题和摘要描述中的关键信息,并以时间、国家、标题、用途领域、功能效果方式放入 Excel 中进行统计分析。

在进行内容分析编码时参考了周登嵩主编的《学校体育学》[①] 和刘海元主编的《学校体育教程》[②],以学校体育的工作内容框架为前提,结合本书研究的特点并咨询了专家意见,经过修改后确定了本书的内容编码表,构建出了用于研究分析的 4 个一级维度和 8 个二级维度,依此将专利文献纳入编码表中进行内容分析,编码详情如表 3-4 所示。

表 3-4 信息技术在体育教育领域相关专利内容分析编码表

一级维度	二级维度	主要内容
体育教学	体育教学方法	教学演示和模拟学习、适应性体育教育、线上体育教学
	体育教学实施	动作检测、负荷量控制,心率、呼吸、能量消耗监测等
	体育教学评价	体育在线考试系统、学生评价系统等
课余体育	课余体育训练	竞技能力发展,力量、速度、比赛适应能力等;训练过程调控,负荷调控、运动表现分析等
体育保障	教学管理	学生信息管理、场地和器材管理等
	体育教师专业化	网络研修平台、在线学习平台等
	学校体育场地器材	专项运动器材,如篮球、足球、乒乓球、跨栏架等;通用教学器材,如计时器、发令装置等
体质测试	体质测试工具	身体形态、身体素质测定

[①] 周登嵩. 学校体育学 [M]. 北京:人民体育出版社,2004.
[②] 刘海元. 学校体育教程 [M]. 北京:北京体育大学出版社,2011.

二、研究方法

（一）文献资料法

根据本书的研究目的，通过对以往专利计量、教育领域信息技术应用以及体育教育领域信息技术相关研究成果进行精炼和总结，发现其中蕴含的关键信息，找出研究空白，提出基于计量学和文本内容分析方法的研究设计思路。

（二）专利计量法

依据不同的分类标准，可以将专利计量划分为多个类别。其中，最常见的就是专利数据分析，主要包括专利数量、申请时间、国家（地区）分布以及专利技术类别等。本书在初步研究中也将主要实现对这些数据指标的计量分析。

（三）可视化分析法

利用专业软件绘制专利地图，对庞大复杂的专利数据进行可视化分析，这种更清晰、更直观的方式大大方便了研究者对于特定专利技术领域发展趋势的洞悉和把握，从而掌握技术发展和战略决策的主动权。本书主要通过 CiteSpace 可视化分析软件绘制专利地图以实现对信息技术在体育教育领域相关专利的技术发展态势分析。CiteSpace 可以弥补传统文献计量分析的不足，其更注重反映测量指标的内在联系。目前该软件已发展到第五代，软件可以对期刊文献实现包括作者（Author）、机构（Institution）、国家（Country）、关键词（Keyword）、WOS 分类（Category）等共现网络进行可视化分析。本研究主要通过 CiteSpace 对样本专利数据进行德温特分类、德温特手工代码共现网络分析，并利用时区图、突发性检测探究技术发展趋势和前沿技术。

（四）内容分析法

内容分析是对难以量化和直接进行统计描述分析的文本资料进行研究分析的

一种方法，它将难以被直接量化分析的文本资料进行解构，提取出其中具有研究效用的关键信息，转换为可以进行描述和客观统计分析的文本数据，它与文本挖掘方法类似，但对文本提取的过程和方式不同。本研究基于学校体育教育工作框架，以专利数据文献为内容分析样本，提取出专利数据中的关键信息，经处理、编码、分类后置于研究框架中进行分析。

第二节 信息技术在体育教育领域相关专利的计量学分析

一、信息技术在体育教育领域相关专利的基本情况分析

（一）专利申请数量

如图3-1所示，信息技术在体育教育领域相关专利的年度申请量总体呈现线性增长趋势。按其申请数量的发展，大致可分为3个阶段。①萌芽阶段（1991—2011年），由统计数据可知，1991—2011年申请专利总计25项，年均专利仅为1.25项。这一时期涉及信息技术在体育教育领域相关专利的申请数量较少，可能是因为科技水平发展有限、教育信息化成果呈现不够显著，信息技术应用于体育教育领域的效果并未引起重视，各国专利申请数量均较少。②迅速发展阶段（2012—2018年），这一时期信息技术在体育教育领域相关专利的数量呈现出远超其平均增长水平的发展趋势，这一现象的出现与人工智能技术的发展和专利保护意识的增强密切相关。2012年全球人工智能领域专利有效申请量首次突破1万件，一些专利技术开始真正具备了走入市场的能力，国内外相继出现了许

多人工智能应用于运动能力提升、体质健康促进以及运动损伤预防的产品[①][②]。③平稳发展阶段（2019—至今），自2019年开始，专利申请数量开始出现轻微的上下波动，这一现象的出现可能与信息技术在体育教育领域应用出现了技术瓶颈有关，亟须更先进的信息技术助力体育教育发展。

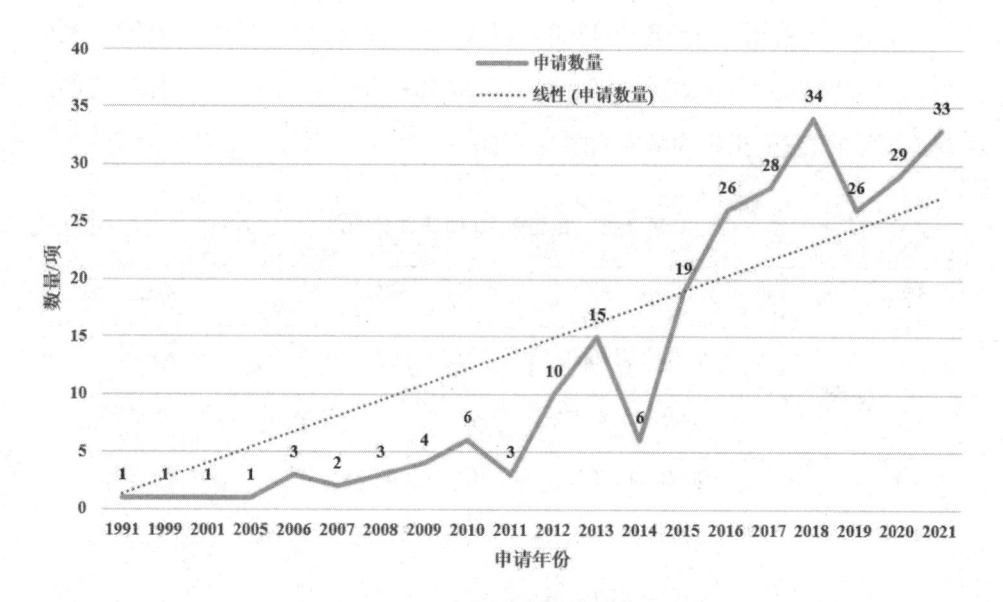

图3-1 专利申请数量图

(二) 专利技术领域

国际专利分类（IPC）是目前国际通用的比较完善的专利技术分类体系，IPC分类号为5个不同等级：部（Section）、大类（Class）、小类（Subclass）、大组（Main Group）、小组（Group）。通过IPC分析，可以发现该领域专利的技术构成。表3-5列举了信息技术在体育教育领域相关专利前10项IPC分布，可以发现，信息技术在体育教育领域相关专利的热点技术主要集中在A63B-071/06（计分装置）、G06Q-050/20（教育）、G09B-005/02（以可视化的方式展示要研

---

① 李玉华，张福俊，尹燕霞，等. 全球人工智能科学领域专利信息计量分析及其启示 [J]. 科技管理研究，2020，40（21）：154-162.
② 路来冰，王艳，马忆萌，等. 基于知识图谱的体育人工智能研究分析 [J]. 首都体育学院学报，2021，33（1）：6-18；66.

究的材料)、A63B-069/00（特殊运动用的训练用品或器械）、A63B-063/08（有水平开口的供球设备）、G09B-019/00（教育或演示用的教具）等小类。其中，排在前三位的 IPC 为 A63B-071/06（计分装置）、G06Q-050/20（教育）、G09B-005/02（以可视化的方式展示要研究的材料），出现频次依次为 90、37、30，其他高频分类还有 A63B-071/00（游戏或运动设备）、A63B-005/02（跳高用具）、A63B-005/16（跳跃训练装置;）、A63B-023/04（专用于身体特定部位的锻炼器械），它们出现的频次均超过了 10 次。

表 3-5　专利前 10 项 IPC 分布

排序	IPC	数量	百分比
1	A63B-071/06	90	35.86%
2	G06Q-050/20	37	11.95%
3	G09B-005/02	30	10.36%
4	A63B-069/00	29	8.76%
5	A63B-063/08	27	8.37%
6	G09B-019/00	22	7.97%
7	A63B-071/00	20	5.98%
8	A63B-005/02	19	4.78%
9	A63B-005/16	18	4.78%
10	A63B-023/04	10	4.78%

（三）专利来源国家（地区）

专利的保护性受到地域限制，只有在该国家（地区）申请专利要求后特定的技术或产品才会受到专利法的保护。一般来说，某项专利最早的申请国家（地区）代表着该项专利的来源，并且在通常情况下，专利申请数量较多的国家（地区）的创新能力也相对较强或具备相当的技术优势，对专利来源国家（地区）进行分析可以反映出信息技术在体育教育领域相关专利的全球布局情况，发现市场前景和进行专利布局（如表3-6所示）。

表3-6 专利来源国家（地区）分布

国家（地区）	CN	US	RU	KR	JP	BR	WO	DE	FR	EP
专利数量	202	15	11	9	4	4	2	1	1	1

通过对专利申请进行统计分析得出了专利申请数量排名前五的国家（地区）。中国拥有信息技术在体育教育领域相关专利的数量最多，总计202项，遥遥领先于其他国家。第二和第三位分别是美国和俄罗斯，专利数量分别为15项和11项。

从上表中还可以看出，通过PCT（Patent Cooperation Treaty）进行申请的专利只有2项，而PCT专利申请的技术保护通常涵盖以上所有国家（地区），专利申请人只有在对某些国家（地区）市场有理想预期的情况下，才会提交专利申请。从PCT申请的排名和数量来看，信息技术在体育教育领域产出的专利数量和质量还不够高，专利权人提出PCT专利申请来进行技术保护的意向不强。

（四）高被引专利

核心专利是指在某一技术领域具有的较高影响力的专利技术，通常是高被引专利，代表一定时期内具有创新性和先进性的、受到专利法律保护的该技术领域的关键技术和核心技术。由此可以推断，专利被引次数越多专利的技术优势就越强，越能够占据产业和市场的主动权。考虑到专利是在一定时期内受到法律保护的发明创造，而各国对于发明专利的保护期一般最多为20年，而信息技术又是一种科技性和创新性极强的新技术，每过几年信息技术都有可能产生根本性的变革，有些专利尽管引用频次较高，但早已属于公开技术，失去了原有的商业价值。因此，本书选用在2011—2021年间申请的信息技术在体育教育领域的相关专利来进行分析。排序筛选出被引频次前10的专利并列出了专利所属专利权人及其所在国家（如表3-7所示）。

表3-7 被引频次前10项专利

排名	专利权人	被引频次	国家
1	ANHUI HUANZHII NFORMATION TECHNOLOGY COLTD	38	CN
2	KIM J	24	US
3	AFONSHIN VE & ROZHENTSOV V	22	RU
4	QIQIHAR MEDICAL COLLEGE	16	CN
5	HITACHI PLANTENG & CONSTR COLTD	13	JP
6	AGE LEARN ING INC & LEARNING TIME INC	11	US
7	REFERENCE LLC	11	CN
8	HENAN UNIVERSITY OF ECONOMICS AND TECHNOLOGY	10	CN
9	AFONSHIN V E；ROZHENTSOV V & POLEVSHCHIKOV M	8	RU
10	SHENZHEN KEMAI AIKANG TECHNOLOGY COLTD	4	CN

可以看出被引频次前10名专利中，中国有5项专利，美国和俄罗斯分别有2项，其余1项高被引专利属于日本。总的来看，虽然我国高被引专利数量较多，但从高被引专利数量与专利产出总量的比率来看，我国信息技术在体育教育领域相关专利的优秀率并不高，因此在未来专利发展的战略上更应该注重专利研发的质量效益，争取以质取胜。

二、信息技术在体育教育领域相关专利的共现网络分析

虽然专利从申请、审查再到公开具有一个较长的时间间隔（一般为18个月），在2021年申请的专利并未公布完全，但为了更好地研究信息技术在体育教育领域相关专利的技术发展趋势，在进行共现网络分析时保留了2021年的专利数据，通过浏览检索结果，发现信息技术在体育教育领域相关专利最早出现于1991年，而且2022年还未出现信息技术在体育教育领域相关专利申请或申请的

专利还未公布。因此，在下文的讨论分析中，如未作特别说明则年份区间默认为1991—2021年。

下面需要明确的三个指标：

频次，共现网络中每个节点代表一个技术分类，而某项技术分类出现的次数在共现网络中表现为节点的大小，技术分类出现的频率越高则节点越大。

中介中心性，以下简称"中心性"，中心性是指共现网络中某一节点担任其他两个不同节点之间最短中介路径的频次。一个节点充当"桥梁作用"的频次越高，说明它的中心性就越大。

共现强度，不同节点之间的连线表示节点间具有共现关系，而连线的粗细则表示共现强度。

（一）信息技术在体育教育领域相关专利的德温特分类聚类分析

德温特分类（Derwent Class Code，DC）是德温特数据库独有的专利分类，与国际专利分类（IPC）标准不同的是，德温特分类以学科为标准，将专利划分为包含20个大类的3个组别，每个类别包括大类的首字母以及后面跟随的两位数字。

接下来运用CiteSpace以及之前处理好的专利数据来绘制信息技术在体育领域相关专利的德温特分类共现网络。绘制条件：年份（year）选择1991—2021，时间切片（years per slice）设置为1，节点（node types）设置为类别（keyword），阈值设置为Top10，选择寻径网络算法（pathfinder），得到1991—2021年信息技术在体育领域相关专利的德温特分类共现网络（如图3-2所示）并列出了前10项德温特分类分布（如表3-8所示）。

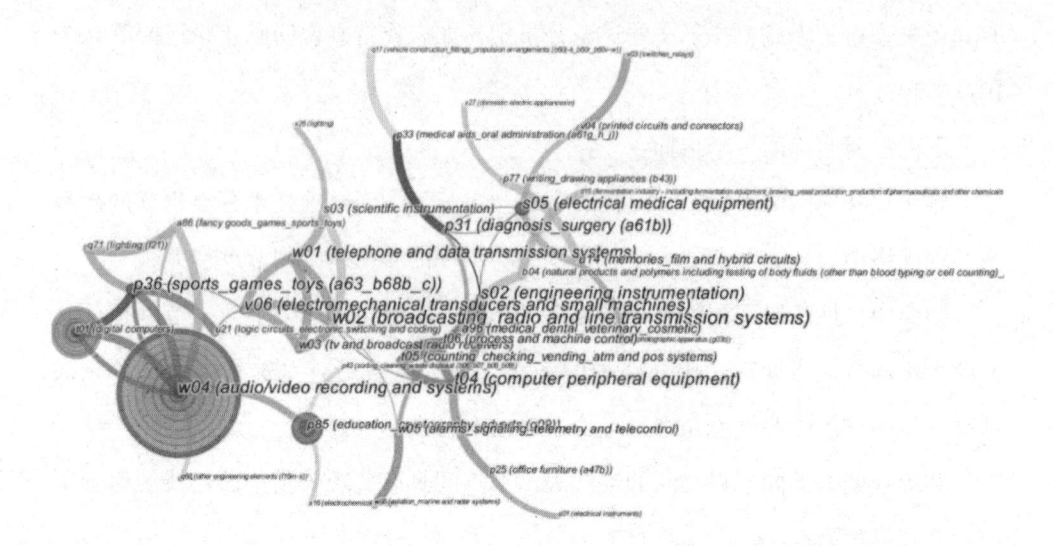

图 3-2　信息技术在体育领域相关专利的德温特分类共现网络

表 3-8　频次排名前 10 项德温特分类分布

序号	频次	中心性	德温特分类
1	198	0.34	w04（audio/video recording and systems 音频/视频记录和系统）
2	101	0.00	t01（digitalcomputers 数字计算机）
3	67	0.16	p85（education；cryptography 教育；加密技术）
4	40	0.53	p36（sports；games；toys 体育；游戏；玩具）
5	29	0.44	s05（electrical medical equipment 电子医疗设备）
6	28	0.27	p31（diagnosis；surgery 诊断；手术）
7	13	0.03	w01（telephone and data transmission systems 电话和数据传输系统）
8	12	0.26	w05（signaling；telemetry and telecontrol 信号；遥测和遥控）
9	10	0.60	t04（computer peripheral equipment 电脑周边设备）
10	9	0.23	u14（memories；film and hybrid circuits 存储；录制和混合电路）

节点所代表的技术类别出现频次的多少在一定程度上可以反映专利的技术主题，而在德温特分类体系中更多反映为技术主题所属学科领域，可以说明发明者

和专利权人最重视哪些学科领域专利技术的研发。

从表3-8中可以看出，w04（audio/video recording and systems 音频/视频记录和系统）、t01（digital computers 数字计算机）、p85（education; cryptography; adverts 教育；加密技术）这几个学科领域分列前三位。音频/视频记录和系统是信息技术在体育教育相关专利研究最多的领域，目前信息技术的表现形式大多为音频或视频，而信息技术应用于体育教育也主要以音频或视频的形式呈现，因此关于这一领域的专利技术类别研发最为集中。此外，信息技术在当今时代更多地表现为电子信息技术，特点为技术的自动化与智能化、网络化与数字化、快捷化和高效化，信息技术的发展离不开数字计算机，其是信息技术应用于体育教育领域相关专利研究的基础学科。

从图3-2中可以看出，w04（audio/video recording and systems 音频/视频记录和系统）、t01（digital computers 数字计算机）、p85（education; cryptography; adverts 教育；加密技术）三者结合紧密并与高中心性的节点p36（sports; games; toys 体育；游戏；玩具）多次共现，表现出不同技术领域之间的不断交叉融合。虽然以上4种技术类别频次较高，但观察图3-2还可以发现它们均位于整个共现网络的边缘，许多频次相对较低的技术类别占据了大部分共现网络，其中尤以s05（electrical medical equipment 电子医疗设备）最为明显，这一技术类别的共现频次和中心性均位于前列，表现出电子医疗设备与体育教育相融合的发展趋势。

（二）信息技术在体育教育领域相关专利的德温特手工代码聚类分析

德温特手工代码（Derwent Manual Code，DMC）是对德温特分类的深入和细化，它由德温特的专业人员为专利所标引。对德温特手工代码进行研究有利于进一步了解相关专利的详细技术领域。绘制德温特手工代码共现网络的年份（year）同样选择1991—2021，时间切片（years per slice）设置为1，节点（node types）设置为类别（category），阈值设置为Top10，选择寻径网络算法（pathfinder），得到1991—2021年信息技术在体育教育领域相关专利的DMC共现网络，并列出了前15项德温特手工代码分布（如表3-9所示）。

表 3-9 前 15 项德温特手工代码分布

序号	频次	中心性	DMC	含义
1	120	0.17	w04-w05a	educational equipment in general
2	58	0.32	t01-j30d	computer processing for sports and training equipment
3	55	0.43	w04-x01a	training equipment
4	36	0.06	w04-x01c1	counting, timing, measuring, scoring, detection
5	33	0.27	w04-x01k	type of sport or leisure activity
6	29	0.11	t01-j30a	educational aids
7	26	0.65	t01-n01b3	on-line education
8	24	0.25	p85-a01	educational apparatus or systems for specific purposes
9	19	0.03	w04-x01c	counting, timing, measuring, scoring
10	19	0.23	p85-e	types of displaying system
11	17	0.09	w04-x01	sports and leisure
12	17	0.00	w04-x01f	sports grounds, stadia, courses, installations
13	16	0.63	w04-w	educational equipment (electrical)
14	12	0.03	w04-x01K1c	basketball
15	10	0.00	p85-a	types of educational apparatus or system

在德温特手工代码共现网络中，专利技术类别出现频率越高，越能说明该技术类别受到更广泛的研究关注。从表 3-9 中可以看出，信息技术在体育教育领域相关专利的具体技术主要应用在 w04-w05a（一般教育设备）、t01-h30d（体育和训练器材的计算机处理）、w04-x01a（训练设备）、w04-x01c1（计数、计时、测量、评分）等方面。

此外，在德温特手工代码共现网络中还有一些节点处于其他不同节点之间联结的最短路径上，这些节点被称为其他节点的中介节点，这些节点联结的其他节点越多，说明该节点在网络中越重要。所以，在一个表征技术类别的德温特手工

第三章 专利视角下信息技术在体育教育领域应用发展分析 ·113·

代码共现网络中，通过重要节点和它密切相连接的节点进行聚类分析可以用来发现某一技术领域的技术扩散趋势。由图 3-3 可知，信息技术在体育教育领域相关专利大致形成了 6 个聚类，并通过这些聚类中的重要节点将整个共现网络串联起来。

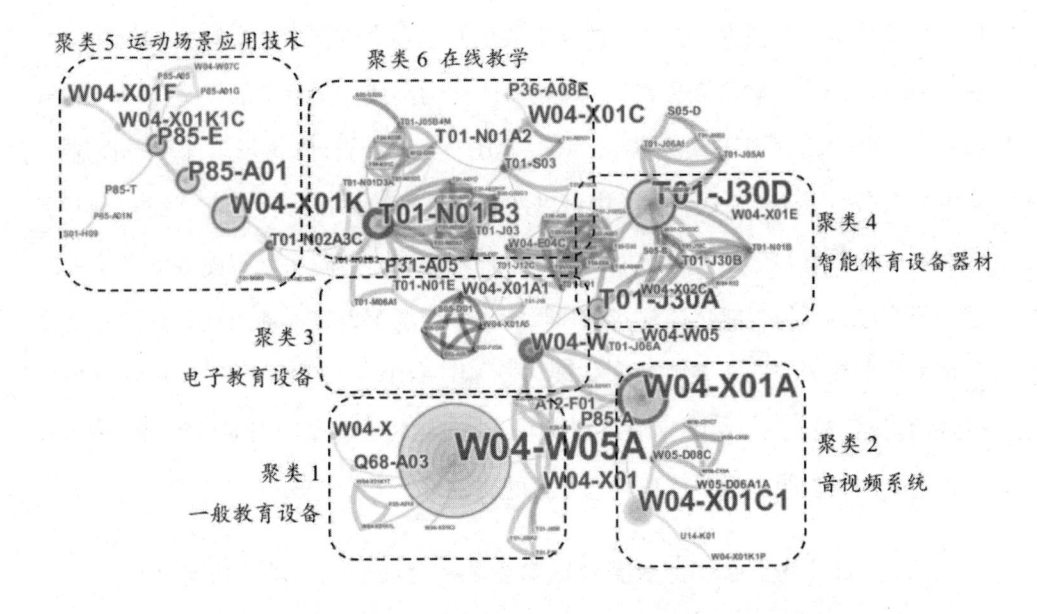

图 3-3 信息技术在体育教育领域相关专利的 DMC 共现网络

聚类 1 主要包含 w04-w05a（一般教育设备）、w04-x（运动、游戏、玩具）、w04-x01（运动和休闲）、q68-a03（支架、支持物、支撑物）、a12-f01（运动和游戏设备）等，可以看出，这一聚类主要属于信息技术在体育教育中使用的通用技术装备领域，可能具有多种用途功能，专利技术没有指向具体的细节领域。聚类 2 主要属于 w04（视听记录、系统）这一技术领域，包括 w04-X01a（训练设备）、w04-x01c1（计数、计时、测量、评分、检测）、w05-d08c（远程控制）、w05-d06a1a（音频）、u14-k01（液晶显示器）等，这一领域的专利技术集相对独立，主要服务于学校课余体育训练中使用的各种信息化设备的视听呈现以及计数、计时、测量和评分等。聚类 3 中的 w04-w（教育设备（电子的））位于整个共现网络的中心，具有较高的中心性，它作为一个桥梁中介将聚类 1、2、4、6 串联起来。

聚类4包含共现网络中共现频次和中心性均较高的技术类别t01-j30d（体育和训练器材的计算机处理）以及t01-j30a（教育辅助物），并且二者紧密相连。信息技术在体育教育领域最主要也最直接的应用就是将体育和训练器材信息化和智能化，这一技术领域是信息技术在体育教育中专利研究的基础领域。聚类5虽然包含的技术类别较少，但其中的技术类别共现频次以及中心性都相对较高。主要为t01-n02a3c（硬件服务器）、w04-x01k（运动或休闲活动的类型）、p85-a01（特定目的的教育设备或系统）、w04-x01f（运动场、体育场、球场、设施）、w04-x01k1c（篮球）。从聚类5中可以发现，信息技术在体育教育领域相关专利已经从体育器材和运动项目扩展到了体育环境影响，随着人工智能等信息技术的进一步发展，各种智能化体育器材和智能化体育场馆也将不断出现。聚类6是包含技术类别较多的一个技术集，主要包括t01-n01b3（在线教育）、t01-n01d3a（远程数据传输）、t01-s03（软件产品）、w04-x01c（计数、计数、测量、评分）等技术类别，表明了远程体育教育平台的研发是一大专利热点。

（三）信息技术在体育教育领域相关专利的技术领域时间演变分析

为了能够从时间维度对信息技术在体育教育领域相关专利技术分布以及技术演变趋势进行分析，通过调整数据呈现方式绘制了时区分布图来对专利技术的发展进行分析。软件设置参数不变，呈现方式（lay out）选择时区视图（time zone view）得到共现网络的时区图（如图3-4所示）。

时区图代表的含义是某个时间新出现的德温特手工代码反映在图中对应的时区内，若这些词在后面的时区内再次出现则会以共现的形式与后面时区新出现的其他德温特手工代码相连接。

按照时间顺序来看，从1991至2021年间，信息技术在体育教育领域相关专利的发展过程为w04-x01a1（运动表现检测）、w04-x01c（计数、计数、测量、评分）、t01-j30d（体育和训练器材的计算机处理）、t01-n01b3（在线教育）、t01-j30a（教育辅助物）、w04-x01a训练设备）、w04-w05a（一般教育设备）、p85-e（用于显示的系统）、w04-x01f（运动场、体育场、球场、设施）、w04-

x01c1（计数、计时、测量、评分、监测）、w04-x01k（运动或休闲活动的类型），技术发展总体表现为从硬件到软件、从专门设备器材到通用设备器材、从单因素的影响控制到整个教学资源环境的改变。

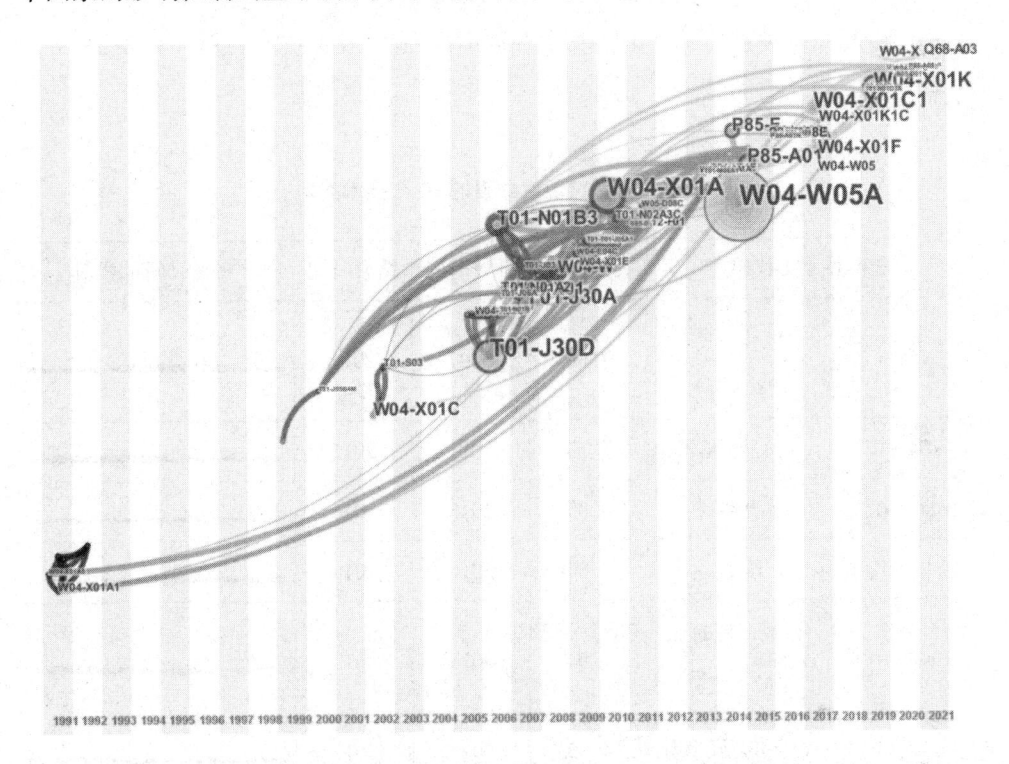

图 3-4　信息技术在体育教育领域相关专利的共现网络时区图

（四）信息技术在体育教育领域相关专利的技术发展预测分析

Kleinberg[①] 认为，信息流的出现是以主题为特征并且随着时间变化而呈现出主题增强或是减弱的情况，某一特定研究领域已发表的文献也可以看到类似的现象。据此，Kleinberg 提出了一种基于排队理论模型的突现词检测算法。与高频词算法不同的是，突现词检测更加关注研究领域中那些最具潜力、活跃度更高的关键节点，对突现词的检测更能从更微观的角度把握、预测学科发展动向。突现词

---

① KLEINBERG J. Bursty and Hierarchical Structure in Streams [J]. Data Mining and Knowledge Discovery, 2003, 7 (4): 373-397.

（Burstterm）功能配合德温特手工代码共现网络更有利于我们分析专利热点及热点的演变，因此在参数设置条件不变的情况下本研究进一步借助 CiteSpace 可视化分析软件的 Burstness 功能生成了 1991—2021 年信息技术在体育教育领域的高突现度专利技术类别，并列出了其中突现度最强的 10 个技术类别（如表 3-10 所示）。

表 3-10 突现度最强的 10 个技术类别

德温特手工代码		突现强度	开始时间	结束时间	突现时间示意图
w04-w	教育设备（电气的）	7.80	2007	2014	
w04-x01	运动与休闲	4.53	2011	2017	
w04-x01a5	健身器材	3.85	2015	2016	
w04-x01k1c	篮球	4.84	2016	2018	
w04-x01c1	计数、计时、测量、监测	4.04	2016	2018	
w04-w05	教育和会议设备	4.05	2016	2017	
w04-x01f	运动场、体育馆、球场、设施	5.16	2016	2017	
w04-w05a	一般教育设备	3.81	2017	2018	
w04-x01c	计数、计时、测量、评分	5.55	2017	2018	
w04-x01k	运动或休闲活动的类型	11.81	2019	2021	

从表 3-10 中可以看出突现度较高的技术类别主要有 w04-w［教育设备（电气的）］、w04-x01（运动与休闲）、w04-x01a5（健身器材）等，它们分别代表

了在某一时间内具有发展潜力和活跃度最高的技术类别。

对突现强度排名还可以发现，w04-x01k（运动或休闲活动的类型）的Burst值最大，达到了11.81，该技术类别突现开始于2019年并且一直延续到了2021年，说明利用信息技术丰富或增强"运动或休闲活动的类型"相关专利是近年来专利技术研发的热点。尤其是在信息技术高速发展的背景下，2021年提出了"元宇宙"概念并延伸到了"体育元宇宙"，"体育元宇宙"并不是一个伪概念，它可能会给整个体育运动行业带来颠覆性的变革，特别是在运动方式以及交互行为上。戴上耳机和目镜，连接到智能终端，就能够以虚拟分身的形式进入体育元宇宙，在虚拟世界中体验滑雪、游泳甚至是攀登珠峰等运动项目或休闲活动。

三、专利视角下信息技术的计量学讨论

本节内容对信息技术在体育教育领域相关专利的专利申请趋势、专利所属技术领域、专利来源国家（地区）、高被引专利进行了初步分析，还结合CiteSpace可视化分析软件绘制了信息技术在体育教育领域相关专利的共现网络，分别对德温特分类共现网络、德温特手工代码共现网络进行技术主题聚类分析来寻找技术热点，在此基础上进一步使用具有从时间维度展示专利技术发展趋势和表现的时区图来分析专利技术的演变发展趋势并利用表现专利突现的突发性检测功能来探究具有潜在发展价值的专利技术领域。

结果发现专利申请数量的变化与信息技术的发展密切相关；我国信息技术在体育教育领域相关专利的申请数量最多，但高质量专利与专利产出总量的比值较低，说明专利质量还有进一步提升的空间；专利技术主要集中在计分装置、教育、以可视化的方式展示要研究的材料、特殊运动用的训练用品或器械、教育或演示用的教具等。

通过以上初步分析，在时间和空间上可以较好地掌握专利技术类别的研究热点和发展趋势，但技术类别的角度过于宏观，使研究结果难以发现信息技术在体育教育领域到底应用到了哪些细节方面以及能够产生什么效果，而这些也是本研究想要探究的主要问题之一。为了解决上述问题，下面尝试了一种基于标题和摘要的文本内容分析方法来试图获得新的研究发现。

第三节 信息技术在体育教育领域相关专利的内容分析

虽然采用主题聚类方式来探究相关专利主题的识别方法简便、适应于大规模专利分析，但由于专利文本标题和摘要内容涉及广泛、专业术语较多，经常导致识别出的技术主题文本内容有限、缺乏语境，影响研究对其进行解读和解释。在进行内容分析之前，本书也尝试使用文本挖掘的方法对专利数据进行研究分析，结果正如上文所述，因缺乏语境导致研究效果一般。因此，本书最后采用人工阅读，通过内容分析法进行信息技术在体育教育领域相关专利的研究。

在第二节已经列出了文章的内容分析编码表，其分为4个一级维度和8个二级维度，即体育教学（包含体育教学方法、体育教学实施、体育教学评价）、课余体育（包含课余体育训练）、体育保障（包含教学管理、体育教师专业化、学校体育场地器材）、体质测试（包含体质测试工具），下文将对每一部分内容细节进行具体地探讨和分析。

一、体育教学领域应用分布情况

信息技术在体育教学领域的专利主要涉及三个方面：体育教学方法、体育教学实施、体育教学评价（如表3-11所示）。

表3-11 体育教学领域应用分布情况表

一级维度	二级维度	数量/项	百分比	合计
体育教学	体育教学方法	65	25.90%	106 (42.23%)
	体育教学实施	29	11.55%	
	体育教学评价	12	4.78%	

（一）体育教学方法

在涉及体育教学方法的65项专利中又具体细分为教学演示和模拟学习（44

项)、适应性体育教育(13项)、线上体育教学(8项),如表3-12所示。

表3-12 体育教学领域各二级维度分布表

二级维度	内容	数量/项	百分比	合计
体育教学方法	教学演示和模拟学习	44	17.53%	65 (25.90%)
	适应性体育教育	13	5.18%	
	线上体育教学	8	3.19%	

教学演示专利包括投影设备、移动显示设备和运动轨迹演示程序。针对体育教学开发的投影设备具有占地空间小、方便携带、在强光工作环境下的适应性强等优点,利用投影设备方便体育教师进行讲解,省时省力,减轻教师劳动强度的同时还可以增强学生的听觉体验和感知空间效果,有利于提高教学质量。适用于户外体育教学的移动显示设备具有携带方便、体积小、灵活性强、安全性好、便于户外安装、可以移动和旋转等特点,教师可以根据视频进行技术动作讲解,无需重复演示,提高教学效率、节省体育教师精力、方便教师纠正学生动作,提高学生动作准确性和课堂教学互动效率,有助于学生更好地掌握教学内容。例如,在立定跳远教学的教师动作示范中,整个技术动作几乎是一瞬间完成的,学生不易理解"预摆、起跳、腾空、落地缓冲"各个部分的技术细节,尤其是在起跳腾空后的身体姿态,即髋直、膝直、踝直,以及落地前的收腹举腿、前伸小腿。运用教学演示设备可以将传统体育课堂教学中瞬间粗略完成的动作过程以慢放和视频标记的形式展示出来,加强学生对这类动作更直观的理解[①]。2022版义务教育体育与健康课程标准中也提到了"应注意运用现代信息技术手段引导学生建立清晰、正确的动作技术概念和运动表象等"。

此外,利用运动轨迹演示程序可以以简单的方式实现抛物体运动过程分析,让学生直观地了解到出手速度、出手角度和出手高度对于投掷结果的影响,有利于学生更好地理解投掷原理,进而提高学生的投掷能力。早在2004年,国内就

---

① 刘新军.合理运用微视频提高体育教学效率[J].中国教育学刊,2021(3):108.

已经出现利用计算机的动态模拟功能来呈现铅球抛射路径的方法，基本达到了铅球教学中投射路径的直观形象呈现①。

专利涉及的模拟学习包括跑步模拟、冲浪模拟、生理解剖模拟等，这类设备不同于教师使用的教学演示设备，是学生自身进行操控和掌握的设备，交互和虚拟仿真是其最大的功能和特色。通过模拟学习，学生可以突破条件限制，以简单、经济的方式体验不同运动项目、不同运动环境以及进行生理解剖学操作学习，大大激发了学生体育学习的积极性和主动性，同时还能够对学生学习过程产生的运动数据予以记录以便之后进行学习效果分析。例如，福建师范大学开发的虚拟仿真跑步系统②，这一系统将跑步机、电单车等作为人与系统之间的交互设备，利用传感系统和运动数据采集，将练习者的虚拟替身投射到显示屏中，通过观察显示屏练习者可以知悉自己的运动行为和状态。系统还可以在进行跑步练习时记录练习者的心率、血压等生理参数，依此进行学生体质自我评定并设计体育锻炼方案。

信息技术促进适应性体育教育的专利包括提供适应性体育教学方法、运动康复评估以及康复辅助设备。提供适应性体育教学方法包括帮助准备组和医疗健康组学生制订运动康复计划，提高体育课教学效率，改善学生健康水平。运动康复评估主要在于检测学生身体功能障碍、检测学生身体功能改善情况、预测学生健康发展情况。康复辅助设备有腰部锻炼设备、便携式踝腕治疗设备、心血管康复教学仪、运动教育机器人，用来帮助行动不便的人进行独立运动锻炼、方便进行适应性体育教育、提高适应性体育的锻炼效果。

"生命在于运动"是数百年来人们普遍认同的一种朴素体育健康观，尤其是近年来，医学界和体育界的种种科学研究验证了"运动是良医"。虽然运动是良医，但每个人的情况各有差异，对于健康人群来说，运动就像读书一样"开卷有益"，只要不进行太过极端的运动都会有益于身体健康。但是对于身体存在一些

---

① 单信海. 铅球飞行轨迹动态模拟软件的编制 [J]. 体育科学, 2004 (3): 24-26.
② 福建师范大学体育科学学院. 体适能评测虚拟仿真平台 [EB/OL]. [2022-06-07]. http://tky.fjnu.edu.cn/1983/list.htm.

健康隐患的人群来说，选择什么样的运动、怎样进行运动、强度和频次如何安排、如何检查和调整运动是至关重要的，如果处理不好这些问题，运动反而可能会对身体健康造成意外的风险。运动处方恰能解决这一问题，它就像是体育与健康的桥梁，将医学方法与体育运动联结到一起。开具一张运动处方需要经历复杂的过程，即健康筛查、医学检查、风险评估、基础体适能测试等环节准备，在运动处方实施过程中还要进行监控和及时评价，视情况进行修订和调整，经历这样完整的一个过程才可以确保运动处方的科学性和有效性。

相较于一般体育教育，适应性体育教育要求体育教师具备更多的学科知识，如病理学、康复学、护理学、损伤学等学科知识与技能，这就要求体育教师采取行之有效的教学方法来满足不同层次和类别学生的体育锻炼需求[①]。但是目前，国内这一领域相关专业人才总量不足，人才培养和管理体系不健全，来自医学和体育学的专业人才各有所长但又各有短板，医学人才熟知病理和诊断治疗但不能提供精准运动处方；体育人才掌握运动技能和生理生化基本知识但诊疗和康复知识相对欠缺。不断发展的信息技术为体育学人才开具运动处方提供了诊断和评估康复效果的辅助作用，也为运动康复过程提供了新的方式和方法。

涉及线上体育教学的专利有8项，包括体育教学的远程学习方法、在线体育课程体系、交互式在线社区等。线上体育教学虽然存在一定的局限性，但也有其优势。对于中小学来说，根据2022新课标要求，在体育教学中，应充分利用小学生感性认知占主导以及初中生的感性认知、理性认知快速发展的特点，积极运用现代信息技术，打破传统体育课堂教学的时间和空间限制，开展线下线上相结合的体育教学。对于高校来说，大学生是新一代的"数字土著"，他们的学习方式更加偏爱于数字化和智能化，在学习方面的自主性也更强，更加适应新时代的"泛在学习"理念。线上体育教学有效弥补了传统体育课堂中体育与健康理论知识教学的欠缺，在进行技术动作学习时，学生还可以随时回看动作视频进行反复演练。线上体育教学更加突出学生的学习主体地位，强调个性化学习，线上体育

---

① 陈曙，罗永华，黄依柱. 论全纳教育视野下的融合体育教学［J］. 北京体育大学学报，2012，35（7）：96-101.

教学还有利于培养学生的积极性和主动性。通过开发与利用特定的信息技术，可以为学生量身定制体育在线学习计划、推送学习材料，以便学生更高效地进行学习。有研究表明，大学生的网络虚拟互动与其体育参与的动机存在相关关系，在朋友圈内良好的归属感和认同感能够显著影响运动参与的积极性[①]。因此，可以建立体育在线学习社区，学生之间共享学习进度，分享学习经验，拓展体育与健康课程的学习视野，增强学生的线上学习体验。

实施线上体育教学的根本目的在于解决传统体育课堂教学中存在的问题、提高教学质量。在线体育教学新系统应是以学生为中心的系统架构，通过教师主导，利用技术来帮助学生实现超越课堂、结合兴趣的个性化学习，帮助学生选择学习资源和提升学习体验。体育教师应更新教学理念、提升信息素养，合理进行在线教学设计与应用，做好学生在线学习的"领路人"[②]。线上体育教学在充分发挥学生体育学习主体性的同时也容易导致放任自流学习现象的发生，需要完善在线体育教学的管理与评价机制，体育教师还要充分发挥"监督者"的功能。

（二）体育教学实施

涉及体育教学实施的专利总计29项，其中包括动作监测（9项）、心率监测（5项）、能量消耗监测（4项）、综合生理指标监测（10项），如表3-13所示。

---

① 赵玉琛. 微信朋友圈的群体认同与体育参与关系的实证研究 [J]. 沈阳体育学院学报，2022，41（2）：47-54.
② 庄巍，樊莲香，汤海燕，等. 新时代大学公共体育在线教学建设研究 [J]. 体育学刊，2021，28（5）：83-88.

表 3-13 体育教学实施领域各二级维度分布表

二级维度	内容	数量/项	百分比	合计
体育教学实施	动作监测	9	3.59%	29 (11.56%)
	心率监测	5	1.99%	
	能量消耗监测	4	1.59%	
	呼吸监测	1	0.40%	
	综合生理指标监测	10	3.99%	

采用传感器用于监测体力活动量（加速度传感器）、心率（光学传感器），并进行健康管理已成为智慧体育领域的研究热点[①]。目前，这些技术在体育教育领域中也被不断用来尝试提升体育教学的实施效果。

在体育教学实施中，动作监测涉及智能手环设备、动作捕捉技术、动作数据分析技术等，主要功能包括反应目标运动状态、定量计算学生运动过程中产生的动作数据、判断学生动作中的标准或不规则技术动作用来实现智能动作纠错、减少体育教师教学动作示范与指导的工作量，以提高教学效率和教学效果。心率监测的优势在于有利于教师帮助学生在体育锻炼中达到合适的运动强度、根据学生个人特点安排合理的运动负荷，以达到预期的运动效果，有效避免运动安全事故发生。能量消耗监测的优势在于准确记录运动数据、调控学生运动负荷、预防安全事故发生，还可以帮助教师提高教学水平。呼吸监测也涉及了解学生运动强度，为学生制订运动方案，避免运动过程中发生意外。综合生理指标监测的目的在于准确了解学生运动状况、分析学生运动数据辅助学生学习、获得学生运动强度标准的依据、帮助教师科学合理安排体育教学计划、避免安全问题发生，同时减轻教师工作负担。有些专利还具有联网功能，具有学校端和家长端，有利于家长了解学生的在校运动情况以及身体健康状况。

通过总结归纳可以发现，动作监测用途功能主要在于实现动作纠错，而心率

---

① 郑宇，高瞻乐，金毓，等. 国际智慧体育的研究现状与趋势［J］. 成都体育学院学报，2021，47(5)：65-72.

监测、呼吸监测、综合生理指标监测重点关注运动负荷的调控和预防安全事故的发生。动作监测目前在学校体育教学中很少使用，但配合运动手环进行心率监测已经在全国多个地区进行了尝试实施。根据相关数据统计，现在我国中小学体育课学生的运动密度和强度远远不够，体育课要想取得预期效果，实现体育育人功能，必须处理好体育课堂运动负荷安排的问题。一项对全国中小学优秀体育教学观摩活动中38节展示课教案的内容分析表明：许多教师对体育课负荷指标设计的规范性和重要性认知不足并且体育课安排的负荷强度偏低[①]。如今，佩戴上一个轻巧的运动手环或心率臂带就能随时记录学生的心率，体育教师也能够根据学生的体能基础和运动情况实施精准教学，还有不少学校自主研发了App实现学校和家长的联动，家长可以通过App查看孩子的运动记录、成长轨迹，制订在校外进行有目的和有针对性的锻炼计划，最终实现体育运动的家校互补[②]。

此外，在专利的功能效果方面多次提到了安全问题，因为学生安全问题始终是社会、各级行政部门和学校关心的话题，更是学生家长时刻关注的问题。学校体育作为学校教育中一门特殊的学科，在体育课堂中实际上存在着诸多安全风险因素；这些因素导致了体育课堂成为校园安全事故高发地带，导致一些学校为了避免事故发生，为体育课进行了"减负"，有难度的教材干脆直接去掉，选择的教材越简单越好。但实际上，过分强调"稳妥"并不十分妥当，而应该以科学积极的态度去避免体育课堂安全事故发生，一避了之只会造成学校体育对于学生完全人格塑造功能的持续弱化。安全事故的发生，究其影响因素主要有三：学校、教师、学生。学校的责任在于管理和安排、负责场地器材的安全保障；教师负责统筹安排体育教学计划的实施和课堂管理；学生则是体育课堂活动的主体，具有诸多的不确定性，在具体的体育课堂风险防范与管理中，学生是核心对象，应置于高度优先的序列[③]。时刻关注到学生这一动态的、变化的人才能够有效确

---

① 成聪聪. 我国中小学体育优质课运动负荷强度、练习密度研究 [J]. 教学与管理, 2018 (18)：31-34.
② 国家体育总局. 智慧体育课来了！ [EB/OL]. (2021-03-09) [2022-06-07]. https://www.sport.gov.cn/n20001280/n20067626/n20067861/c20205357/content.html.
③ 李树旺, 李京律, 梁媛, 等. 高校体育课堂风险识别与评估研究 [J]. 沈阳体育学院学报, 2021, 40 (6)：25-33.

保学生健康安全，实现体育特有的育人功能。

（三）体育教学评价

涉及体育教学评价的专利有12项，其中包括体育在线考试系统（2项）、运动技能和运动水平评价系统（2项）、体育运动过程评价系统（8项），如表3-14所示。

表3-14 体育教学评价领域各二级维度分布表

二级维度	内容	数量/项	百分比	合计
体育教学评价	体育在线考试系统	2	0.80%	12 (4.79%)
	运动技能和运动水平评价系统	2	0.80%	
	运动过程评价系统	8	3.19%	

2020年10月国务院印发了《深化新时代教育评价改革总体方案》，方案指出，应充分利用信息技术，创新评价工具[①]。最新发布的2022版义务教育体育与健康课程标准在评价建议中也提到了要"选择合适的评价方式，加强现代信息技术在评价中的应用"。体育教育评价要以价值为遵循，将大数据、人工智能等现代化信息技术融入教育教学场景，实现体育教育过程和结果的精准评价[②]。

体育在线考试系统利用信息技术实现了"穿新鞋走老路"的评价方式，将体育理论考试从线下转移到线上，通过信息技术手段简单快速地完成之前需人工完成的试卷批改和试卷分析、提供学习指导，减轻体育教师工作量。利用信息技术不仅能够"穿新鞋走老路"，还能够实现"穿新鞋走新路"，信息技术在体育教学评价领域的创新应用产生了体育教学评价的新工具（评价系统）、新数据（视频数据、实时的生理和心理数据、在线学习数据等）和新模式。运动技能和

[①] 张志祯，齐文鑫. 教育评价中的信息技术应用：赋能、挑战与对策 [J]. 中国远程教育，2021（3）：1-11；76.
[②] 程宇飞，李军岩，范尧. 我国学校体育教育评价本原的理论遵循、迷思困境与实践走向 [J]. 体育学研究，2022（2）：1-13.

运动水平评价系统这一新工具可以对运动传感器采集生成的与运动技能活动对象相关联的运动新数据进行评分，并生成分析和评估的反馈运动信息，创造了体育教学评价的新模式。线上体育教学效果评价始终是线上体育教学绕不开的一个话题，对此，北京大学王亦洲课题组开发了一款名为 AIPE 的人工智能体育教学线上评价系统，并将其应用于 2020 年春季学期的体育线上教学中[①]，这是人工智能评价应用到体育教学领域的一次跨越性的尝试。

体育教学评价要因循发展性、科学性、过程性等评价原则，充分发挥体育教学评价的诊断、激励和调节与反馈功能。充分利用信息技术可以使体育教师追踪学生的体育学习、快速准确地采集学习过程数据，实现基于数据的学习结果分析，缩短了评价周期，及时将学习结果反馈给学生，有助于提高运动技能学习改进所需的时效性，落实体育教学评价促进学生发展的功能。此外，信息技术还能使体育教学评价工作更规范、更大规模。"更规范"体现在运动数据的采集、存储、传输和分析上，通过特定的软硬件系统严格控制学生运动过程数据处理各个流程，使整个过程更加标准化和规范化，有利于落实评价的科学性原则。"更大规模"指即使是采用同样的评价方式，由于信息技术具备更强的数据收集和数据分析能力，使得即使数据量再大，只要具备相应的硬件和软件条件也可以简单高效地开展全面评价和个性化评价，对评价对象的整个过程进行单独分析，充分发挥体育教学评价的诊断、激励和调节与反馈功能。

二、课余体育领域应用分布情况

课余体育是学校教育的重要组成部分，也是实施素质教育的重要手段，可以起到发现和培养体育后备人才的作用。课余体育早已翻越了学校的"围墙"，与竞技体育和社会体育联系到一起。信息技术在课余体育领域的专利主要涉及课余体育训练，其中包括竞技能力发展（11 项）、训练过程调控（5 项），如表 3-15 所示。

[①] 伍汝杰. 王亦洲课题组：人工智能辅助体育教学（AIPE）［EB/OL］.（2020-12-30）［2022-06-07］. http://cfcs.pku.edu.cn/news/239814.htm.

表 3-15 课余体育领域应用分布情况表

一级维度	二级维度	数量/项	百分比	合计
课余体育	课余体育训练	16	6.37%	16（6.37%）

课余体育训练涉及的 16 项专利中包括竞技能力发展（11 项）、训练过程调控（5 项），如表 3-16 所示。

表 3-16 课余体育训练领域各二级维度分布表

二级维度	内容	数量/项	百分比	合计
课余体育训练	竞技能力发展	11	4.38%	16
	训练过程调控	5	1.99%	(6.37%)

关于竞技能力发展的专利包括比赛适应能力发展、反应能力发展、平衡能力发展、力量能力发展。信息技术在课余体育训练相关专利中涉及最多的就是模拟比赛情境来提高学生运动员的竞技能力。模拟训练针对性极强，能够帮助学生运动员获得特殊的比赛能力，其实质就是比赛适应能力的获得，这一方法也同系统脱敏训练，既包括身体上的适应也包括心理上的适应，还包括对对手、对内外部环境适应等。一项研究通过对 48 名中小学生进行的 VR 模拟足球技战术训练干预，发现 VR 训练能够有效提高 10~12 岁小学足球运动员的战术训练效果[1]。此外，借助其他专门用途的信息技术相关专利技术器具作为辅助也能够促进专项运动能力的提高和发展。

关于训练过程调控主要涉及运动负荷调控和运动表现监测。从运动训练驱动的范式来看，运动训练可分为两种类型，即经验驱动型和数据驱动型。经验驱动型是指以教练员的实践经验和运动员的本体主观感受为中心来驱动训练决策，而

---

[1] 孔凡明，米靖，马杰. VR 技术在青少年男子足球运动员战术训练中的应用研究 [J]. 成都体育学院学报，2020，46（3）：33-37；45.

数据驱动型则是依据运动训练数据和分析结果为前提，再进行训练决策的训练方式。目前，"数据驱动"和"精准训练"已成为运动训练领域的主旋律和高频词①。收集和利用好运动训练数据对调整运动负荷、预防运动损伤以及提高课余体育训练效果有极大帮助。将信息技术应用于课余体育训练，进行学习运动员的训练监测、技术动作质量控制和评估、提供训练反馈，将"数据"和"经验"二者相结合，对课余体育训练过程进行及时、全程、微观的滴定控制有助于提高学生运动员的技能水平和提高训练效率。

三、体育保障领域应用分布情况

信息技术在体育保障领域的专利主要涉及三个方面：教学管理（17项）、体育教师专业化（3项）、学校体育场地器材（92项）（如表3-17所示）。在智能化信息技术持续深入发展的时代，技术也在深刻影响着学校体育保障工作。学校体育保障工作环境正发生着重大改变，那些单一、零散、碎片化的体育保障服务方式面临着由外到内的不断冲击②，推动着智慧体育保障服务体系的诞生，而这种体系也代表着新时代体育保障的发展方向。

表3-17 体育保障领域应用情况分布表

一级维度	二级维度	数量/项	百分比	合计
体育保障	教学管理	17	6.77%	112（44.63%）
	体育教师专业发展	3	1.20%	
	学校场地器材	92	36.66%	

---

① 钟亚平，吴彰忠，陈小平．数据驱动精准训练：理论内涵、实现框架与推进路径［J］．体育科学，2021，41（12）：48-61.
② 李燕燕，陈蔚，吴湘玲．智能时代高校智慧体育服务的逻辑蕴涵、体系建构与运行保障［J］．武汉体育学院学报，2021，55（12）：35-42.

(一) 教学管理

教学管理涉及的 17 项专利中包括数据信息管理系统（10 项）、体育场地器械管理系统（7 项），如表 3-18 所示。

表 3-18　教学管理领域各二级维度分布表

二级维度	内容	数量/项	百分比	合计
教学管理	体育数据信息管理系统	10	3.98%	17
	体育场地器材管理系统	7	2.79%	(6.77%)

体育教学改革的发展与管理优化需要体育教育管理的信息化作为支撑和推助力，亟须搭建专门的信息数据管理和服务平台。涉及教学管理的专利包括体育数据信息管理系统、体育场地器材管理系统。几乎每个学校都拥有自己的信息门户来进行学校事务的日常管理和信息发布，学生可以通过学生端注册填写个人数据信息，学校则负责学生信息的收集整理。正是日常纷繁复杂的各项事务孕育诞生了各种信息数据管理平台，体育教学管理也不例外，而且体育教学涉及体育场地和器材的使用问题，需要妥善进行运动场地的预约安排，如教师和学生经常使用的体育馆管理预约系统、体育运动器材借还系统等。

体育教学管理的目标任务是实现学生数据信息的系统化、规范化、科学化和自动化，学生体质健康数据、各项运动数据的管理对于学校体育工作的管理者来说是至关重要的，这些数据信息是学校体育不可缺少一部分。基于物联网技术，有人提出了集学生体质测试成绩管理、体育课程成绩管理、课余体育活动积分管理以及课余体育竞赛管理等各个子系统整合成的一体化管理平台的设想并阐述了其具体构架、功能与设计路径[①]。也有学校创新管理机制，研发体育信息化管理平台，实现课程管理、课外锻炼、体质测试、学籍考核"四位一体"的立体化

---

① 于克巍. 基于物联网技术的学校体育信息化系统建设与管理研究 [J]. 广州体育学报, 2021, 41 (4): 26-29.

管理，推进了管理的科学化与引导发展的个性化[①]。其次，在运动场地和运动器材管理方面，建立场馆预约系统、启用体育场地器材管理系统，实行场馆预约电子登记、器材借还电子登记，有助于体育场馆的充分利用和减少器材的丢失，还能够了解运动器材的损耗情况，方便及时进行补充。

（二）体育教师专业化

涉及体育教师专业化的专利有3项，均属于体育教师网络教研平台系统（如表3-19所示）。

表3-19 体育教师专业化领域各二级维度分布表

二级维度	内容	数量/项	百分比	合计
体育教师专业化	网络教研平台系统	3	1.20%	3（1.20%）

体育教师专业化是体育教师胜任教学工作必须经历的过程，体育教师专业化的途径有很多，而参加教研活动就是其中之一。传统的教研行为受到时间和空间的限制，而网络教研的诞生成为传统教研行为的重要补充。2022版《义务教育体育与健康课程标准》在教学研究与教师培训实施建议中提到，各地要加强区域教研，还可以积极利用信息技术开展网络教研来提高教研成效。

随着信息技术的不断发展、通信和移动工具的普及，网络教研成为当下备受欢迎的一种教研方式，只需要一部手机或是一台电脑，体育教师就可以随时随地进行学习和与他人进行研究探讨，突破了时间和空间的限制，增加了教研学习的时间和次数。为了促进网络教研活动顺利进行，各种网络教研平台应运而生，教研活动从最初的博客、QQ、微信群，发展到了现在专门的网络教研平台，如《中国学校体育》杂志创建的体育教师专用网络研讨平台："草根争鸣"论坛。截至2022年1月，"草根争鸣"论坛创办以来，每月一期，已经举办了151期。

[①] 中华人民共和国. 北京师范大学多措并举创新构建体育体系［EB/OL］.（2019-03-18）［2022-06-07］. http://www.moe.gov.cn/jyb_xwfb/t20190318_373939.html.

每期论坛都会确定一个研讨主题和研讨提纲并由专人主持，研讨主题得到全国各地体育教师的独到跟帖，大家相互交流教学经验，激发了广大教师的教学研讨热情并取得了较好的学习效果。还有一些新兴的网络教研平台，如数字化体育教师异质教学研究平台、体育教师课例研习平台、在线体育专家培训教学系统等，这些平台系统可以促进跨学校、跨地区的课例研究学习，向参与者展示体育课例研究的优质成果，还能够实现体育教师专业发展的个性化诊断和服务，促进教师专业成长。

体育网络教研带来的信息交流便捷性还使"专家引领"成为可能。2022年2月教育部公布了首批虚拟教研室建设的试点名单，旨在依托信息技术，探索实践建设新型的基层教学组织形式，打造教师教学研究发展共同体，引导教师热爱教学、回归教学、研究教学、提高教师教育教学能力，为教育教学高质量发展提供助力。华东师范大学获批了"智能化背景下体育与健康教学研究虚拟教研室"，北京师范大学获批的"中学教师教育研究虚拟教研室"也将体育学科纳入教研范畴。通过网络教研，一线体育教师可以与教学名师、专家教授这样的稀缺资源进行一对一、面对面地沟通交流，有的放矢的快速解决教学工作中的疑难和困惑，还能够学习到专家的经验，将其运用到体育教学中来提高教学效果。正是因为信息技术，让一线教师足不出户就能够尽享学习资源，与全国各地教师进行无障碍沟通，甚至实现跨国的学习交流。

（三）学校体育场地器材

信息技术在体育教育领域相关专利涉及的学校体育场地器材项目较多，具体细节展示如下表3-20所示。

表 3-20 学校场地器材领域各二级维度分布表

二级维度	内容		数量/项	百分比	合计
学校体育场地器材	专项运动器材	田径	18	7.17%	75 (29.89%)
		体操	3	1.20%	
		篮球	22	8.76%	
		足球	4	1.59%	
		乒乓球	5	1.99%	
		羽毛球	3	1.20%	
		网球	2	0.80%	
		跳绳	1	0.40%	
		轮滑	1	0.40%	
		滑板	1	0.40%	
		拳击	1	0.40%	
		跆拳道	1	0.40%	
		体能	13	5.18%	
	通用教学器材	计时器	3	1.20%	17 (6.77%)
		标志提示物	4	1.59%	
		球类存储和运输器材	4	1.59%	
		其他	6	2.39%	

从表 3-20 中可以看出，关于篮球的专利申请数量最多（22 项），可见学校体育教育对于篮球的重视。田径运动也是专利申请的热门，位居第二（18 项）。其余频次较高的还有体能（13 项）、足球（4 项）、乒乓球（5 项）、羽毛球（3 项）。

田径运动的 18 项专利中包含跳高、跳远、跨栏、跑步，分别涉及跳高架、跳远距离测量装置、跨栏架、跑步机。田径是运动之母，尤其是走、跑、跳、投是各项运动的基础，在各级各类学校体育课程和《国家体育锻炼标准》中都占据着极为重要的地位，正如奥林匹克格言所表达的"更快、更高、更强、更团结"，参加田径运动发展着人们的速度、力量、耐力，但参加田径运动同时也面临着较大的运动损伤风险，尤其是对于身心发展并不成熟的学生少年而言，在进行学习跨栏跑、跳高这种具有一定动作难度和危险性的动作时，经常会产生畏难和恐惧心理，这就需要激发学生的学习兴趣、调动学生学习的积极性，与田径运动相关专利的摘要的功能效果中多次提到了"提高学生学习效果""避免安全事故发生"。2022版《义务教育体育与健康课程标准》在田径项目的教学提示中提到了要注意现代化信息技术（动作视频、比赛录像等），引导学生了解项目特点、建立正确清晰的技术动作表象等，合理恰当地将信息技术融入田径教学可以辅助教师的教和学生的学，起到特殊教学效果。

有关篮球运动项目的专利技术主要涉及篮球架、计分系统、投篮系统、篮球发射器等，用途包括自动调节篮板高度、投篮命中数记录、提供投篮反馈和进行投篮动作指导等。在众多学校体育运动项目中，篮球是学生钟爱和进行选择的主要课程之一。标准篮筐高度是3.05米，中学用篮筐高2.70米，小学（4~6年级）用篮筐高2.35米，但这一标准并不是对所有学生都适合的，具有自动调节高度功能的篮球架更有利于对不同高度和不同年龄段的学生进行针对性教学。"获得反馈"和"体验成功"是维持动机的两个重要因素，在篮球教学中，及时为学生提供投篮指导、提示篮球命中数和命中率，有利于提高篮球教学效果。

有关足球项目的专利涉及足球练习的自助查询反馈装置和影像摄录系统，方便教师和学生查看技术动作录像和分析足球运动轨迹，有利于学生更好地掌握足球踢球技巧。

有关乒乓球、羽毛球以及网球的专利主要涉及发球机技术和球落点记录装置。对于乒乓球、羽毛球以及网球这"三小球"的教学来说，多球练习是巩固和提高基础技术的有效手段，但对于体育教学来说，学生基本都属于初学者，不具备"喂多球"的准确性和稳定性，而且教师精力有限，不可能针对每一个学生进行"喂多球"。因此，采用自动化和智能化的发球机在一定程度上解决了人工抛球的不确定性和体力损耗问题，在减轻教师教学负担的同时提高学生的学习效果。此外，发球机还经常在考试过程中使用，有利于评价学生特定的技术动作掌握程度，但由于发球机程式固定、缺少变化，有时不利于发展学生的实战能力。

有关跳绳的专利优势在于自动计数，使用方便；轮滑和滑板的专利用于实时记录运动的滑动速度、距离和压力变化，能够起到提高运动技能和增加运动兴趣的作用；拳击和跆拳道的相关专利涉及了教学使用的假人，用来指导学生打击相应的位置并进行打击力度记录。

除以上运动项目外，涉及体能（或称"体适能"）相关的专利共有13项，在数量上排在篮球、田径之后位列第三。从图3-5可以看出，2022年新发布的《义务教育阶段体育与健康课程标准》将体能作为课程内容单独列出，除水平一外，水平二、三、四，均设置了体能课程内容。美国运动医学学会（ACSM）将体适能分为"健康体适能"和"技能体适能"：健康体适能主要包含图3-5中所示的身体成分、心肺耐力、肌肉力量和耐力以及柔韧性等；技能体适能则主要包含反应能力、位移速度、协调性、灵敏性、爆发力和平衡能力等。学生、少年儿童进行体能锻炼能够增强身体素质、加速智力发育、提升整体健康水平。美国在2013版的《K-12国家体育教育标准》中提出了"学生要具有保持和增进健康的体适能能力"，新加坡2017版的《体育课程标准》规定了小学每学年要安排12~15节的体质健康与体能课，中学则每学年需要安排15节[①]。我国在学校体育课程改革中也不断加深了体能练习和发展体能对于学生少年儿童的重要作用。

---

① 陈福亮. 新加坡《体育课程标准》的特点及启示 [J]. 首都体育学院学报, 2021, 33（5）：549-555.

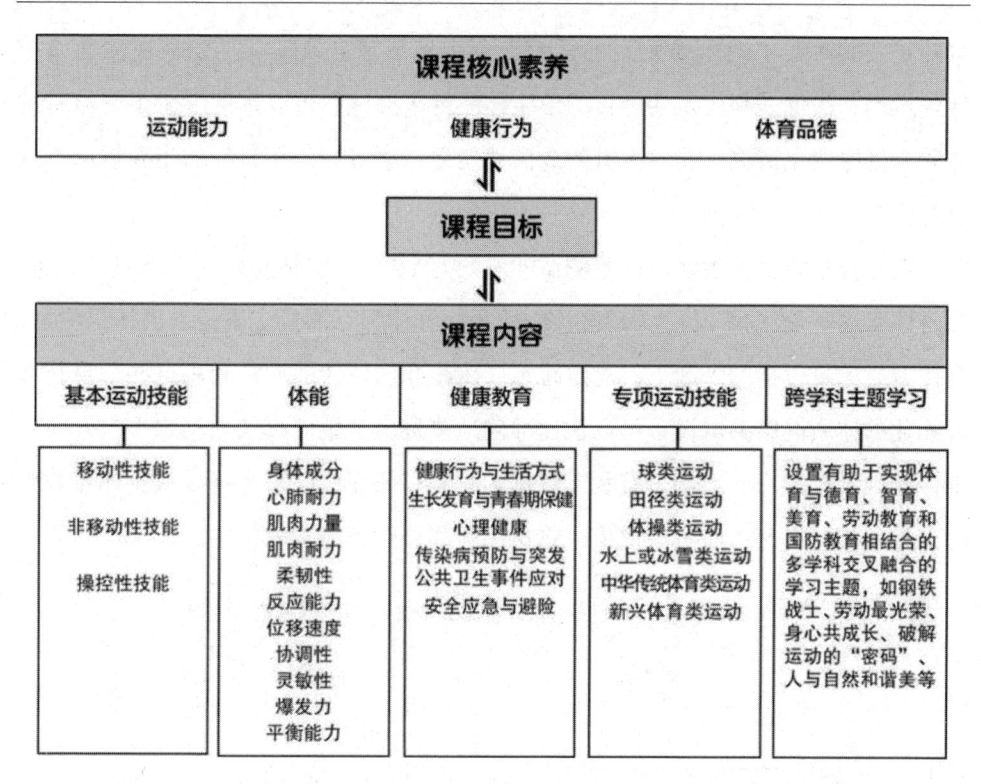

```
课程核心素养
┌──────────┬──────────┬──────────┐
│ 运动能力 │ 健康行为 │ 体育品德 │
└──────────┴──────────┴──────────┘
            ⇅
         课程目标
            ⇅
         课程内容
```

基本运动技能	体能	健康教育	专项运动技能	跨学科主题学习
移动性技能 非移动性技能 操控性技能	身体成分 心肺耐力 肌肉力量 肌肉耐力 柔韧性 反应能力 位移速度 协调性 灵敏性 爆发力 平衡能力	健康行为与生活方式 生长发育与青春期保健 心理健康 传染病预防与突发公共卫生事件应对 安全应急与避险	球类运动 田径类运动 体操类运动 水上或冰雪类运动 中华传统体育类运动 新兴体育类运动	设置有助于实现体育与德育、智育、美育、劳动教育和国防教育相结合的多学科交叉融合的学习主题，如钢铁战士、劳动最光荣、身心共成长、破解运动的"密码"、人与自然和谐美等

图 3-5 《义务教育阶段体育与健康课程标准》（2022 版）课程内容结构

涉及其他教学辅助的专利 17 项，主要包括计时器（3 项）、标志提示物（4 项）、球类存储和运输器材（4 项）等。在体育课堂教学过程中，体育教师经常需要进行各种活动的计时、计数等，运用计时器进行自动计时，可以减少教师工作量，将精力转移到教育教学中。此外，标志和提示物在体育教学活动中使用十分普遍，目的是引导和帮助练习者学习和掌握技术动作，提高教学效果。在组织教学活动时，利用各种信息化标志和提示物的声学、光学特性，能够容易地吸引到学生的注意力，帮助教师实现教学目标。还有，教学器材的准备和收集工作是体育课程教学结构的一部分，利用具有自动称重和计数的球类存储和运输器材能够节省体育准备和收集时间，增加学生学习时间，有助于提高体育教学的效率。

四、体质健康测试领域应用分布情况

学生体质健康测试是学校体育工作中的一项重要任务。学生体质健康测试的目的是贯彻落实"健康第一"的学校教育指导思想，鼓励学生积极主动地参与体育运动和锻炼。利用定期进行的学生体质健康测试，可以帮助学生了解自身的体质与健康变化情况，让学生有的放矢地树立运动目标，在教师的指导帮助下制订符合自身的锻炼计划。

信息技术涉及学生体质健康测试的专利有 16 项，包括身体形态测量（2 项）和身体素质测量（14 项），如表 3-21 所示。身体形态测量主要是身高体重测量。身体素质测量包括仰卧起坐、立定跳远、跑步和坐位体前屈。利用这些信息化和智能化的体质健康测试设备可以快速准确地测量出学生的真实数据水平，并将数据传输到学校的后台终端，有利于数据的收集和保存，同时还可以减少体育教师的工作负担、提升体质测试效率，将更多时间分配到体育教学中。

表 3-21 体质健康测试领域各二级维度分布表

二级维度	内容	数量/项	百分比	合计
体质测试工具	身体形态测量	2	0.80%	16
	身体素质测量	14	5.58%	(6.38%)

以上涉及体质健康测试的相关专利均属于测量的工具，并未涉及体质测试的数据管理和分析方面。相比之下，美国已经将 FitnessGram 这一教育评估与报告软件作为青少年体质健康监测项目的一部分，这一系统可以根据测试数据生成每一个学生的体质健康测试报告（分为学生版本和家长版本），报告中还包含了与上次测试的对比结果。在家长版本的报告中还会包含各项测试指标的说明以及孩子的身体状况和孩子的饮食建议，最重要的是报告还能够提供专属于学生个人的健康促进建议，帮助学生制订锻炼计划和形成良好的身体活动习惯。如今，FitnessGram 还新增了一项名为 ActivityGram 的模块插件用来记录和监测学生的平时活动，可以方便学生日常的自我评价。此外，新兴的物联网（IoT）、云计算（Cloud Computing）等信息技术也被各国更广泛地用于体质健康测试数据监测和管理，借助数据挖掘技术还能够发挥协助学生体质监测指标体系构建的功能，实

现对学生个性化健康发展的指导。①

我国青少年体质健康调研工作至今已经开展了30余年，发展形成了较为完整的数据上报程序。但是，目前我国学生体质健康数据管理与分析系统相对闭塞，系统开发的主导思想是对学生体质健康数据进行信息化管理，实现测试数据的管理、统计与上报。体质健康数据管理系统的反馈与监督等功能亟须改善，导致学生个体很难将日常锻炼行为与测试数据相衔接，也得不到根据体质测试结果生成的体育锻炼指导，②造成了学生体质健康测试结果导向功能异化、数据资源浪费、数据应用路径单一等问题。③

针对上述问题，有人提出了要对学生体质健康实行精准干预，建立基于现代信息技术的大数据分析信息平台。④ 同样也有人提出应充分利用大数据系统平台、物联网、人工智能等现代信息化手段，实现体质健康过程性评价，将体质健康水平动态监测与体质健康终结性评价相结合，联通学生、家长、学校、社会等各方进行数据的共享与交流，并阐述了如图3-6所示的学生体质健康发展性评价系统设计思路。⑤

---

① 李红娟，代晓彤.学生体质监测的根本目的是健康促进［J］.中国学校卫生，2022，43（1）：6-9.
② 吴键，袁圣敏.中国学校体育智慧系统的整体思考与构建［J］.体育学研究，2020，34（3）：40-46.
③ 胡月英，宗波波，侯志涛，等.从结果生成到研判干预：国家学生体质健康测试数据应用路径转换研究［J］.体育学刊，2021，28（5）：114-119.
④ 毛振明，叶玲，丁天翠，等."三精准"视域下新时代学校体育大面积大幅度提升学生体质干预策略研究［J］.天津体育学院学报，2022，37（2）：125-130.
⑤ 孟现录，尹忠根，李采丰.监测与干预：学生体质健康发展性评价体系构建［J］.中国教育学刊，2021（10）：25-29.

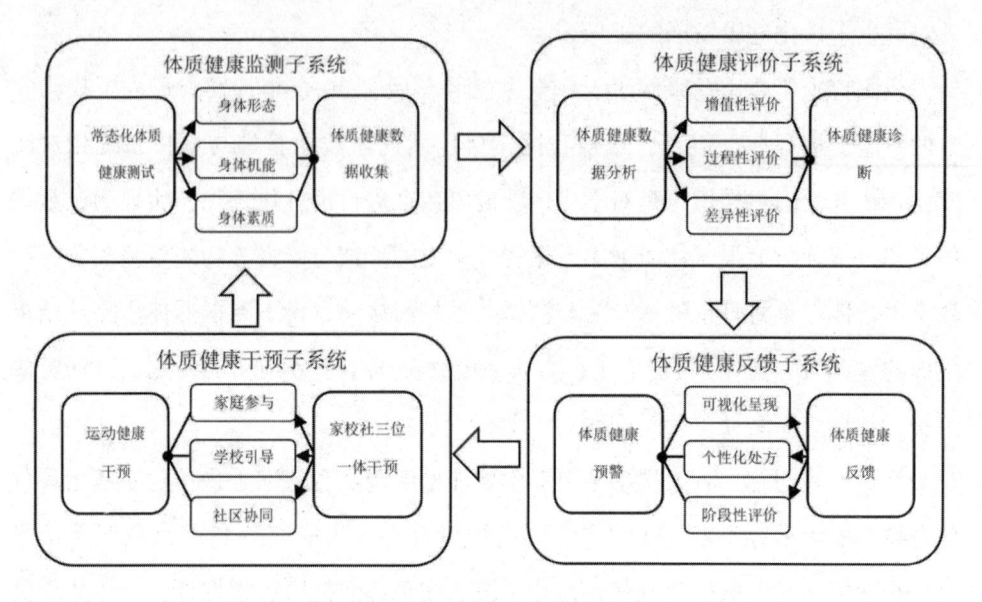

图 3-6 体质健康发展性评价系统

今后，我国的体质健康测试系统需要落实"健康第一"的指导思想，进一步更新体质健康测试的观念，加强测试结果的动态交互性与开放性，在原来的基础上发展纵向的运动处方专家系统，充分发挥体质健康测试的"指导与提高"功能。

五、专利视角下信息技术的内容讨论

本书在这一部分采用了标题和摘要的内容分析方法来进行深入细致的研究，利用之前整理好的信息技术在体育教育领域相关专利的概况一览表，分项纳入编码表中进行分析探讨。结果发现，信息技术在体育教育领域相关专利涉及较多的是体育教学和体育保障，还有部分专利涉及课余体育和学生体质健康测试。在体育教学中又涉及了体育教学方法、体育教学实施和体育教学评价；在体育保障中则主要包括教学管理、体育教师专业化和学校体育场地器材；涉及课余体育的专利主要与课余体育训练相关；与体质测试有关的专利为不同类型和测试项目的体质测试仪。

通过分析这些专利在以上各个领域的用途和功能效果可以发现，这些专利技术迎合了体育教育的现实需求并且具有项目的针对性,应用这些专利技术有助于提高体育教育教学、管理的效率和效果。但在部分领域缺少相应的信息技术专利,今后,在适合应用信息技术的体育教育相关领域应加强相应技术的使用来提高体育教育教学和管理成效。

第四章　信息技术在中小学体育教学的应用发展

第一节　信息技术在中小学体育教学的应用发展概述

一、我国体育教育中信息技术应用发展的时期划分

随着科技的迅猛发展，科技对教育的影响也在不断变化。以历史为视角去探究技术应用于教育领域这一现象，并分析其影响因素有利于启示未来的应用方向。教育学作为体育学母学科，教育技术学也可视为体育教育技术的母学科，因此本研究的历史研究起点主要是参考了南国农先生在《中国电化教育（教育技术）史》中对我国电化教育（教育技术）开端的叙述，即以"1915年，金陵大学在校园用电影和广播宣传教育"[①] 这一历史事件为起点。本研究的研究主体是中小学，而搜寻的资料是从20世纪20年代开始的，因此本研究选取1920—2021年作为研究范围，其选取依据主要有：从历史角度来看事物发展态势是具有一定的连续性的，研究这段历史发展过程对未来有重要启发意义；另外，几十年中技术的更新速度极快，相应地在教育领域的技术应用方式也日渐多元化，而多种多样的技术应用在教育领域时，对其影响效果的显现会有其发展规律可循。

历史的发展是连续的，但在过程中会出现一些标志性事件，如想要揭示历史演化规律就需要先根据时间点划分阶段，并对各个历史时期的标志性事件进行分析与综合，最终得出结论。笔者通过查阅相关资料了解到："教育技术在教育中的应用"这个重要事实中的"技术"在各个历史时期所代表的事物含义是不同

---

① 南国农. 中国电化教育（教育技术）史 [M]. 北京：人民教育出版社，2013：8.

的，这是本研究的出发点，结合时间点、技术特征与历史事件这三个维度，笔者将 1920 年以来我国现代教育技术在中小学体育教学应用的历史发展进程分为五个时期。下面就这五个历史时期划分依据进行阐述。

初创时期（1920—1949 年）。划分的起点已经在前面一小节进行说明，在此不再赘述。这一时间段是电化教育从无到有，各方面起步建设时期。

奠基时期（1949—1978 年）。第一个历史时期划分到 1977 年，也就是改革开放前这个时间点。中华人民共和国成立，电化教育迎来了一段黄金发展期，但新兴的教育技术并没有大范围在教育中得到应用与普及，尤其在中小学体育教学中其应用史实更加缺少，而在党的十一届三中全会后的改革开放的大潮中，我国电化教育重新起步。

快速发展时期（1978—2000 年）。在这一时期，学校体育出现体育教学幻灯片、投掷项目和徒手操摄影录像以及口令训练录音带等多媒体设备应用。1999 年中共中央、国务院印发的《关于深化教育改革全面推进素质教育的决定，提出要快速提升教育中技术手段应用信息技术的水平。

深入发展时期（2000—2018 年）。根据《中国教育改革 40 年：教育信息化》一书中的相关论述，可以看到我国教育信息化发展的清晰脉络，1978—1999 年我国处于前教育信息化阶段，2000—2018 年我国进入了教育信息化 1.0 阶段，2018 年以来我国处于教育信息化 2.0 阶段。[①] 由此可见，40 多年来我国教育发展速度十分迅速。

飞速发展时期（2018 年至今）。2018 年是教育信息化进入 2.0 阶段的第一年，中小学体育教学应用教育技术进入飞速发展时期。

二、我国体育教育中信息技术应用发展的时期背景

（一）初创时期：教育技术发展萌芽

在清末民初时期，体育作为舶来品使得中国体育尤其是学校体育在制度建

---

① 黄荣怀，王运武. 中国教育改革 40 年：教育信息化 [M]. 北京：科学出版社，2019：2.

设、思想文化、机构组成等方面都有巨大革新。虽然受到国外教育思潮等方面的影响，但我国也一步步探究着符合自己国情特色的发展之路，主要体现在：思想观念上由军事化体育强国强兵向竞技体育、卫生健康、社会体育教育观念的转变；传播途径上由学校体育向社会体育渗透，让民众逐渐接受体育并参与进来；在关注人群中由以前一小部分社会体育教育精英或者说是专业人士宣传体育到让更多民众认同这个体育文化，覆盖范围扩大了。

（二）奠基时期：教育技术发展平稳

中华人民共和国成立后的17年，中国学校体育也迎来了较为稳定的发展。主要体现在：对学校体育发展制定基本方针，确定对学校体育工作各方面的发展方向；对一些民国时期老的教育机构进行接收和改造；重视对体育教师的培养，各个地方的师范学校建立体育系、设置专门课程、调整教学计划与大纲和编写教材等；发展学校体育竞赛等方面。1954年我国《中小学体育教学大纲》中明确写到中小学体育的目的，是促进少年儿童成为全面发展的新人，为将来参加建设社会主义社会和保卫祖国做好准备。

（三）快速发展时期：教育技术发展进步

1979年，各级体育委员会，包括国家体育委员会、国家体育联合会、地方分支机构、个人体育协会等社会体育组织，教育相关部门体育工作组织，颁布了一批修订或新制定的体育法规和规章制度以及分会系统。1979年2月，国家体委（现为国家体育总局）召开的全国体育工作会议首次正式提出"竞技体育优先发展"的体育发展战略，自此，我们开始把竞技体育作为发展的重点。与竞技体育形成鲜明对比的是，学校体育发展相对落后，尤其是学生的身体素质有所下降，引起了全社会的关注。为了及时掌握我国学生的身体健康情况，1985年开展了第一次大学生身体健康调查。同时学生体育考试与升学开始挂钩，1987年，国家教委（现为教育部）规定体育不及格者不得报考高校，这在中国历史上还是第一次有如此严格的规定要求。1987年，政府出台的各项政策措施加速了学校体育部门的建设，强化了学校的教学管理，扩大了学校的招生规模，有效地缓解了中华人民共和国成立后体育教师的紧缺。

（四）深入发展时期：教育技术高速发展

党的十六大提出了全面建设小康社会的奋斗目标，这就给体育工作提出了新的要求，即要把发展体育放在一个重要的战略地位，建立一个面向大众的、多元化的健身服务体系，推动各种体育活动协调发展。《2001—2010年体育改革与发展纲要》是国家体育总局组织编制的，是中国体育事业发展的一个良好蓝图。2008年北京奥运会的承办，使体育事业与奥运并驾齐驱，促进了体育事业的全面发展，提高了国家整体水平。2008年9月，在北京奥林匹克运动会表彰大会上，胡锦涛提出"要从体育大国走向体育强国，强调群众体育、体育产业、体育教育的重要地位，使各种体育事业步入空前高速发展的轨道。"

全面提高德育、智育、体育、美育的培育是新时代我国高质量人才培养的目标，要把学习的科学文化知识和思想道德修养结合起来、把理论和实践结合起来、把学生的全面发展和个人的发展结合起来。强化体育锻炼，强化健康意识，保证学生的身体素质，增强体质，增强意志。促进德育、智育、体育、美育的有机结合，培养学生的综合素质，培养出德智体美全面发展的社会主义接班人。

（五）飞速发展时期：教育技术飞跃发展

目前，我国中小学教育需要有所改变，人们渴望更好的教育来培育下一代。在现代教育技术的影响下，教育信息更加多样化，教育信息的组织方式也更加依赖科技。借助现代教育技术，教学信息实现了大容量存储，极大地便利了教师授课和学生学习。多媒体教学使教育信息传输呈现网络化、智能化的发展情形。由此可见，在教育飞速发展时期，现代教育技术既能够增强学生的认知基础，又能让学生更容易对新旧知识进行融合，降低学习难度。

第二节　信息技术在中小学体育教学的具体应用情况

一、初创时期：教育技术应用极少化

（一）教育技术的应用在体育课标与教学大纲中的内容体现

课标和大纲作为国家学科教育的基本纲领性文件，其中的课程目标、课程设置、内容和要求是学校各学科课程的核心内容。笔者通过大量文献资料的搜寻，发现少有学者以体育课标或大纲的内容为研究对象对教育技术在学校体育教学中的应用情况进行研究。笔者在研究每个历史时期教育技术应用情况时，对20世纪以来的我国体育课标大纲中原文内容进行摘录整理成表格后再进行分析，如表4-1所示。

表 4-1　课标大纲中有关教育技术应用的原文与所处位置

时间	课标或大纲名称	内容	位置
1941 年	高级中学家事（看护包括军事看护）课程标准	教学时应尽量利用各种照片、挂图、标本、模型、仪器、实物等	第四　实施方法概要
1942 年	小学体育课程标准	姿势挂图一套	第三　教学要点 体育场地设备及运动用品 （二）体格检查设备及用品

首先，从表 4-1 中可以看出在新中国成立前的体育课标或大纲中，国家或政府关于在中小学体育中应用教育技术的要求很少。众多文件只有这两个年份的课程或大纲提到使用照片、挂图等仪器设备进行教学。而同一历史时期的其他学科就已经有像幻灯片、电影、唱片等相关应用的阐述了。因此，可以得出一个结

论，即教育技术的应用有着学科间的不均衡性。这与整个社会大环境、学科地位和特性等因素有关。关于影响因素的分析在之后章节提及。

其次，从文件中涉及教育技术应用的内容所在位置及频次来看，实施方法 1 次、教学要点 1 次。实施方法的部分主要是对学校和教师作为实施主体的要求，因而会体现学校或教师会以何种方式方法进行教学。而教学要点是教师根据教学目的，通过对教材的研究和学习确定的核心教学知识和技巧，是一门学科所阐明的最重要的原理和规律，也是一门学科思想和特点的集中体现。

最后，教育技术在体育课标和大纲中的发展呈现出以直观的视觉设备，如挂图、照片、模型等为依托的态势，因而凸显了同时也符合了该时期的阶段性特征，即视觉。

(二) 教育技术应用于体育领域的史实

1. 民国时期电化教育在中小学体育中的应用情况

由于当时广播、电影、幻灯设备十分匮乏，而且需要经过专业培训才可以使用，因此民国时期的中小学电化教育大都是由社会团体和高等学校负责实施的。20 世纪 30 年代末，中国广播电台播音教育节目分为两种，其中一种就是中学生节目，以播讲中学各科基本常识为主。1942 年该播音节目就播放了包括儿童教育、卫生教育、国民体育等 12 项教育类消息。电影方面，民国早期中小学电化教育的影片主要有训育片和教科片两种，以训育片为主，如《童军管理》为初中学生童军管理示范，《军事管理》为高中军事管理示范。

2. 广播在社会体育中的应用情况

中国近代新闻广播事业发端于 20 世纪 20 年代末，中央广播电台、浙江广播电台以及上海亚美广播电台等的先后开播，使广播事业进入快速发展时期，也可以说是发展的黄金时期，全国各地也开始发展广播事业，极大地推进了我国体育广播的发展与普及。

到了20世纪30年代，为了推广体育运动、培养大众的运动意识及在意识上的养成，各地的广播电台也广泛开设了晨间、晚上的健身操和太极拳等节目。中国近代体育广播事业的发展虽历时不长，但体育新闻、体育专题的结构已经初步形成，为中国体育广播事业的发展奠定了基础。[1]

3. 电影在大学体育中的应用情况

这里主要介绍孙明经在这个历史时期所拍摄的电影作品，其中《女子体育》这部电影中呈现了金陵女大学生身穿运动服跳团体操、打排球比赛等体育活动。影片《健身运动》也呈现了东吴大学生在男子体操各个项目以及女子射箭等体育比赛中的表现。《校园生活》记录了南京金陵大学学生的各种体育活动。从影片中我们可以看到那个时代的大学生在篮球场上上课的场景。

中华人民共和国成立以后，各项建设事业都有了长足的进步，体育事业也发展迅速，电影作为中国文化建设的重要组成部分，肩负着对先进文化传承的历史责任。

二、奠基时期：教育技术应用普及化

（一）教育技术的应用在体育课标与教学大纲中的内容体现

首先，从表4-2中可以看出，在体育课标或大纲中，国家或政府关于在中小学体育中应用教育技术的要求依旧不高。众多文件仍然只有两个年份的课程或大纲提到使用挂图等进行教学，还有"奏着音乐"这种隐性使用电化教学设备的内容。

---

[1] 薛文婷. 民国时期体育广播的诞生、发展和衰落 [C]. 第八届全国体育科学大会论文摘要汇编（一），2007：1100-1101.

表 4-2 体育课标与教学大纲中有关教育技术应用的原文与所处位置

时间	课标或大纲名称	内容	位置
1950 年	小学体育课程暂行标准（草案）	遇到风雨天气室内活动讲解体育知识；姿势挂图	第三 教学要点二、教学方法要点教学设备要点四
1956 年	小学体育教学大纲（草案）	奏着音乐，做有韵律的走步	大纲 一年级基本体操走和跑

其次，从文件中涉及教育技术应用的内容所在位置及频次来看，教学要点 1 次、大纲 1 次。课标与大纲中关于教学要点的含义已经在上一时期介绍过，而在这一时期的教学要点处提到了室内体育课的问题，因为体育课的一大特点是有在室外活动的实践课，如果遇到天气等原因不适合室外活动时，就需要在室内进行理论知识的学习。这与其他大部分学科是不一样的。

最后，这个历史时期教育技术在体育课标和大纲中的发展呈现出以视听技术设备，如挂图、音乐为依托的态势，因而凸显了同时也符合了该时期的阶段性的特征，即视觉和听觉。虽然学科的教学特点在一定程度上能够影响其应用的教育技术，但是教育技术本身也影响着学科的应用方面。这就需要更多地对实践应用的现象进行研究，去探究其发展的规律。

（二）教育技术应用于中小学领域的史实

在中小学教育方面，1951 年，萧树滋发表了一篇关于介绍幻灯片的文章：《幻灯片——宣传儿童卫生的有效武器》；1962 年，随着教学影片和放映机的增多，电影教学由物理、化学、生物、地理扩展到政治、语文、历史和体育各科；1963 年，北京市电化教育馆编印《幻灯与教学》，向中小学宣传了幻灯教学经验；1965 年，南京市教师进修学院的电教部负责南京市中小学电教工作的相关事务；1965 年 11 月，教育部在沈阳举办了中小学电化教育展，30 多所中小学介绍并展示利用电影幻灯录音的设备进行教学活动。①

三、快速发展时期：教育技术应用大众化

（一）教育技术在体育课标与教学大纲中的内容体现

改革开放以来，学校体育的"以劳代体"和"以军代体"的教学理念已不适用，传统的"以知识、技能为主"的教学思想也亟待改变。② 1978年《体育教学大纲》对教师与学生数量比例、体育教材内容、教学活动、体育场地器材以及基础教育阶段学生体质健康监测的指标等都做了新的规定。对中小学学校体育各项工作的开展产生重大影响。聚焦到课标大纲中关于教育技术的内容来看，有了新的要求，如表4-3所示。

表4-3　课标与大纲中有关教育技术应用的原文与所处位置

时间	名称	内容	位置
1978年	中小学体育教学大纲（试行草案）	为什么天天要做广播操和眼保健操；第五套儿童广播体操	五、基本教材
1987年	全日制中学体育教学大纲	广播体操	五、体育教学内容
1988年	全日制小学体育教学大纲（初审稿）	教学手段：要积极地开展电化教学，在使用声像教材、教具时，要讲求实效，避免形式主义	五、贯彻执行大纲要求
		在音乐或其他音响伴奏下，原地做基本部位练习	大纲文本

---

① 阿伦娜. 中国电化教育（教育技术）年表（二）[J]. 电化教育研究, 2006 (12): 63-70.
② 陈长洲, 王红英, 项贤林, 等. 改革开放40年我国青少年体质健康政策的回顾、反思与展望 [J]. 体育科学, 2019, 39 (3): 38-47

续表

时间	名称	内容	位置
1992年	全日制小学体育教学大纲（试用）	应考虑与音乐课及其他教学内容的密切配合，并注意教法与乐曲的选择和应用	三、体育教学内容分类
		要积极地开展电化教学，在使用声像教材、教具时，要讲求实效，避免形式主义	五、贯彻执行大纲要求
	体育教学大纲	要积极地开展电化教学，在使用声像教材、教具时，要讲求实效，避免形式主义	五、贯彻执行大纲要求

首先，从1978—2000年这20多年来看，涉及教育技术或电化教学的内容有了很大的变化，这和整个教育技术的发展背景是分不开的。尤其是1988年版的教学大纲提出"要积极地开展电化教学"，这是在体育学科的课标和大纲中第一次提到，意义重大。在其他内容方面，"广播"一词出现频率较高，主要是广播体操，说明广播在这个历史时期作为听觉传播媒体应用广泛。还提到音乐、声像教材和音乐课进行配合。这些都可以看出听觉媒体这类技术设备在我国中小学体育教学的发展中起着重要作用。同时还应注意到这一时期的课标大纲中关于教材形态的变革，由原来的纸质教材到音像教材。

其次，从涉及教育技术应用的内容所在位置及频次来看，"贯彻执行大纲要求"3次、"教学内容"2次、"基本教材"和"大纲文本"各1次。与上一个时期的变化是，由原来的"实施方法"变为"贯彻执行大纲要求"，"要求"一词就明显带有明确的指向性和强制性。要求执行的单位或教师能够准确理解课标和大纲的目标，根据客观实际情况，坚定地贯彻执行相互要求，有效地完成教学任务。体育教学内容是根据体育教学目标，结合学生的发展、教学环境等因素，经过整理、加工，最终传授给学生体育健康知识和实践技能，如1992年版教学大纲特别提出"与音乐课及其他教学内容的密切配合",从中也可判断体育课与其他学科课程的结合对有效的体育教学有着重要的价值。通过透析"基本教材"中的关于体育健康知识和广播体操的内容,也可以得知体育教学内容与体育教材的内容基本等同。但是本研究重点关注于其形态上的变化,而非具体内容的变化。

最后,从这个历史时期的教育技术在体育课标和大纲中的发展来看,仍以视听设备为主,也开始出现了多媒体设备进行辅助教学的情况。同时所涉及的体育教学的方面也扩大了,如广播设备的普及、教材形态的变化、与其他学科融合教学、要求积极开展电化教学等。但是笔者发现这并不能完全揭示当时的电化教学与体育学科融合的情况,所以笔者搜寻了教育部在这个时期的关于《中小学体育器材设施配备目录》等文件,进行更深一步的查询和分析,从国家整体对体育学科的要求来探析教育技术应用情况。

（二）教育技术在《中小学体育器材设施配备目录》的内容体现

体育器材设施是评估、规范学校体育工作的重要内容之一。适宜的体育器材选择应用对引发学生的运动兴趣、增进学生身心健康有着重要的作用。

1989年国家教委印发《中小学体育器材设施配备目录》的通知。其内容分为必配类和选配类两大部分。其中,在选配类器材中,除各个体育运动项目所必需的核心器材（如篮球课必备篮球、足球课必备足球）外,在辅助教学器材中,从中学选配类器材设施（体育教学挂图、录音机）和小学选配类器材设施（体育教学挂图、录音机、节拍器）可以看出,在国家发布规定的选配的辅助教学器材中,现代教育技术应用的范围还是较小。

"就地取材,自制简易器材设施"给了各地区学校极大的自由选择和制作的空间,成为这个历史时期现代教育技术应用于学校体育的特点。"我们从1979年开始,先后绘制了体育教学幻灯片十套;拍摄了长短投掷项目和徒手操的频闪摄影二十四帧；录制了口令训练录音带一盘。"[①] 与此同时，还突出了当时学校体育中的一个重要问题——体育器材设施配备不足的问题。"近年来，部分省、自治区、直辖市教育行政部门制订的中小学体育器材设施配备标准，对改善中小学校体育器材设施，起了积极的作用。但是，从全国来看，中小学体育器材设施仍然严重不足。"[②]

虽然电化教育与学校体育的融合有着这样那样的困难，但是在这个历史时期，国家关注到了中小学校体育器材的配备问题，并把学校体育器材配备标准和设施建设列为学校体育工作的重要事项。随着社会各方面的发展进步和时代的变化，学校体育器材配备相关政策更新越发频繁，以适应当时对学校体育教学的要求，后面一系列相关政策也证实了这一点。但是取得好的成绩的同时也要看到其中存在的问题，如学校体育器材配备不足、所用电教设备落后及内容过时、体育师资不足及应用电化教育设备水平不高问题，等等。

（三）教育技术在中小学体育教学应用文献的内容分析

从知网数据库的专业检索中查询到关于各类教育技术与体育教学应用相关的文献共计3 309篇，搜寻到的时间年份范围为1979—2021年，经过再次筛选，排除高等院校、职业院校、专科学校等及没有明确谈到学生主体的文献，剩余1 090篇，其中：1979—1999年共76篇；2000—2017年共809篇；2018—2021年共205篇。之后三个历史时期的内容分析的文献数据均来源于这1 090篇文献。

1. 技术类别分析

从1978年到2000年，研究者关注应用在学校体育教学中的教育技术类别统计结果，其中有69%是关于视听媒体技术设备的研究，有27%是对多媒体技术设备的研究，有4%是涉及新兴的信息技术设备的研究。

首先，通过视听媒体技术具体类目的统计结果：挂图（简图、照片，

---

① 盛琦. 体育课电化教学初探 [J]. 体育教学与科研，1981 (2)：26-30.
② 陈建华. 行动起来，积极改善中小学体育器材设施 [J]. 学校体育，1990 (1)：1.

27%)、幻灯（16%）、模型（11%）、投影（5%）、电视（9%）、电影（7%）。可以看出，挂图（简图、照片）、幻灯、投影、模型等视觉媒体占绝大部分（共59%），成为这个阶段研究的热点，其中也有不少有关此类视觉媒介应用情况的文章。这与教育技术的发展历程之间具有一定的联系，结合之前的视听媒体时期所描述的教育技术应用情况，20世纪初期，挂图（简图、照片）、幻灯、模型、投影就是重要的视觉教学媒介。改革开放后，随着电化教育的浪潮推进到中小学体育教学中来，研究者或一线的体育教师都重新审视视觉媒体应用于中小学体育教学的作用效果。

其次，电视（9%）、电影（7%）等视听媒体共占16%。20世纪30年代后视觉教学形式逐渐演变成视听教学形式。尤其到了20世纪50年代电视应用到教育领域，其视觉听觉相结合的优秀特性被人们发现后，极大地推进了视听媒体教育的历史进程，而在中小学体育教学中的发展是落后于其他学科的。

朱瑞蛟等人在1996年发表的《体育教学中摄录像设备的应用》一文中提到：通过几年的实践，使我们深刻地认识到利用先进的摄录像设备辅助学校体育教学，可代替教师讲解不易讲清的部分教学难点，对促进学校体育教学改革，提高体育教学质量，都具有极其重大的现实意义。[①]

最后，录像（18%）、计算机（6%）和其他（计算器、CAI等，1%）共占25%。20世纪80年代以后，计算机在在其他学科中的应用已经相对成熟，但是在中小学体育教学中，应用的占比较小。说明计算机辅助体育教学还没有引起众多学者关注，既而推测也没有大范围应用推广，这与该时期的历史现实相符。但是从中我们也可以发现，多媒体和信息技术是未来应用发展的方向，因为教育技术应用的发展并不是简单的替代关系，不是后一阶段新兴技术完全地替代前一阶段的技术的关系，因而教育技术的发展表现出了一定的积累性。

2. 项目类型分析

从1978年到2000年，关于教育技术应用在学校体育教学中涉及的项目类型

[①] 朱瑞蛟，陈远伦. 体育教学中摄录像设备的应用 [J]. 体育师友，1996 (4): 25.

统计结果，其中具体的运动项目中：田径（15）、体操（12）和游泳（6）频次较高，篮球（3）、足球（3）、排球（3）和武术（3）频次较低，而健康教育（1）和体能（0）几乎没有。

在具体运动项目中，这些都充分体现了这个时期我国学校体育教学中大纲所要求教学的各项运动技能。田径、体操均为传统大项，在教学中有着很久的历史，且由于这两类运动项目中所涉及的还有多个小项，如田径包括径赛的30个小项和田赛的18个小项共48个小项，而每个小项中又包含着多个动作技术，如田径的跳远项目分为立定跳远、跳远和三级跳远等。项目的特征对于教育技术的应用有着重要影响，而"三大球"项目中应用的技术较少，与当时的技术发展和项目有着重要关系。

对于体能和健康教育这两大部分没有较多的教育技术应用，主要有以下几点原因：体能包括身体成分、心肺耐力、肌肉力量、柔韧性、协调性、灵敏性、平衡性、爆发力、反应能力、位移速度等，从涵盖的内容来看，它主要是评价人体各方面运动素质能力。另外，这一时期没有关注到专项体能教学，只是以教学其他运动项目时顺便进行了体能方面的训练，因此还没有专门对教育技术应用到学生体能训练的研究。而健康教育所包含的安全知识、卫生保健知识和心理健康等方面，其大部分隐含到体育教学过程中进行讲述，没有专门应用教育技术进行普及。但是对于这种知识层面的教学，笔者不禁提出疑问：虽然体育课绝大部分时间是室外的实践技能课，但是遇到不利的天气等因素，会转移到教室内进行教学，而这时体育教师是不是可以利用室内电化教学设备等进行知识层面的教学？

然而，经过查询相关一线中小学体育教师的文献内容时，发现事情并不是想的那样：

1984年高邮县实验小学的夏志强在《小学室内体育课教学探讨》中提道："我县位于长江下游，一年中阴雨天数占全年天数的三分之一。因学校操场基础设施的不完善如：无排水管道和无专门室内体育场馆等。在雨天的情况下只能在教室内教学，既而有全年近三分之一的体育课为室内教学。我对室内体育课思想不重视，准备也不充分，上课效果很差。"①

湖南省益阳师范附小的方亚辉提道："由于目前学校各种基础体育教学的设施条件限制，没有专门供学生上体育课的室内场地，当遇到雨天等不利天气的时候，体育老师基本上都是组织室内理论课、讲故事或组织上文化课。"②

在室内体育课上如何对学习内容进行有效的教学，的确是一个值得深入探讨的话题。运用教育技术设备进行室内体育教学是一个提高教学质量、提高学生积极性的重要手段。

3. 教学要素分析

教育技术的应用使得体育教学方法更加丰富多样且更具有功能性和实用性。教育技术应用中，要对影响体育教学的诸要素进行分析。对教学方法要素的影响，这一时期教育技术对体育教学中示范法的研究占45%、直观法占31%、讲解法占14%、分解法占7%和纠错法占3%。

可以看出这些占比较高的教学方法与这一时期广泛应用的技术手段具有一定的联系，如示范法、直观法、讲解法等都是表明视觉教育媒介在此时期应用的作用。1989年黄晓波提出："通过挂图、图表、照片、幻灯等直观教具的演示，引导学生反复观察，以正确的示范和简练的讲解进行教学③。" 1991年张正明在《强化课堂印象五法》中提道："挂图录像示范是直观教学手段的具体运用。"④

因而教育技术的特征与教学方法相适应有利于提升课堂教学效果，提高学生的理解和认知能力。

针对难以量化的数据，如对教学内容与教材、教学评价和教学环境只能进行定性分析。关于教学内容与教材方面，主要考虑从体育教师通过各种媒体设备呈现教学信息的方式的角度出发进行分析描述。课件教材的制作以及教案的优化成

---

① 夏志强. 小学室内体育课教学探讨 [J]. 江苏体育科技, 1984 (1)：21-24.
② 方亚辉. 谈谈小学室内体育课的教学 [J]. 小学教学研究, 1983 (1)：30.
③ 黄晓波. 运用运动技能转换原理提高体育课教学效果之我见 [J]. 四川体育科学, 1989 (C1)：101-103.
④ 张正明. 强化课堂印象五法 [J]. 体育教学, 1991 (4)：49.

为技术应用的主要方向。1991年苏全忠在《体育教学挂图简易制作法》中写道："我采用幻灯投影法制作挂图，并加上图像分析、重点、难点、教学步骤等文字说明。解决了制图的困难。"①

关于教学评价方面，这一时期的研究中体现得不多，主要在学生体育成绩统计方面有提到。1994年汪剑和陈文菁在文中说道："在发展学生身体和运动能力检测和成绩统计上，需要提高体育教师实际操作计算器的运用能力。"② 1996年马莉提道："让电教手段在技术评定及教育实践中显示出它独有的作用。"③

关于教学环境方面，这一时期的研究中体现得很少，教学环境在本研究的界定是根据教育技术学的内容来确定其应包含哪些方面。主要包括硬环境和软环境，在多媒体教育时期，主要涉及多媒体投影教室、多媒体教学资源等。但在本次统计数据中没有体现。

4. 应用问题分析

对1090篇文献进行阅读和筛选发现有212篇文献中提到了应用问题的讨论。笔者归纳总结所有大致包括研究技术本身的应用问题和学校、教师、学生应用的问题。而之后的两个时期应用问题分析部分也将从这两方面进行。

在本时期的76篇文献中，经过筛选剩余21篇文献有提到教育技术应用过程中出现的问题。研究技术本身问题占23%、学校问题占14%、教师问题占45%、学生问题占14%和其他占4%。可以看出教师在技术应用的问题最多，这与这一时期教师作为体育课程的主导的地位相符，也说明教师是教育技术应用的一大影响因素。1999年陕西汉中的雷宗怡和深圳莲花中学的刘伟就关于运用多媒体进行体育辅助教学应注意的问题中谈道："教师不能因多媒体的先进而排斥传统教学媒体的落后，应扬各种教学手段之长，根据教学内容和性质，教育对

---

① 苏全忠. 体育教学挂图简易制作法 [J]. 成都体育学院学报，1991（2）：25.
② 汪剑，陈文菁. 略谈GasioFX-180P、FX-3600P计算器在体育教学中的运用 [J]. 江西教育学院学报（自然科学），1994（6）：57-60.
③ 马莉. 谈电化教学手段在体育教学中的运用 [J]. 商洛师范专科学校学报，1996（2）：75-76.

象的认识水平和现有媒体的种类、特性,准确选择的基础之上实施综合运用。"①

而技术本身的问题也是当时一个讨论的热点。在那个时代,如多媒体计算机的作用要比传统媒介传播性更强,但是它不能取代教师的重要作用,教师不像计算机一样只能进行固定的程序化教学,教师是灵活多样的,而计算机这类技术其主要作用是作为辅助手段。这时期的学校的问题主要在电化教学中的设备管理、投入经费等方面。而学生主要是受到新兴教育技术的吸引,而不去关注教师的教学。

总的来说,这一时期技术应用的问题主要体现在教师应用上和技术本身与体育教学的适用性上,在学生和学校方面谈及较少,这与当时的体育教学的理念和应用的技术单一且目的不明确等都有关系。

四、深入发展时期:教育技术应用多元化

(一)教育技术在体育课标与教学大纲中的内容体现

进入 21 世纪,教育部发布了以"素质教育"为导向的《九年义务教育全日制小学体育与健康教学大纲(试用修订版)》《九年义务教育全日制初级中学体育与健康教学大纲(试用修订版)》《全日制高级中学体育与健康教学大纲(试用修订版)》。2001 年《义务教育体育与健康课程标准(实验稿)》确立"健康第一"的指导思想和新的课程理念,成为体育课程改革的开端。2011 年教育部对其重新进行修订,明确了学生掌握运动技能实践的重要性。2017 年《普通高中体育与健康课程标准》正式提出体育学科核心素养,如表 4-4 所示。

---

① 雷宗怡,刘伟. 运用多媒体进行体育辅助教学应注意的问题 [J]. 汉中师范学院学报(自然科学版),1999,17(2):74-76.

表4-4　课标和大纲中有关教育技术应用的原文与所处位置

时间	名称	内容	位置
2000年	全日制普通高级中学体育与健康教学大纲（试验修订版）	有条件的学校，应充分利用现代化教学设备和手段，改进教学	四、贯彻执行大纲的要求
		有条件的学校，应充分利用现代化教学设备和手段，改进体育与健康教学	
2003年	普通高中体育与健康课程标准（实验）	利用互联网资源为体育实践服务	三部分　内容标准
		运用多媒体教学手段辅助教学以及利用和开发体育与健康资源的能力等	
		还有教师教学用书、挂图、卡片、图片、幻灯、音像资料、多媒体教材等，本部分仅针对教科书提出参考性编写建议	第四部分　实施建议
		学校应指导学生充分利用图书馆、阅览室和各种媒体（如广播、电视、网络等）获取体育与健康的信息，使学生不断获得新的知识和方法	四、课程资源的利用与开发建议
2011年	义务教育体育与健康课程标准	学校和教师应指导学生充分利用图书馆、阅览室、各种媒体（如广播、电视、互联网等），多渠道地获取体育与健康的有关信息	（五）信息资源的开发与利用

续　表

时间	名称	内容	位置
2017年	普通高中体育与健康课程标准	综合运用讲授、讨论以及观看跳远动作技术视频、图片、录像等多种手段和方法	四、课程内容
		对学生的动作学习与展示进行录像并播放视频	
		教材编写应特别注重与现代信息技术的融合，充分利用多种信息技术手段，指导学生通过多种途径运用丰富多样的音频、视频等数字化资源，使教和学更加生动、有效	六、实施建议
		鼓励有条件的地区或学校尝试利用信息技术（如手机运动应用软件App）记录学生生活中的自主锻炼情况等信息	

　　首先，在内容方面，现代化教学手段的提出给了一个明确的方向，这里提到的现代化教学手段是对于传统教学手段而言的。尤其是以计算机和网络等新兴技术为核心的教学模式为教育打开了新的窗户。该时期的文件中不仅提到关于利用互联网资源、现代信息技术为体育服务的内容，还提到了教师教学用书、挂图、卡片、图片、幻灯、音像资料、多媒体教材等视听与多媒体设备的内容。以前出现过的教育技术设备都经过实践保留下来继续为体育课服务，这说明了技术发展与应用的延续性。2003版和2011版课标提到，在学校层面与教师层面培养学生对于健康知识和体育技能的信息获取要从目前所建设的校园图书馆、阅览室以及各种信息平台入手，并鼓励尝试利用信息技术（如手机运动应用软件App）记录

学生生活中的自主锻炼情况等信息，体现了以学生发展为核心的教学理念。利用新兴的技术手段引导学生学习知识，关注学生发展是非常有效的做法，突出了教育技术对学校体育具有重要作用。2017年版以及2020修订版《普通高中体育与健康课程标准》都在文件附录中加入关于信息技术应用于体育课堂中的案例，在体育与健康课程教学中综合应用平板电脑、运动智能手环、网站和多媒体等新兴技术，促进学生体育与健康线上线下学习的深度融合，提高了学生的学习效果，也有助于培养学生的信息素养。

其次，依旧观察教育技术应用的内容所在位置及频次，发现"课程资源与信息资源的开发与利用""实施建议""课程内容"各2次，"贯彻执行大纲的要求"和"附录"各1次。与上一个时期的变化是专门提到课程资源与信息资源开发与利用的问题，这是我国学校体育中的重点工作，是一个亟待解决的问题，应该得到充分的重视。因为这一块主要涉及学校或老师引导学生去自主学习知识，培养学生探索知识的精神与良好学习知识的习惯，同样符合"以学生发展为核心"的教学理念。当然课程与信息资源的开发需要根据各地和各学校的实际教学情况，发挥它们的优势作用。而"附录"中第一次列出的案例是教育技术与体育教学深度融合的体现，为我们描绘了未来体育课的发展方向，起到重要的指引作用。2020年修订版中的附录案例更是和时代背景结合紧密，题为"为提高学生的信息素养而创设线上线下深度融合的体育学习情境"，充分考虑了学校体育课应该如何线上线下融合学习的问题。

最后，该历史时期的教育技术在体育课标和大纲中的发展呈现出以多媒体和信息技术为主。涉及的现代化的设备种类增多，涉及的教学方面主要变化在课程资源和信息资源开发与利用上，还为教育技术应用到体育教学提供了案例，给出了未来体育课教学发展方向。同样这并不能完全揭示当时的教育技术与体育学科的融合情况，下面依旧从《中小学体育器材设备配备目录》中进行进一步的研究，看看又有哪些新兴技术设备被归入该配备标准中。

（二）教育技术在《中小学体育器材设施配备目录》中的内容体现

这里我们依旧来通过分析国家发布的关于中小学体育器材的政策文件中必、

选配备的体育器材项目，结合应用实践来探究这个时期都有哪些技术设备应用到学校体育中。

1. 《中小学02目录》

《中学体育器材设施配备目录》和《小学体育器材设施配备目录》（以下简称《中小学02目录》）是对教育部1989年颁布的《中小学体育器材设施配备目录》的修订，时间跨度近13年，《中小学02目录》主要是为了适应新世纪、新时代的学校体育发展要求，符合2001年中小学《体育与健康教学大纲》的精神进行修订的。

《中小学02目录》依旧分为必配类和选配类两大类内容，但两大类内容下又细分一类必配（选配）、二类必配（选配）。相比《中小学体育器材设施配备目录》，《中小学02目录》中的器材种类和涉及的运动项目有较明显的增多。中小学中一类"必备类"教学器材设施有广播体操挂图、录音机、计算器，二类"选配类"新增多媒体设备。基本反映了当时学校体育的应用现代教育技术的情况。

2. 《中小学器材场地标准》

2005年教育部发布的《中小学体育器材和场地》（国家标准）（以下简称《中小学器材场地标准》）于2005年和2007年分别对足篮排球、健身器材等22种中小学生使用的体育器材在规格、产品级别、质量、安全、环保等方面提出了比较科学的量化标准。《中小学器材场地标准》是义务教育阶段中小学校体育器材配备的规范性文件。该文件的下发，使中小学校体育器材配备工作更加科学、规范，是配备工作良好进行的关键。

本《中小学器材场地标准》中主要对体育课"核心器材"进行标准的规定，而用于辅助教学的器材不涉及其中，值得注意的是在文中的第12部分：学生体质健康测试器材中，我们看到了信息技术装备的影子。这些设备是单独或连同辅助设备一起，专门用于在校学生进行体质健康测试的测量器材或器具，其类型可以分为两种：电子和机械。其中，电子类为主要的测量类型被教育部门所使用，电子类中网络型的测试器材，应当能够安全、完整、准确地存储测试数据，其中包括被测试者的身份证件代码和检测时间，或将数据经由网络传送至指定区域的计算机进行统计，并以教育部统一的文件形式保存。通过对学生的各项身体指标进行测试，定期对学生体质进行体质检查，可以帮助学校和广大的家长对学生的身体状况进行监测，从而促进学生的身体素质。

3.《2016体育器材标准》

结合目前我国城乡间的发展差异，为了进一步保障每一名学生的体育教育学习权利以实现现代化的教育公平，教育部发布了《初中体育器材设施配备标准》和《小学体育器材设施配备标准》（以下合成《2016体育器材标准》），两份文件和之前的《中小学02目录》等政策文本，都提到了对体育教学装备的建设问题。体育教学资源和装备主要分成了基本类和选配类，基本类顾名思义即为学校体育教学所必备的硬件、软件设施与资源，选配类是在基本类实现的基础上，为了促进体育教学的优化发展而进行的进一步升级，目的在于因地制宜地推动不同地区的学校体育教育协同发展，不断促进教育技术和设置的现代化发展，实现体育教育教学的高质量发展。

和之前一样，关注到内容方面，在《2016体育器材标准》内分别附加小学和初中体育配备表，里面有更为详细的体育器材设备。其中，应用类教育技术器材设备有视频展示台、电视、交互式电子白板、交互式教学触摸一体机、投影机、计算机、摄像机、照相机、打印机、录放音机、扩音设备、体质测试类（电子测试仪）、人体成分分析仪、挂图、软件及资料。以上小学和初中的配备标准均一致，初中体育器材配备标准中有一项小学没有的项目：定向越野，这个项目所使用的器材也具有信息技术的特征。其配备器材为初中定向越野套材（起点站1个，终点站1个，清除站1个，主站1个，中间站15个；计时卡50个，可存储40个站点数据以上；适合学生使用，国际定联比赛标准制作），从器材内容来看，不仅比《中小学02目录》中的器材多而且所涉及的教育技术包含了传统体育教学所使用的器材，如挂图；视听媒体技术器材，投影机、电视机、录放音机等；多媒体教育技术器材，交互式电子白板、交互式教学触摸一体机、多媒体软件、多媒体教学光盘等；信息技术教育技术器材，计算机、体质测试类（各种电子测试仪）、人体成分分析仪、定向越野套材等。还引入大量健身房训练器械，哑铃、卧推架、可调式腹肌板、深蹲保护架、综合训练器和人体成分分析仪等，《2016体育器材标准》还首次把体质健康测试器材以及教学软件标注进来，这都是与以往不同的。

从以上内容来看，随着经济的发展，体育教学设备的质量和水平将会持续、迅速地提高。同时也看到了我国学校体育与现代教育技术的融合进度是非常快的，并且其国家要求配备的体育器材非常具有自身学科特点，适应了信息化时代的发展潮流。但是学校体育能否借助各种教育技术进行翻天覆地的变化和有着更好的发展？这是目前我国学校体育教学的一大难题。

（三）教育技术在中小学体育教学应用文献中的内容分析

1. 技术类别分析

从2000年到2018年这19年中研究者关注应用在中小学体育教学中的教育技术类别统计结果，其中有49％是关于视听媒体技术设备的研究，有35％是对多媒体技术设备的研究，有16％是涉及新兴的信息技术设备的研究。可以明显看出到了21世纪，技术类别的明显的变化。与1978—2000年22年相比，关注视听媒体技术占比由69％下降到49％，关注多媒体占比由27％上升到35％，关注信息技术占比由4％上升到16％，并且这是基于799篇文献量的情况下做出的百分比，而之前是基于76篇文献。

与以往分析过程一样，首先通过这个时期关于视听媒体技术具体类目的统计结果：挂图（简图、照片，39％）、幻灯（5％）、模型（3％）、投影（3％）、电视（2％）、电影（2％）可以看出，除挂图（简图、照片）的比例由27％提升到39％外，幻灯、投影、模型、电视、电影等视听媒体以断崖式下降，如幻灯由之前16%下降到5%，电视和电影由之前9%和7%均下降到2%。这说明教育技术应用在发展过程中具有一定的适应性，用生物学术语即"适者生存"来表示。之前我们讨论过教育技术发展表现出一定的积累性，但是我们要清楚地知道，这个积累并不是全部继承过去阶段的全部技术，而是只保留其中极其有价值且一直发光发热的技术。如早已出现在课堂上的黑板、粉笔等，虽然可能在部分学校其材质形态发生了变化，但仍然是教室课堂的代表。

2. 项目类型分析

从2000年到2018年，关于教育技术应用在学校体育教学中涉及的项目类型统计结果，在具体的运动项目中：田径（182）、篮球（135）、体操（99）、足球（53）、排球（26）、武术（53）、跳绳（12）、羽毛球（9）、健康教育（30）和体能（12）。这些也都充分体现了这个时期我国学校体育教学中教学大纲所要求教学的各项运动技能，研究中应用技术在运动项目上大体与上一个时期一致，有个别运动项目的增加，如羽毛球、网球、冰雪项目等。虽然项目类型大体一致，但各项目所显示的数量和上一个研究时期有了较大的变化，主要体现在：总体的研究数量比上一年多了近10倍；"三大球"项目研究增长明显，尤其以篮球为代表，成功将体操"挤"到第三位，仅次于传统教学大项田径。这和技术的发展，篮球项目的发展以及应用适配程度高、效果好等都有关系。

2009年浙江台州市仙居中学的崔璐燕在文中提到："信息技术的应用可以使学生较快掌握要学习的技术动作；可以在篮球战术的学习及应用上给学生帮助；还可以对新的篮球技术和战术加以创造[①]。"

同时武术等民族传统体育项目也有了较多应用的研究。这与学校体育教学大纲中重视民族传统体育项目以及项目本身特性有很大关系。

2011年张胜利等人的文章中谈道："武术套路与人体三维动画可以实现直观和微观两个层面的契合。应用三维动画可以实现武术套路三维立体教学，使武术

---

① 崔璐燕.信息技术在体育教学中的应用——以篮球为例[J].企业家天地，2009（2）：78-79.

技术动作更加立体、直观，可以辅助套路难度技术动作创新，辅助学习新难度动作①。"

和武术等民族传统项目有所不同，冰雪项目是随着2022年北京冬奥会的申办成功开始的，并且经过较长时间，逐渐进入学校体育教材中，成为教学新项目。但是由于其项目的特殊性，直到最近几年才逐渐开展起来，因为其项目要求硬件教学环境较为特殊，普及教学的程度不够高，因此体育课上主要以课件等方式进行教学。

对于体能方面21世纪以来逐渐有了相关技术应用的这片领域，但是数量不多。中小学阶段是学生身心发育的关键时期，除了要重视科学文化知识的学习，还要重视心理和生理的锻炼。处于这个阶段的学生，身体各个部位开始发育，教师要注意带领学生进行体育锻炼，通过适当的活动来增强学生的体能，帮助学生更好地提高自身的身体素质。在体育教学中，教师可以利用多种形式的运动来增加学生的运动时间，从而提高学生体质健康水平，促进他们健康成长。同样对于健康教育部分，这一时期相比之前有了较大的增长，说明更多人关注到现代教育技术应用到学生身心健康知识的传授。

互联网时代，将网络心理健康教育融入小学生心理健康教育，迎合时代发展的潮流，符合教育信息化发展的趋势，是建设教育强国的途径之一②。

总的来说，教育技术在应用的项目上，无论是在应用的项目数量还是在与技术结合的深度两方面看，发展趋势无疑是逐渐增多的。这其中有研究新兴运动项目的也包括传统的运动项目与新技术结合的。随着人们对教育技术与学校体育教学结合有了更加深入地认识，对积极推进学校体育教学的改革有重要作用。

3. 教学要素分析

2000—2018年这段时期，关于示范法的研究占35%、讲解法为29%、游戏

---

① 张胜利，闫民，张玉彬. 三维动画在武术套路教学与训练中的应用 [J]. 体育学刊，2012，19（1）：90-92.
② 张婷玉，赵慧莉. 互联网背景下小学生心理健康教育的思考 [J]. 西部素质教育，2021，7（22）：103-105.

法为 10 %、情景法为 7 %、分解法 6 %、直观法为 6 %、竞赛法为 25 %以及纠错法 2 %。

总体上看，学校体育教学方法在这一时期都涵盖了，两个时间段的教育方法种类大体一致，只是个别方法的占比有所不同。而与上个历史时期的教学方法相比，由之前只涉及 5 种教学方法增加到现在 8 种教学方法。主要增加了游戏法、情景法与竞赛法。可以看出，体育教师在应用教育技术的时候给体育课堂带来了更为具有沉浸性、趣味性、竞争性的特点。

我们发现示范法和讲解法的占比一直处于前两位且二者共占 64 %。表示教育技术在体育教学中应用时讲解和示范法被作为最重要的教学方法。而这两种方法往往放在一起进行教学的应用，被称为讲解示范法。二者紧密配合教学是体育教师必须掌握的方法。讲解主要是体育教师的口头语言（声音），这里成为语言符号信息。而示范主要是动作语言（视觉）。视觉符号常常用于辅助语言符号，利用现代教育技术，打破时空的局限，以语音、图形等符号化的方式，将技术动作的动态过程表现出来，从而为学生提供了一个具体的学习内容。

关于教学内容和教材方面，这一时期教材形态的变化较大，主要体现在体育教材电子化与数字化的发展上。体育教材的电子化与数字化打破了传统的纸质图书的桎梏，将体育教学从静态的单一向动态的多元转变，不仅能适应现代大学生对体育的多样化要求，而且能提高学校的体育教学质量。

4. 应用的问题分析

在本时期的 799 篇文献中，经过筛选剩余 136 篇文献有提到教育技术应用过程中出现的问题。研究技术本身问题占比 18 %、学校问题为 10 %、教师问题为 46 %、学生问题为 23 %和其他 3 %。可以看出，谈论教师的技术应用的问题依旧最多，但是问题的方面比之前更加多样了。首先，中小学体育教师对新兴的教育技术的定位和应用价值认知不足。这是最有重要的问题，教师对技术的了解程度的高低以及应用态度等理念上的问题直接影响了技术应用的效果。所以应从中小学体育教师的应用意识与态度、信息知识的学习掌握以及应用课程创新设计等方面进行组织培训甚至考核。其次，中小学体育教师应用教育技术进行教学时的目的不明确和滥用技术现象较多。目的不明确和上个历史时期一样，体育教学教育技术是为了辅助教学，使得体育课堂更加高效有趣。但应用中时常出现滥用技术，过度依赖技术，且应用技术形式化严重等现象，这就失去了应用教育技术的真正价值。最后，体现在体育教师教学时忽略学生的实际情况的问题。这与之前两个问题息息相关，学生是学习的主体，一味地灌输填鸭式教学方式早已不适用现代的教育形式。应根据学生实际情况适时调整教学进度，通过应用教育技术与学生相互交流等方式来提高课堂质量。

这一时期，关注学生也比之前多，从上一个时期占比14%提高到23%。学生方面在体育课堂应用教育技术的问题上在这个时期的主要体现：学生更喜欢室外的体育课，而对体育理论课和体育知识、技巧、规则的教学兴趣不高。这当然也与教师的应用水平以及教育技术与体育理论课的整合不完善等有很大关系。还有学生对体育健康知识以及优质的内容的获取渠道较少，而且中小学这个阶段的学生正处于生长发育期，认知水平较低，互联网的内容参差不齐。因而教师应该多做这方面的引导，且授之以渔不如授之以鱼。关于技术本身的问题，随着教育技术设备的不断增多，问题也越多，主要体现在技术发展的限制。例如，由于当时的技术限制，21世纪初的计算机功能以及互联网或移动通信技术并不发达，就会出现体育课件制作的课件容量小、优质知识信息获取难、课下交流不方便等问题。多媒体辅助课件受其技术发展水平和软件制作手段的制约，在教学过程中存在以下5个方面的问题：课件在某些非逻辑判断方面无能为力，课件对学生的学习缺乏监督，课件不能与学生形成情感交流，课件无法实现德育教育功能，课件缺乏对突发事件的控制能力等[1]。对学校组织方面的问题的研究依旧较少，其中包括中小学体育工作中的投入经费少、设备短缺、上课空间小以及基础的网络建设等问题。

总的来说，随着教育技术的进步，对中小学体育教学的重视等，这一时期技

---

[1] 王润平.多媒体技术在体育教学中的若干思考［J］.西北师范大学学报（自然科学版），2003（4）：112-114.

术的应用问题越发多样，问题从浅至深。也说明了教育技术与体育教学的融合是很艰难的，但随着学校体育工作的开展，问题会一步步解决。

五、飞速发展时期：教育技术应用浪潮化

（一）教育技术在体育课标与教学大纲中的内容体现

2022 版《义务教育体育与健康课程标准》中涉及与教育技术相关的语句或段落如下：

三、课程目标

经常观看体育比赛，并能简要分析体育比赛中的现象与问题；形成积极的体育态度，提高分析问题和解决问题的能力。

四、课程内容

积极开发和利用健康教育课程资源，如应用健康教育的课件、图文资料、音像制品等进行教学；知道所学球类、田径、体操、水上或冰雪、中华传统体育、新兴体育类运动项目比赛的观看方式和途径；每学期通过现场、网络或电视观看不少于 8 次所学球类运动项目的比赛，如观看班级内、校队、全国或国际比赛等。重视多种教学方式的综合运用。除示范讲解外，应注意运用现代信息技术手段，如借助动作技术视频、比赛录像，帮助学生了解田径类运动项目的动作技术特点。运用现代信息技术手段开展体操类运动项目的教学，如引导学生使用体操相关视频资料分析动作技术的特点等，培养学生的信息素养及分析问题和解决问题的能力。引导学生运用现代信息技术手段拍摄所学水上或冰雪类运动项目的动作视频。重视引导学生运用现代信息技术手段，制作水上或冰雪类运动项目的动作技术展示视频，利用慢动作回放分析动作技术要领，建立清晰、正确的动作技术概念和运动表象。借助现代信息技术手段展示和模拟动作，帮助学生理解所学中华传统体育类运动项目的知识与技能。配合音乐进行单人单绳组合动作技术的创编与展示。结合信息科技相关知识，在体能和运动技能学练中，通过建立成长观察、成长记录的电子档案。

六、课程实施

运用信息化教育手段和方法。在教学中，根据小学生感性认知能力强、初中生感性认知与理性认知快速发展的特点，积极开发与利用多种现代信息技术，开展微课、慕课、翻转课堂等教学，帮助学生通过线下线上相结合的方式，打破学习的时空壁垒，拓宽体育与健康课程的学习视野。加强运用现代信息技术开展实时和精准的评价。教师可以充分利用信息技术跟踪学生的学习过程，采集数据并基于数据分析结果，及时反馈和评估学生的学习情况，如利用运动监测设备记录学生的课堂行为表现和运动负荷，准确分析和评价学生的运动能力等。应根据内容需要，开发相应数字演示资源，嵌入教材中。充分利用现代信息技术，重视纸质教材与数字资源优势互补。应指导学生充分利用图书馆、阅览室、各种媒体（如广播、电视、互联网）等，多渠道获取体育与健康的有关信息，丰富学生的健康知识以及与体育文化和体育精神有关的知识，帮助学生学会学习和锻炼，形成健康的意识和生活方式。各地还应加强区域教研，尤其是县级教研，可以积极运用现代信息技术开展网络教研，提高体育与健康教研的成效。

（二）教育技术在《中小学体育器材设施配备目录》中的内容体现

2016年的《"健康中国2030"规划纲要》提出"到2030年，学校体育场地设施与器材配置达标率达到100％。" 2020年10月公布的《关于全面加强和改进新时代学校体育工作的意见》（以下简称《意见》），明确提出"补齐师资、场馆、器材等短板，促进学校体育均衡发展。" 2020年12月，教育部发布《普通高体育与健康教学器材配备标准》（以下简称《2020高中体育器材标准》）。提到："本标准立足我国学校体育改革发展的整体现状与基本要求，以《普通高中体育与健康课程标准（2017年版2020年修订）》规定的课程目标与课程内容和学业质量为依据，遵循体现普通高中体育与健康教育教学规律与特点，综合考虑我国国情，针对我国普通高中学校开展体育与健康教学以及课外体育活动、课余体育训练、校园体育竞赛所需的器材、装备等物质条件做出了明确规定。"

关注到内容方面，通用类体育器材：智能运动臂环、智能运动胸带、智能运动脚环（配备要求：选配。使用要求：与数据平台配套使用）扩音设备。体能类体育器材：身高体重、肺活量、握力、坐位体前屈、仰卧起坐、台阶试验、立定跳远、跑步、跳绳、引体向上、实心球等测试仪，人体成分分析仪。健康教育类：台上计算机、便携式计算机、（配备要求：必配。使用要求：①放置在方便教师操作的位置；②妥善收纳连接电源和其他硬件设备的电源线、数据传输线，避免安全隐患）交互式教学触摸一体机（配备要求：必配。使用要求：①安装在教室合适的位置或采用移动支架，便于使用；②固定安装应考虑使用时教室灯光对屏幕的影响；③安装时应考虑室内电源和宽带网络接口位置和距离，以及连接数据传输线的方便与安全）、高中体育与健康教育挂图、广播体操教学挂图、高中体育与健康教育教学软件（配备要求：必配。使用要求与计算机、触摸式一体机等硬件设备的操作系统兼容）、高中体育与健康教育音像出版物。

（三）教育技术在中小学体育教学应用文献中的内容分析

1. 技术类别分析

2020年，中小学体育教学方式发生重要改变，从开始的全面线上教学转到线上线下结合教学。视听媒体技术进一步由49%下降到41%，多媒体技术保持占比不变为35%，信息技术由16%提升至24%。可以看出，体育教学方式有了较大改变，线上或线上线下结合的体育教学方式应用现代信息技术的比重有较大提升。

与上个时期的技术相比，新增了许多新兴技术的应用，如在其他分类中的微信、可穿戴设备、VR、AR、5G移动通信技术等。这一类技术可以远程线上进行体育教学与监测的同时，相比之前传统的线下体育课带来了极大的乐趣性和智慧性。例如，如今我们有了VR课堂，利用的正是VR允许多元参与者在同一个环境中交流的技术，这也许是快乐体育实现的一个突破[①]。但同时技术的应用也带

---

① 崔仁争，周美芳. VR技术在体育中的应用现况调查研究［J］. 当代体育科技，2017，7（32）：156；158.

来了许多问题，如体育课程教学面临场地、设备、器材不足，课程资源质量差的困境；混合教学缺乏师生之间的有效互动，合适的监督机制以及良好的评价体系；混合式教学中，家校协同存在一定的难度。

从整体的技术数量种类上来看，较之前有了非常多的新兴技术在学校体育教学中应用。技术类型的增多与技术的发展有一定的一致性，但是视觉媒体挂图仍占有最大比例这一点可以看出教育自身具有较大的"惰性"，尤其在学校体育中。新兴技术真正乃至广泛应用到教育的过程所需时间相比其他行业更为长久，说明技术敏感度极低。因此，每一项新技术的问世，都会引起教育界人士的激烈讨论，期望新科技能为教育带来新的变化，但是要将其推进到教育中去，还需要很长一段时间。

2. 项目类型分析

从2018年到2021年，关于教育技术应用在学校体育教学中涉及的项目类型统计结果，在具体的运动项目中：田径（75）、篮球（51）、体操（35）、足球（20）、排球（12）、武术（16）、跳绳（9）、羽毛球（6）、乒乓球（5）、冰雪项目（16）、健康教育（25）和体能（18）。这些都充分体现了这个时期我国学校体育教学中教学大纲所要求教学的各项运动技能，研究中应用技术在运动项目上与上一个时期一致，减少了游泳项目的统计而增加了乒乓球项目。通过统计，2020年的研究项目和这个时期整体上没有较大出入。在之前的时期笔者已经对大部分项目进行了描述与解释，本部分仅对个别有较大增量的项目做分析，如冰雪项目、健康教育和体能。

这一时期的冰雪项目，比上个时期关注数量有了较大提升，这与2022年北京冬奥会的举办有着密切相关性。而近几年在学校体育工作中关于推进冰雪运动进校园是一项重要内容，对深化体教融合、加强和改进学校体育工作，尤其是补齐冬季运动项目在校园的短板，促进教育高质量的整体提升具有十分重要的作用和战略意义①。

而体育健康知识与体能在数量上的增长和近几年体育课程标准和教学大纲要求有很大关系。中小学体育课可以通过远程视频会议以及展示体育健康知识相关课件内容进行对知识与体能的教学，把以前的室内体育课改为线上体育课。

总的来说，2018年以后，我国中小学体育教学内容方面深受社会背景，如冬奥会所影响。

3. 教学要素分析

2018—2021年这段时期教育技术对教学方法要素的影响，关于示范法的研究占36%、讲解法为33%、分解法10%、游戏法为10%、竞赛法为6%、纠错法5%、情景法为4%、直观法为4%以及直观法2%。

总体上看，学校体育教学方法在这一时期都涵盖了，教育方法种类与上个时期一致，只是个别方法的占比有所不同。

在其他教学方法中，由于线上教学缘故，之前学校体育教学一直采用的游戏法和情景法的研究比例有所下降。而纠错法有所提高是因为，一些体育教学作业或者学生练习动作的纠正过程需要运用现代教育技术手段来进行检查和监测。

关于教学评价方面，在信息化高度发展的当下，由传统体育教学评价逐渐转到以体育教学评价结合信息技术形成的带有"互联网"属性的现代体育教学评价形式。这一时期在教学过程中应用新技术对体育课堂学生学习情况进行监测与分析，如作为学生体质健康测试数据服务定制的相关运动监测类软件（App），它可以从后台数据管理平台调取实时数据，能为学生提供实时的数据便于查询，并发放相关健康指导意见，最后通过体育教师的解读传达给学生，形成课堂过程中实时评价。体育教学在线上网络环境进行时，学生在按照教师提出的标准要求下，以视频汇报的形式上传体育作业。教师通过在线点评，多次反复播放观看学

---

① 许弘. 北京2022年冬奥会和冬残奥会背景下冰雪运动进校园的现状、思考与展望［J］. 体育科学，2021，41（4）：41-48.

生提交的作业，可以更加客观有效地评价学生所学[1]。

关于教学环境方面，这个时期学者关注点不仅涉及多媒体教室环境、校园网有线电视网等，还涉及，如软件系统、智慧教室、智慧校园等。随着智慧校园的不断发展，体育教学设备也从单一的直观教具、书本向平板电脑、手机、多媒体等转变。

在应用智慧环境进行体育教学时，不是简单地应用，而是高层次地融合与主动参与，是信息技术与体育课程的整合[2]。智慧环境与学校体育教学整合，教师可以科学地设置学生练习活动的情境，让学生最大限度地活跃起来，积极主动地参与练习，学生可以自主地选择自己所喜爱的体育项目[3]。

4. 应用的问题分析

在本时期的205篇文献中，经过筛选剩余55篇文献有提到教育技术应用过程中出现的问题。研究技术本身问题占比33%、学校问题7%、教师问题40%、学生问题18%和其他2%。可以看出，谈论教师的技术应用的问题依旧最多，但是所占比例有了些许下降。除上个时期谈到的问题外，本时期所体现的新问题有：教师方面，教师制作的课件质量低，影响了学生的学习效率，如现有小学体育微课的呈现形式多样，但在音质、视频清晰度、流畅度、后期编辑等技术处理上还有待提高[4]；关注中小学体育教师的性别和年龄方面，如怀孕或生理期间影响体育正常课程，年龄的增长对应用技术的排斥等，随着体育中考和体质健康测试的要求越来越高，中小学体育教师更加注重学生体育成绩，没有积极运用信息技术的意识，也较少将技术与课堂教学进行整合，让学生对体育考试测试项目产

---

[1] 苏建菲. "互联网+教育"环境下体育教学评价形式的发展应用研究[D]. 广州：广州体育学院，2020.
[2] 徐礼，王敏，刘珊，等. 智慧环境对高中体育教学的影响研究[C]. 十三五规划科研成果汇编（第二卷）. [出版者不详]，2017：268-272.
[3] 陈长年，张春华，谭延顺，等. 学校智慧环境对走班制体育教学的影响研究[C]. 十三五规划科研成果汇编（第四卷）. [出版者不详]，2018：1428-1432.
[4] 陈学丽. 小学体育微课设计现状的研究[D]. 南京：南京师范大学，2018.

生厌倦的心理情绪①；对体育教师信息素质欠缺问题的讨论，同时还提出体育课堂长期的信息技术空白，使得很多教师对体育课堂应用信息技术感到无从下手，这也充分暴露出我国学校体育工作的问题，即体育信息化推进速度缓慢的问题。

这一时期，关注技术本身问题增多，占比由之前的 18% 飞速提高至 33%，其中的主要原因在于，教育信息化 2.0 阶段，技术有了更为深远的发展，2019 年是 5G 通信技术的发展元年，信息技术的浪潮来临引起极大关注。而与新兴的信息技术相比，我国中小学体育教学让利用多媒体手段较多，信息技术手段较少。成都市龙江路小学的廖芸在研究中发现，大多数学校目前都有利用互联网多媒体的手段参与课堂教学，但将信息技术运用到体育教学中的比例较低②。这种情况加大了人们对技术的关注，并纷纷提出对策与建议。还有比如观看平板电脑影响了教学秩序、缩减了教学时间，并且平板电脑数量决定了观看效果③；虚拟现实教育入门学习的门槛太高等问题。

学生和学校方面，面临新的问题。线上教学极易引起学生上网过度，自制力较差的学生可能会玩游戏等，从而耽误学习。还有学校禁止学生玩手机等电子设备，一方面不利于学生通过网络学习，另一方面也会对体育 App 等健康类软件的应用造成阻碍。学校主要是信息学习资源方面，设施配置不够完善，使得教师和学生获取知识等资源途径单一。

第三节 信息技术在中小学体育教学应用的影响因素

一、初创时期：教育技术缺乏实践发展

任何时期的传播技术对教育的影响均需要通过此技术在其应用后才能显现出来。要想探究技术在教育中应用的影响因素，就必须找出促进此项技术的教育应

---

① 刘维烨. 南京市高中体育教师 TPACK 水平研究 [D]. 南京：南京师范大学，2019.
② 廖芸. 信息技术时代学校体育发展路径探析与思考 [J]. 亚太教育，2018（2）：42-45.
③ 马兆明，李晓玲. 基于全国优秀体育观摩课审视中学体育教师执教能力研究 [J]. 宁夏大学学报（人文社会科学版），2020，42（5）：158-162.

用动机。教育中为什么使用技术？技术在教育过程中起到一个什么样的作用？新的技术为何会加入教育的应用去？这些问题相信通过研究完影响技术在教育中的应用的诸多因素后就可以解答了。影响技术在教育中是否会应用的因素是人们不断追问的话题，在宏观层面上，新兴的媒体技术与教育的需求有相迎合的方面，但是在学校体育方面应用有所缺失。可能有的个别地区和学校有所应用新兴的电化教育传播技术，但现象并不普遍。因为从这一时期国家教育机构的政策文件上，没有任何体现，由此可以判断这时期中小学体育教学没有与电化教育很好地结合，更具体地讲在学校体育教学实践中发展困难，而就其影响因素进行分析，发展困难的原因主要有以下几个方面。

（一）教育机构与民众对学校体育应用新型媒体技术重视不够

由于缺乏对视听媒体技术的关注，加之人们对其的认知程度低等原因，都会对视听媒体教学技术的应用发展产生不利影响。民国时期，教育机构和先进的教育学者都在宣传电化教育，提到用电影作为教学工具，而现实生活中可以用的教学影片几乎没有，基本上把这种新的媒介技术排除在学校教育之外。更别说学校体育了，在民众的心中，电影仅仅是生活娱乐消遣的工具，这种片面的印象阻碍了电影教育在学校体育乃至学校教育的发展。

其实这个时期教育部认识到电影与播音教育的重要性，20 世纪 30 年代我国电影与广播教学协会与教育委员会相继成立。电影播音教育虽被列为我国教育行政的范畴，但电影播音教育一直被归入社会教育的管辖范围，且仅靠一些热心的从事于教育电影的人士努力，而不实际大范围地推广电影播音教育这是不够的，这也说明教育部门对电影播音教育在学校教育中的作用重视不够。从这时期几十年中央政府与学校体育相关的政策文件和任何电化教育相对应的政策史实来看，基本可以证实这一观点。

（二）本时期学校体育的历史角色与体育学科定位特殊

北洋军阀时期，我国的学校体育仍然沿袭了以前的"军国民"思想，各地方的体操课实际上就是军事训练课。这种把体育课服务于军事训练的思想贯穿了几十年,学校体育在战乱时期蹒跚而行,同时又沦为政治、军事工具。国民党政府虽在1932年颁布了《国民体育实施方案》等发展学校体育的政策,但体育经费确少得可怜[①]。因战争和阶级斗争的频繁发生,革命根据地的学校体育始终无法摆脱政治军事色彩,因此新兴教育媒体技术应用于中小学体育教学的发展受限。

总的来看,这个时期的中小学体育教学,从一开始其历史角色定位就非常特殊,与其他文化学科形成了强烈的对比。体育与军事二者伴随整个视听媒体发展时期,这就限制了新兴媒体技术在学校体育中的大范围的推广应用。学校体育的历史角色和定位是一个极大的限制因素,这在后面几个时期的影响因素分析中都会提到。

(三) 电教经费严重不足且教学器材和电气能源匮乏

1936年,教育部把电化教育列入国家施政计划,而也就是从这开始在国家教育预算经费中才涉及电化教育。虽然其后逐年经费投入有所提高,但是毕竟采用新兴的教育器材需要较大的经费投入,再加上多年战争,各方教育机关及地方各级学校在教育预算明显不足的情况下,具体到电化教育这一块,经费更是严重不足,当时的学校想要大范围转向视听教育可以称为是一种奢望,这对推进我国视听媒体技术在教育中的应用有着很大的阻碍。而具体到学校体育上,连基本的运动项目器材都难配齐,更不要说会应用价格昂贵的电影播音等设备进行教学了。

当时电化教育的发展依靠整个社会发展的大环境。电化教育所用的器材包括电影放映机和影片幻灯机及幻灯片、收音机和扩音机及唱片、电影放映机与幻灯机及收音机所用的电源等。除最少数的较大城市有电外,小城市、偏远地区电气设备极少且在战争动乱期间很难获得。

---

① 苏竞存. 中国近代学校体育史 [M]. 北京:人民教育出版社,1994:175-176.

(四) 相关视听媒体专业人才的缺乏及中小学体育师资不足

为了培养和发展电化教育的专门人才，从1936到1938年教育部门先后举办了三次电化教育师资培训班，培训二百多名学生；在此期间，虽有一些高校开设了专门的专科学校，但其培训的成效并不是很好。因此，在这段时间内，培养学生的能力不足已成为电化教育发展的一个重大课题。影视广播电视教学的发展受到了专业人才短缺的制约，且这个时期由于学校体育一直具有政治军事的色彩，"体育教师"更多时候由从事军事训练的教官担任，专门从事体育学科的教师不足。

二、奠基时期：中华人民共和国成立后教育技术发展得到政府和领导人支持

(一) 国家领导人与教育机构对电化教育的重视提高

中华人民共和国成立后的17年，我国电化教育得到了较大程度的发展，这与中华人民共和国成立后相对稳定的环境和政府与机构的重视有很大关系。但不可否认的是，这时期的电化教育的社会使命依旧很重，幻灯、广播、电影等依旧在社会的宣传和民众教育中起到重要的作用。但此时教育的需要也是电化教育事业发展的一个重要的推动力。

1959年，杨秀峰部长在第二届全国人大一次会议上作了题为《积极进行教学改革，多快好省地发展教育事业》的讲话。杨秀峰部长在讲话中指出，技术革新和技术革命运动也掀起了学校教学工具的革新运动。各级教育行政部门在有关部门的协助下，正在筹建、扩建教学仪器厂和科学教育电影幻灯制片厂，将逐步推广电化教学[①]。

不过，这其中也出现了一个问题就是中华人民共和国成立初的将近十年中，我国只在文化局下设了电化教育处，但教育部中却没有相应的管理部门。因而在

---

① 何东昌. 中华人民共和国重要教育文献 [M]. 海口：海南出版社，1998：896-898.

学校教育领域中众多高等院校起到了带头作用，而中小学在十年时间没有对应的管理机构，直到 1958 年以后，随着全国一部分省市的中小学电化教育专门管理机构的陆续建立，我国中小学电化教育工作由自发开始走向有组织的、有系统的发展。

(二) 本时期学校体育的历史角色与体育学科定位有所改观

中华人民共和国成立后，《中国人民政治协商会议共同纲领》明确指出国家体育和学校体育的目的就是："为人民服务"。毛泽东提出了学校体育"健康第一"的指导方针，使学校体育更多地关注学生的身体健康。

总的来看，在中华人民共和国成立后的 17 年中小学教育有了较为稳定的发展，电化教育也在全面地铺开建设。学校体育工作也享受到了整体国家电化教育发展的红利，取得了一些成果。

(三) 电化教育设备、相关专业人才和体育师资得到一定的补充

依旧随着中华人民共和国成立后社会各项事业的快速发展和生产水平不断提高，我国逐渐开始自己生产电化设备，这是一条发展电化教育必由之路，因为之前我国的电教设备绝大部分由国外进口。中国幻灯公司在 1952 年成立，其发展方针为：面向未来，普及第一。积极配合我国经济建设和各个时期的政治运动，有计划地进行着幻灯片的编辑和绘制工作。1953 年，该公司共发行 102 部幻灯片，其中关于教育文化的 13 部。1954 年供给一般学校作为历史、地理、自然科学教材的短片 10 部。

电化教育相关技术人才主要指的是相关专业方向的学生。这一时期随着各种有关电教的具有教育技术学专业的大学、师范学院、广播类学校、电视类学校等的发展，我国储备了很多电教专业人才。例如：1950 年文化部在南京举办电影放映人员培训班，并含有幻灯教学等内容；之后一年教育部召开高等师范院校关于开设电化教育进入课程的讨论，最终将其列入教育系的选修课程，以培养未来教师的电化教学能力。同样最早发展电化教学的金陵大学影音专修科及其全体职

员学生都并入中央电影学校（北京电影学院前身）；1957年西北师范学院教育系开设电化教育课；1963年内蒙古师范学院的李龙主讲"电影、广播与教学"选修课；等等。这些电教人才的培养为我国以后中小学电教的发展奠定了专业人才基础。

为了解决国家在中华人民共和国成立初期的师资短缺问题，教育部、高教部、国家体委等部门先后在高师院校中增设了体育系，实行了师范教育，并批准成立了专门的体育师资培训机构，后来国家体委和教育系统迅速批准成立了多所学校，但是并没有提到有关体育教师要求应用电化教育器材的相关史实。

三、快速发展时期：教育信息化进程加快、学校体育工作飞速发展

（一）政府和国家领导人的重视

我国政府非常重视教育工作的发展，同时也很重视利用各种教学媒体来促进教育事业的发展。1978年邓小平在全国教育工作会议上提到"要制定加速发展电视、广播等现代化教育手段的措施，这是多快好省发展教育事业的重要途径，必须引起充分的重视[①]。"我国政府和国家领导人多次在讲话中讲到现代化教学手段是提高教学质量、培训中小学师资、扩大教育规模等的有效措施。

1. 20世纪80年代政府和中央领导人的重视使电化教育重新起步

邓小平在全国教育工作会议上也讲到可以利用广播、电视来进行师资培训，他说道："教育部和各地教育行政部门，要采取切实有效的措施，比如充分利用广播、电视，举办各种训练班、进修班，编印教学参考资料等，大力培训师资。"

此外，李先念在1978年9月9日国务院一次会议上也指示我们"要多办夜校、函授学校，发展电化教育，想各种办法把职工和干部的文化技术水平大大提高[②]。"从讲话中可以看出，此时由于我国发展中小学教育，缺乏大量的优秀师

---

① 邓小平. 在全国教育工作会议上的讲话［M］. 北京：人民出版社，1978.
② 吴在扬. 电教要为开创教育的新局面作出贡献［J］. 外语电教，1983（1）：1-2；7.

资，党和政府把幻灯等各种教学手段的应用，看作是充分利用优秀教学师资，提高教学效果和效率的有效手段；而广播、电视则被认为是能在培训师资、扩大教育规模、培养大量人才的有力武器。在国家和政府的重视下，在党的十一届三中全会所带来的改革开放的影响下，我国的电化教育工作从1978年底开始重新起步。

2. 20世纪90年代初期信息技术设备在教育中应用得到了国家政府重视

在20世纪90年代初期国家各种教育文件中都提到要大力发展学校电化教育和广播电视教学。例如：1992年的《全国教育事业10年规划和"八五"计划要点》中指出，应积极开发电子教育和远程教育工具，国家正在计划发射一颗教育卫星，各地应积极建立卫星接收地面站，提供录音录像设备，逐步建立县市电视教育网；1993年2月，《中国教育改革和发展纲要》建议从应试教育需要得到有效的转变，需要注重学生的素质建设，将高质量的教育的概念融入其中，同时它还强调需要"积极发展学校的广播和电子学习，促进现代教学方法的使用"，建立教育电视卫星接收和发射站，在20世纪末基本建成覆盖大多数城市和偏远地区的全国教育电视网。

3. 20世纪90年代后期信息技术在教育中应用开始得到了国家政府重视

20世纪90年代后期，随着传统的视听教学媒体和远程视听教学媒体的教育应用越来越成熟，计算机、微电子、通信等技术的应用越来越受到重视。

1999年初，教育部发布的《面向21世纪教育振兴行动计划》为实施现代远程教育计划奠定了重要基础，取得了较大进展[1]。20世纪90年代末，随着中国教育信息化进程的加快，以计算机技术、网络技术、通信技术为代表的各种电子媒体教学应用逐渐成为人们关注的焦点。

---

[1] 韦钰. 抓住机遇加快发展我国现代远程教育[J]. 中国高等教育, 2000 (12): 9-13.

（二）本时期学校体育的历史角色与体育学科地位逐步提高

改革开放以来，我国学校体育工作飞速发展是有目共睹的，从国家领导人的发言和国家政府出台相关学校体育的发展政策来看，学校体育组织机构在逐步完善，形成了国家、省（市、自治区）市（州）、县（区、旗）四个层级的学校体育组织与管理机构，并配备相应的人员。管理的规范化和制度的有序化的发展过程为我国学校体育工作奠定基础。

为及时了解学生体质健康状况，1987年国务院同意建立为期四年的全国学生身体健康调查和两年一次的监测系统，该监测制度至今仍在使用。由此，我国学生体质健康评测制度正式建立了，成为学校体育中一项重要的工作项目，为日后制定相应的政策提供了重要数据依据。

学生体育考试成绩考核工作的实施，把学生体育测试成绩与升学挂钩，这对于我国学校体育学科地位有着极大的提高，虽然在这个时期实施范围不大，效果也不明显，但是这是一个学校体育事业中不可忽视的举措，对日后我国学校体育的发展有着翻天覆地的影响。

（三）教育技术专业人才及体育师资得到快速有效的补充

1977年，教育部颁布《关于加强中小学在职教师培训工作的意见》提出要建立和健全教师培训机构，其中大中城市要积极举办业余大学、广播讲座、电视大学等并举办培训班。与此同时，邓小平在全国教育工作会议上提出："教育部要采取有效措施，充分利用广播电视、举办各类培训班、进修班、编印教材等。"

从国家和领导人出台的政策和讲话中可以看出，由于我国中小学教育的发展，缺乏大量优秀教师，广播电视被认为是可以培养教师、扩大教育规模、培养大量人才的有效措施。

1978年教育部对几个教师培训项目进行了重组，强调了目前体育教师的短缺和加强制度的重要性，对体育教师的学历要求和扩大体育教师培训机会的具体措施等。1987年《修订全国普通高校体育本科专业目录的通知》将教师培训机构的容量定为 83 个，其中 66 个是为了培训体育教师，教师培训机构的学生人数被定为 5 000 人，而参加体育学校的学生人数超过了 5 000 人。在小学体育教师的培训方面，1987 年公布了体育班教学计划试验方案，对培训目标、培训期限（三年）、课程设置和时间要求、必修课和选修课的基本内容和要求、中学体育教学实践和后续的师资培训等都作了明确而具体的规定。师范教育政策加快了体育系（省）的建设，加强了教学管理，每年增加学生人数，解决了中国建设初期体育教师严重短缺的问题。

四、深入发展时期：社会发展、现代教育对学校体育提出的要求

这一时期国家对学校体育的重视主要体现在学校体育政策上。其主要特征有：学校体育政策的制定机制日渐健全、出台数量大幅提升、内容设置趋于规范、涉及范围愈发广泛、政策质量不断完善以及可执行力日渐提高等等。表 4-5 体现了部分政策文本中对于增强学生体质健康的重要论述。

表 4-5　我国对增强学生体质健康的政策文件

政策名称	具体内容
《关于全面加强和改进新时代学校卫生与健康教育工作的意见》	健康第一
《关于进一步加强学校体育工作提高学生健康水平的意见》	采取坚决有力措施，把加强学校体育工作作为今后一个时期实施素质教育的重要突破口
《关于加强青少年体育增强青少年体质的意见》	增强青少年体质、促进青少年健康成长，是关系国家和民族的大事
《国家中长期教育改革和发展规划纲要》	大力开展"阳光体育"运动，保证学生每天锻炼一小时，不断提高学生体质健康水平。提倡合理膳食，改善学生营养状况，提高贫困地区农村学生营养水平

改革开放以后，国家为直观地了解我国学生体质健康发展动态，开始推出全

国范围内的体质测试制度,但由于技术的限制,全国学生体质健康数据有效性、数据存储、分析都受限。新兴的信息技术的推广应用、测试仪器的改进以及互联网平台对数据的存储和分析,使得我国学生健康测试可以定期大规模进行,对国家制定体育锻炼标准和相关政策提供了数据支持,也为学校和家长对孩子身体健康情况有所了解。

五、飞速发展时期:国家政策、举措的推进

(一) 国家政府高度重视并推进学校体育教育信息化

在本章第一部分时期背景中有提到 2018 年开始进入教育信息化 2.0 阶段。2019 年,教育部印发了《中国教育现代化 2035》和《加快推进教育现代化实施方案(2018—2022)》。"加快信息化时代教育变革,利用现代技术加快推动人才培养模式改革成为实现教育现代化的战略任务之一[1]。"

(二) 新时期学校体育的学科地位的巨大提升

习近平总书记在 2018 年全国教育工作会议上提出:"要树立健康第一的教育理念,开齐开足体育课,帮助学生在体育锻炼中享受乐趣、增强体质、健全人格、锤炼意志。"这是新时期学校体育改革主要的目标任务。同时,学生的体育活动和体育课的成绩也会被纳入综合评估中,其中包括了升学、评优、评比等。体育考试的分数和学生的学业水平有关,教育部门也明确提出:"从现在开始,学校要将学生的体育活动情况、学生体质健康和运动技能等级纳入初中、高中学业水平考试,纳入学生综合素质评价体系。"这就意味着,未来的人才选择应该由单纯的智力衡量,逐步转向以德、智、体、美全面发展的综合素质评估。

这些举措基本代表了未来学校体育的改革发展方向,体育学科地位将会得到史无前例的提升。

---

[1] 赵海波. 我国体育专业信息化教学的时代逻辑与路径选择 [J]. 沈阳体育学院学报,2020,39 (1):39-44;60.

(三) 中小学体育教学需求

在学生教育方面,各地教育厅通知学校要利用网络平台发起线上教学。体育线上课程逐渐发展开来,对于平时极少使用的互联网媒体设备,体育老师在线教学经验严重不足,对教师应用信息技术的能力提出了较高要求。

从教育部 2020 年底发布的《2020 高中体育器材标准》的器材中就可以看出,为了提升学校体育教学效果,相比之前的器材配备标准,增加了更多配合体育教师做好线上线下上课的器材设施。在一定程度上讲,线上教学推进了我国学校体育应用现代教育技术的进程。同时也要看到体育教师学科素养的问题。

第五章 中小学体育教师使用信息技术教学意愿实证分析

第一节 中小学体育教师使用信息技术教学意愿分析概述

一、研究目的

（一）了解体育教师信息技术教学使用意愿的现状

调查广东省和山东省两地中小学体育教师信息技术教学使用意愿，对当前体育教师信息技术使用意愿现状进行描述与分析，了解不同人口学特征的体育教师之间在使用意愿方面的差异，分析其差异性出现的原因，并为后续相关研究提供参照。

（二）确定影响体育教师信息技术教学使用意愿的因素

基于 UTAUT 理论（技术接受与使用统一理论）开发中小学体育教师信息技术教学使用意愿影响因素的测量工具，构建使用意愿影响因素模型，并通过结构方程模型进行验证假设，以确定影响中小学体育教师信息技术教学使用意愿的因素。

（三）引导体育教师提高信息技术教学使用意愿

在了解中小学体育教师信息技术教学使用意愿的现状，确定使用意愿的影响因素后，对研究结果进行科学分析后得出研究结论，并结合学校体育课堂的实际情况进行相关建议,以期引导体育教师提高信息技术教学的使用意愿。

二、研究意义

(一) 理论意义

通过检索文献发现当前我国对体育教师信息技术教学的研究大多以现状调查研究为主,对体育教师信息技术教学行为的内在动因以及影响因素的实证研究较少,理论发展较为薄弱。本研究将"UTAUT"理论引入体育教师教育研究领域内,进一步拓宽该理论的应用范围,期望形成一定的理论成果以丰富体育教师的教育教学相关理论。

(二) 实践意义

本研究构建了中小学体育教师信息技术教学使用意愿影响因素模型并进行假设验证。在确定使用意愿影响因素的基础上,可以为提高体育教师的信息技术教学使用意愿的具体实践提供指导,进一步提高中小学教育信息化的发展水平。

三、研究问题

首先,不同性别、年龄、教龄、学历的中小学体育教师是否在信息技术教学使用意愿上存在差异。

其次,影响中小学体育教师信息技术教学使用意愿的因素有哪些。

四、理论基础

(一) "UTAUT" 理论

UTAUT (Unified Theory of Acceptance and Use of Technology) 即技术接受与使用统一理论,是美国学者 Venkatesh 和 Davis 在 TAM (技术接受模型) 的基础上,吸纳了多种行为理论模型构建的,旨在解释使用者采纳与使用技术的影响因素。

该模型中的四个决定因素分别是：绩效期望（个体认为应用此技术会使工作绩效提高的程度）、努力期望（个体认为使用该项技术的容易程度）、社会影响（个体所处的社会群体对他使用该项技术行为的影响程度）、便利条件（个体认为使用新技术时能在外界获得的方便条件的程度）。

（二）"TPACK"理论

TPACK（Technological Pedagogical Content Knowledge）即整合技术的学科教学知识，是教师将学科内容知识、教学法知识、技术知识系统整合后的知识水平。由美国学者 Mattew J. Koehler 和 Punya Mishra 提出的概念，由七个要素组成，分别是技术知识（TK）、教学法知识（PK）、学科内容知识（CK）、学科教学知识（PCK）、整合技术的教学法知识（TPK）、整合技术的学科内容知识（TCK）、整合技术的学科教学知识（TPACK）。

五、概念界定

在我国教育部印发的《中小学教师教育技术能力标准（试行）》[1]中，将教育信息技术定义为能够支持信息的获取、传递、加工、存储和呈现的一类技术。其中，应用在教育领域中的信息技术主要包括电子音像技术、卫星电视广播技术、多媒体计算机技术、人工智能技术、网络通信技术、仿真技术和虚拟现实技术等。

教育信息技术在《教育大辞典》[2]中被定义为在教育过程、教育系统中传递的信息。狭义指对受教育者提供新的知识和技能，灌输新的思想和观点，培养新的习惯和行为的教育内容，也指为传递教育内容而生成的其他信息。

李祺认为教育信息技术是运用教育科学、信息科学的原理与方法获取、处理、传播、控制和利用教育信息的方法手段体系[3]。

---

[1] 教育部. 教育部办公厅关于印发《中小学教师信息技术应用能力标准（试行）》的通知 教师 [2014] 3 号 [S]. 2014-05-28.
[2] 顾明远. 教育大辞典（第7卷）[M]. 上海：上海教育出版社, 1990.
[3] 李祺. 论教育信息技术 [J]. 电化教育研究, 2003 (4): 26-29; 37.

南国农认为，信息技术是指对信息的采集、加工、存储、交流、应用的手段和方法的体系。开展信息技术教育，是全面实施素质教育、培养创新人才的重要措施[①]。

综上所述，教育信息技术可以理解为教育中的信息技术，或是一般信息技术在教育教学中的应用，是指包括影音技术、广播技术、计算机技术、人工智能技术、移动通信技术、互联网技术在内的，能够支持教育教学活动的，一系列信息加工、获取、储存、呈现的技术。

第二节 中小学体育教师使用信息技术教学意愿的结果分析

一、描述性统计分析

（一）正态分布检验

在调查问卷量表中，各个题目的得分情况和数据是否呈现正态分布是我们在处理数据时首先要去了解的，为了进行判断本研究利用SPSS 23.0软件对量表中各个题目的数据进行分析，获得包含均值、标准差、偏度、峰度等信息，详情如表5-1所示。

表5-1 量表题目的正态分布检验

题项	最小值（M）	最大值（X）	平均值（E）	标准偏差	偏度	峰度
PE1	1	5	3.8	0.897	-1.025	1.225
PE2	1	5	3.91	1.012	-0.98	0.714

---

① 南国农. 教育信息化建设的几个理论和实际问题（上）[J]. 电化教育研究, 2002 (11): 3-6.

续 表

题项	最小值（M）	最大值（X）	平均值（E）	标准偏差	偏度	峰度
PE3	1	5	3.9	0.938	−1.026	1.277
PE4	1	5	3.77	0.948	−0.833	0.629
PE5	1	5	3.94	0.886	−1.062	1.21
EE6	1	5	3.89	0.777	−1.066	2.425
EE7	1	5	3.87	0.81	−1.018	2.08
EE8	1	5	3.99	0.864	−0.988	1.571
EE9	1	5	3.78	0.994	−0.798	0.541
SI10	1	5	3.77	0.933	−0.82	0.726
SI11	1	5	3.94	1	−1.014	0.793
SI12	1	5	3.94	0.959	−1.017	0.908
SI13	1	5	3.88	1.027	−0.729	−0.027
FC14	1	5	3.9	0.902	−0.774	0.777
FC15	1	5	3.87	0.95	−0.707	0.312
FC16	1	5	3.95	0.978	−0.778	0.149
FC17	1	5	3.99	0.932	−0.816	0.379
Q18	1	5	4.07	0.969	−1.13	0.91
Q19	1	5	3.94	1.049	−1.129	0.804
Q20	1	5	4.17	0.968	−1.332	1.4
Q21	1	5	3.84	0.826	−0.848	1.003
Q22	1	5	3.86	0.919	−0.823	0.588
Q23	1	5	3.83	0.984	−0.668	−0.05
Q24	1	5	3.94	0.894	−0.795	0.882
Q25	1	5	4.03	1.063	−1.203	0.92

续 表

题项	最小值（M）	最大值（X）	平均值（E）	标准偏差	偏度	峰度
Q26	1	5	3.89	1.019	−0.76	−0.015
Q27	1	5	3.81	0.9	−0.933	1.082
Q28	1	5	3.93	0.969	−1.012	0.82
Q29	1	5	3.98	0.996	−1.061	0.841
Q30	1	5	3.91	1.044	−0.963	0.543

克莱恩（Kline，2015）认为，当样本数据呈现正态分布时需满足偏度绝对值小于3且峰度绝对值小于10[1]。由上表可知正式样本数据的分析结果显示各个题目的偏度绝对值均小于3，峰度绝对值均小于10，完全满足正态分布的偏度与峰度条件，因此可以认为问卷量表中的各个题目都能够服从正态分布。数据是否服从正态分布将会对后续分析产生至关重要的影响，因此本研究中问卷所回收的数据可以直接用于后续的统计学分析。

（二）调查对象的基本情况

本研究设计的问卷在基本情况部分对调查对象的性别、年龄、教龄、学历等进行了调查，进行描述性统计分析后结果如表5-2所示。

表5-2 调查对象基本信息统计

基本信息		频率	百分比%	有效百分比%	累积百分比%
性别	男	217	75.1	75.1	75.1
	女	72	24.9	24.9	100.0

---

[1] KLINE R B. Principles and Practice of Structural Equation Modeling [M]. New York Guilford Press, 2011.

续 表

基本信息		频率	百分比%	有效百分比%	累积百分比%
年龄	21~30 岁	81	28.0	28.0	28.0
	31~40 岁	94	32.5	32.5	60.6
	41~50 岁	82	28.4	28.4	88.9
	51 岁及以上	32	11.1	11.1	100.0
教龄	1~10 年	111	38.4	38.4	38.4
	11~15 年	77	26.6	26.6	65.1
	16~20 年	69	23.9	23.9	88.9
	21 年及以上	32	11.1	11.1	100.0
学历	大专	30	10.4	10.4	10.4
	本科	228	78.9	78.9	89.3
	研究生及以上	31	10.7	10.7	100.0

由上表可知，在性别结构方面，男性体育教师为 217 人，占样本总量的 75.1%。女性体育教师为 72 人，占样本总量的 24.9%。男女比例较不均衡，男性体育教师人数远远多于女性。

在年龄结构方面，21~30 岁共计 81 人，占样本总量的 28.0%，31~40 岁共计 94 人，占样本总量的 32.5%，41~50 岁共计 82 人，占样本总量的 28.4%，而 51 岁及以上的年龄阶段的人数最少，仅 32 人，占比 11.1%。

在教龄方面，占比最多的是 1~10 年和 11~15 年，分别占 38.4% 和 26.6%，由此可知，调查的中小学体育教师总体年龄相对年轻，以青年教师为主，并且具有丰富的教学经验。而在调查对象的学历方面，以本科学历为主，占比 78.9%，共计 228 人。

在对回收的有效问卷的基本情况部分进行分析后，对量表部分中的，包括绩效期望、努力期望、社群影响、便利条件、教师 TPACK、教学内容、学生情况、使用意愿等维度的得分情况进行了描述性统计，统计结果如表5-3所示。

表5-3 各维度得分情况统计

问卷维度	最小值（M）	最大值（X）	平均值（E）	包含题数
绩效期望	1	5	3.86	5
努力期望	1	5	3.88	4
社群影响	1	5	3.88	4
便利条件	1	5	3.92	4
教师TPACK	1	5	4.06	3
教学内容	1	5	3.84	3
学生情况	1	5	3.95	3
使用意愿	1	5	3.9	4

由上表可知，各个维度的平均得分情况分别为绩效期望（E=3.86），努力期望（E=3.88）、社群影响（E=3.88）、便利条件（E=3.92）、教师TPACK（E=4.06）、教学内容（E=3.84）、学生情况（E=3.95）、使用意愿（E=3.9）。其中，使用意愿维度的平均得分为（E=3.9），说明被调查的中小学体育教师的信息技术教学使用意愿总体上来说较为良好，其原因与体育教师在实际教学中切实感受到信息技术教学带来的便利和高效有关。学者林秀钦和黄荣怀曾在中小学教师信息技术应用的态度与行为调查中指出，教师对信息技术教学的重要性的认同度是比较高的，并且教师对信息技术教学表现出了良好的应用意愿，说明教师感受到技术的应用给教学带来的正面效应，开始更多地去尝试信息技术教学[①]。

---

① 林秀钦，黄荣怀．中小学教师信息技术应用的态度与行为调查［J］．中国电化教育，2009（9）：17-22.

二、差异性分析

（一）不同性别的中小学体育教师在使用意愿上的差异

本研究在获得调查对象基本资料的基础上，对不同性别体育教师在信息技术教学使用意愿维度的得分进行比较与分析，如表 5-4 所示。

表 5-4　性别差异性分析

性别		数字	平均值（E）	标准偏差	标准误差平均值	t	P
使用意愿	男	217	3.894	0.817	0.055	-.436	0.663
	女	72	3.944	0.949	0.112		

由上表可知，经过独立样本 t 检验，不同性别的教师在信息技术教学使用意愿方面不存在显著差异（P 值大于 0.05），表明在使用意愿方面不会因为教师的性别不同而具有显著性差异，独立样本 t 检验具体结果如下。

性别对于使用意愿呈现出 0.663 的显著水平（$t=0.436$，$P=0.663$），具体对比差异可知，各组别平均分值对比结果为"女（3.944）>男（3.894）"。

这与人们传统印象中男体育教师更擅长使用信息技术设备且更愿意使用信息技术教学的观点并不相符。事实上，虽然体育教师的从业人数中，男性数量远远大于女性，但根据学者凌弘和梁波的研究，新时代女性体育教师的核心素养，包括专业知识与技能、职业信念、反思与发展、工作与生活管理方面，与男性体育教师之间并不存在显著差异[1]。这也从侧面说明了，性别差异不是影响信息技术教学推广的阻碍因素。

（二）不同年龄段的中小学体育教师在使用意愿上的差异

在获得调查对象基本资料的基础上，对不同年龄阶段的体育教师在信息技术

---

[1] 凌弘，梁波. 新时代女性体育教师核心素养现状调查研究［J］. 中国成人教育，2022（3）：71-75.

教学使用意愿维度的得分进行比较与分析,如表 5-5 所示。

表 5-5　年龄差异性分析

年龄		n	平均值	标准偏差	标准错误	F	P
使用意愿	21~30 岁	81	3.981	0.719	0.080	0.301	0.824
	31~40 岁	94	3.872	0.961	0.099		
	41~50 岁	82	3.890	0.844	0.093		
	51 及以上	32	3.859	0.852	0.151		

在年龄段的差异性方面,人们通常会认为"80 后""90 后"的青年教师成长在我国信息技术快速发展的时期,在其受教育阶段拥有更加丰富的信息化资源,会比"70 后"教师更加愿意使用信息技术教学。但经过单因素方差检验后发现,虽然在各组别的平均值对比结果中 21~30 岁这个年龄阶段的得分平均值最高,但不同年龄阶段的教师在信息技术教学使用意愿方面的 P 值大于 0.05,没有达到显著水平,表明在使用意愿方面不会因为教师的年龄段不同而具有显著性差异,单因素方差分析具体结果如下。

年龄对于使用意愿呈现出 0.824 的显著水平($F=0.301$,$P=0.824$),具体对比差异可知,各组别平均分值对比结果为"21~30 岁>41~50 岁>31~40 岁>51 岁及以上"。

(三) 不同教龄段中小学体育教师在使用意愿上的差异

在对年龄和性别进行差异性分析的基础上,为了进一步探究,对不同教龄段的体育教师在信息技术教学使用意愿维度的得分进行比较与分析,如表 5-6 所示。

表 5-6 教龄差异性分析

教龄		n	平均值	标准偏差	标准错误	F	P
使用意愿	1~10 年	111	4.007	0.747	0.071	0.857	0.464
	11~15 年	77	3.825	0.979	0.112		
	16~20 年	69	3.859	0.853	0.103		
	21 岁及以上	32	3.859	0.852	0.151		

由上表可知，经过单因素方差检验，不同教龄段的教师在信息技术教学使用意愿方面的 P 值大于 0.05，没有达到显著水平，表明在使用意愿方面不会因为教师的教龄段不同而具有显著性差异，单因素方差分析具体结果如下。

教龄对于使用意愿呈现出 0.464 的显著水平（$F=0.857$，$P=0.464$），具体对比差异可知，各组别平均分值对比结果为"1~10 年>16~20 年=21 年及以上>11~15 年"。其中，教龄在 1~10 年的教师信息技术教学使用意愿得分最高，其余教龄段的得分相对较低，这可能是由教师职业怠倦所引起的。何文涛等学者在《人工智能时代中小学教师信息化教学能力发展现状与提升策略》的研究中就指出，部分刚入职教师在师范生培养阶段接受过信息技能训练，对运用现代信息技术支持教学比较自信，但入职时间越长，教师技能忘却、懈怠现象越严重。[1]

（四）不同学历的中小学体育教师在使用意愿上的差异

为了进一步研究不同人口学特征对使用意愿的差异性，对不同学历的体育教师在信息技术教学使用意愿维度的得分进行比较与分析，如表 5-7 所示。

---

[1] 何文涛，庞兴会，朱悦，等. 人工智能时代中小学教师信息化教学能力发展现状与提升策略 [J]. 现代教育技术，2022，32 (3)：92-101.

表 5-7 学历差异性分析

学历		n	平均值	标准偏差	标准错误	F	P
使用意愿	大专	30	3.483	1.286	0.235	5.093	0.007
	本科	228	3.931	0.781	0.052		
	研究生及以上	31	4.137	0.698	0.125		

由上表可知，经过单因素方差检验，不同学历的教师在信息技术使用意愿方面的 P 值小于 0.05，达到显著水平，具有显著性差异，单因素方差分析具体结果如下。

学历对于使用意愿呈现出 0.007 的显著水平（$F=5.093$，$P=0.007$），各组别平均分值对比结果为"研究生（4.137）>本科（3.931）>大专（3.483）"。研究生组的得分均值显著地大于本科组和大专组，这可能是因为在研究生的学习阶段有更多机会接触信息技术手段，对各种信息技术设备的使用也会更加深入。正如马文华在《山西省中小学体育教师教育信息技术应用现状及其影响因素研究》中指出的，高学历的体育教师使用现代信息技术教学的频率会比较高，这与教师在学生时期的学习经历、职前的培训以及自身信息素养和习惯爱好有关系。研究生和博士生由于自身的需要，会更加频繁地应用各种信息技术手段来进行知识学习和科研探索，这会帮助他们形成使用信息技术的习惯并且会把这种习惯带到将来的工作中。[①]

三、模型构建分析

（一）验证性因子分析

为了进一步了解问卷回收的数据与本研究构建的模型的适配程度以及各变量内部的测量题项的收敛效度，本研究运用 AMOS23.0 软件进行验证性因子分析，

[①] 马文华. 山西省中小学体育教师教育信息技术应用现状及其影响因素研究 [D]. 太原：山西师范大学，2019.

共涉及 8 个不同的维度，总计 30 个测量题项，验证性因子分析模型图与结果如图 5-1 所示。

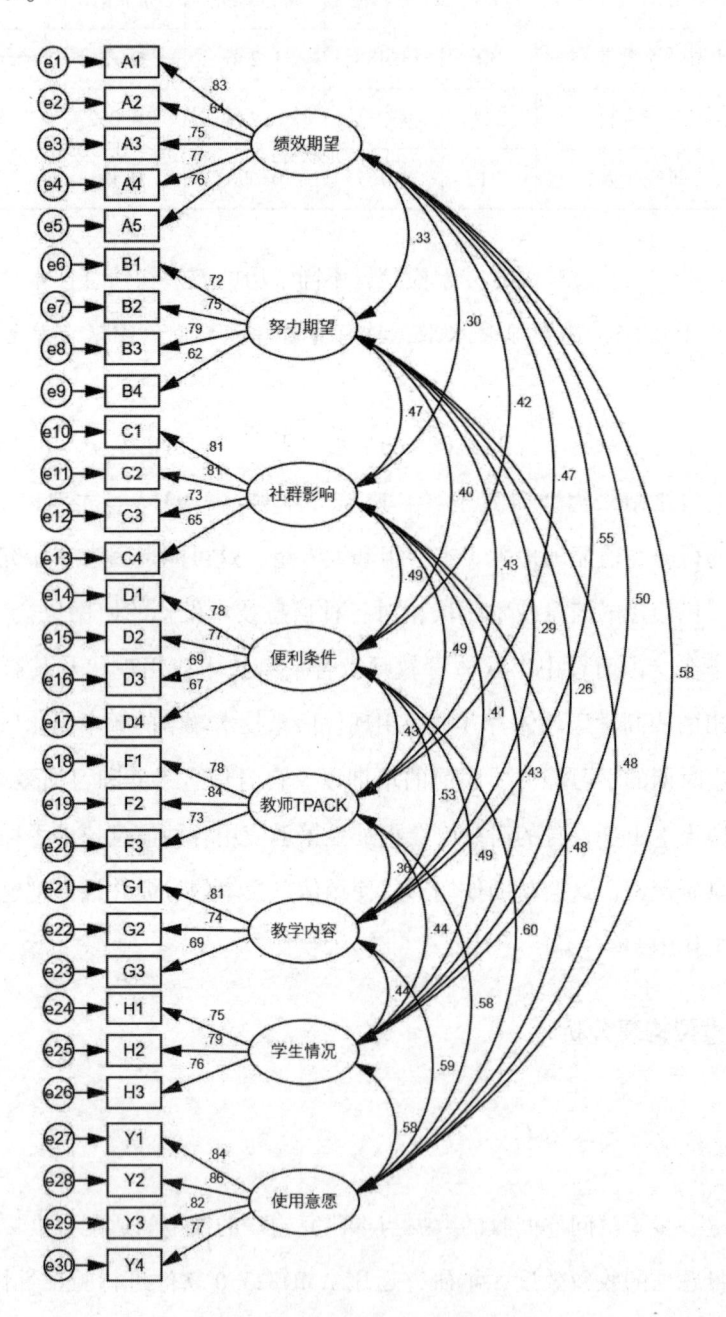

图 5-1 验证性因子分析模型图

由表 5-8 可知，各个题项的标准化因素负荷均大于 0.5，在组成信度（CR）

方面,绩效期望(CR=0.866)、努力期望(CR=0.813)、社群影响(CR=0.839)、便利条件(CR=0.82)、教师TPACK(CR=0.826)、教学内容(CR=0.792)、学生情况(CR=0.811)、使用意愿(CR=0.893),各个变量的CR值均大于0.7,符合研究的标准。

在平均变异萃取量(AVE)方面,绩效期望(AVE=0.565)、努力期望(AVE=0.523)、社群影响(AVE=0.568)、便利条件(AVE=0.534)、教师TPACK(AVE=0.614)、教学内容(AVE=0.561)、学生情况(AVE=0.589)、使用意愿(AVE=0.677),各个变量的AVE指均大于0.5。综上,各项指标都满足收敛效度的标准,符合本次研究的各项要求。

表5-8 验证性因子分析结果

构面	题项	非标准化因素负荷	标准误 S.E.	C.R. (t-value)	P	标准化因素负荷	CR	AVE
绩效期望	PE1	1				0.83	0.866	0.565
	PE2	0.87	0.077	11.309	***	0.64		
	PE3	0.944	0.069	13.788	***	0.75		
	PE4	0.977	0.069	14.201	***	0.767		
	PE5	0.904	0.064	14.021	***	0.76		
努力期望	EE6	1				0.724	0.813	0.523
	EE7	1.082	0.097	11.169	***	0.75		
	EE8	1.21	0.105	11.541	***	0.787		
	EE9	1.097	0.116	9.436	***	0.621		
社群影响	SI10	1				0.807	0.839	0.568
	SI11	1.079	0.077	14.015	***	0.813		
	SI12	0.93	0.074	12.566	***	0.731		
	SI13	0.891	0.08	11.067	***	0.653		

续表

构面	题项	非标准化因素负荷	标准误 S.E.	C.R. (t-value)	P	标准化因素负荷	CR	AVE
便利条件	FC14	1				0.784	0.82	0.534
	FC15	1.034	0.083	12.509	***	0.77		
	FC16	0.952	0.085	11.212	***	0.688		
	FC17	0.889	0.081	10.977	***	0.674		
教师TPACK	Q18	1				0.78	0.826	0.614
	Q19	1.161	0.088	13.213	***	0.837		
	Q20	0.935	0.078	11.943	***	0.73		
教学内容	Q21	1				0.806	0.792	0.561
	Q22	1.023	0.088	11.574	***	0.742		
	Q23	1.025	0.094	10.948	***	0.694		
学生情况	Q24	1				0.747	0.811	0.589
	Q25	1.262	0.107	11.84	***	0.792		
	Q26	1.166	0.101	11.573	***	0.763		
使用意愿	Q27	1				0.839	0.893	0.677
	Q28	1.106	0.063	17.64	***	0.861		
	Q29	1.084	0.066	16.475	***	0.821		
	Q30	1.059	0.071	14.9	***	0.766		

区别效度主要研究不同变量之间的相关性。一般来说，不同维度变量的题目不应具有高度相关，若具有相关，则说明题项在测量的维度上出现了重叠。本研究采用 AVE 法进行区别效度检验，通过对比 AVE 平方根值和变量间相关系数的差异来进行验证。一般来说，若 AVE 的算术平方根值大于变量间的相关系数的绝对值，表明模型内部的相关性要大于模型外部的相关性，也就是说变量之间是

可以区别开的，模型具有较高的区别效度。

检验结果如表5-9所示，本研究中各个变量的 AVE 开根号后的值均大于对角线外的标准化相关系数，因此我们可以认为研究模型具有较好区别效度。

表5-9 相关分析与区别效度

变量	绩效期望	努力期望	社群影响	便利条件	教师 TPACK	教学内容	学生情况	使用意愿
绩效期望	**0.752**							
努力期望	0.282**	**0.723**						
社群影响	0.269**	0.379**	**0.754**					
便利条件	0.368**	0.309**	0.411**	**0.731**				
教师 TPACK	0.407**	0.356**	0.414**	0.364**	**0.784**			
教学内容	0.455**	0.242**	0.336**	0.430**	0.300**	**0.749**		
学生情况	0.422**	0.216**	0.366**	0.402**	0.363**	0.363**	**0.767**	
使用意愿	0.503**	0.426**	0.428**	0.511**	0.495**	0.492**	0.486**	**0.823**

注：1. ** 在置信度（双测）为 0.01 时，相关性是显著的。

2. 斜对角加粗数值为 AVE 开平方根。

(二) 结构方程模型分析

在经过以上检验后，依据上文中构建的模型图与研究假设利用 AMOS 23.0 软件构建结构方程模型，八个潜变量分别为：绩效期望、努力期望、社群影响、便利条件、教师 TPACK、教学内容、学生情况、使用意愿，构建结构方程模型如下图 5-2 所示。

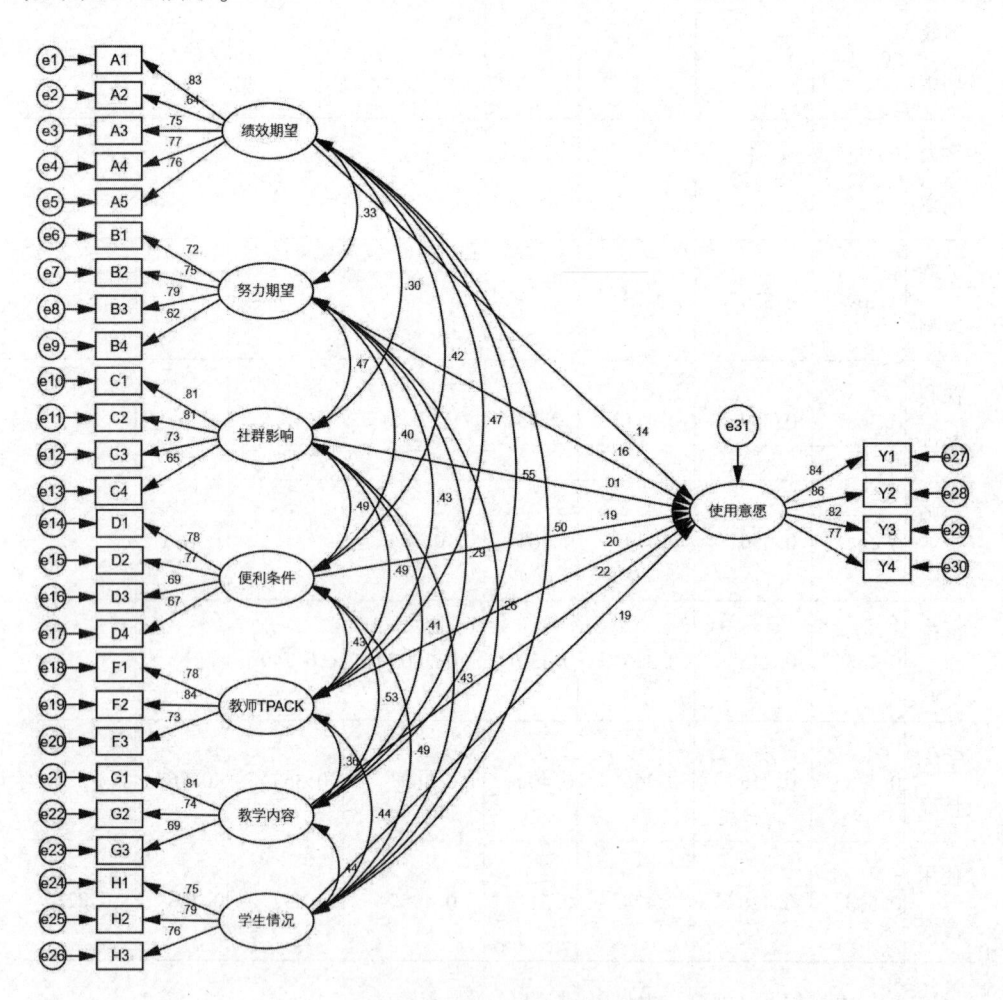

图 5-2　结构方程模型图

拥有较好的模型适配度是应用 SEM 结构方程模型分析的必要条件，本研究利用 AMOS23.0 软件进行模型拟合度分析，结果如下表 5-10 所示，多数拟合度指标均在可接受的范围之内，符合结构方程模型相关研究的标准，因此可以认为本研究构建的模型具有不错的拟合度。

表 5-10 研究模型拟合度

拟合指标	可接受范围	测量值
CMIN	—	486.497
DF	—	377
CMIN/DF	<3	1.290
GFI	>0.9	0.900
AGFI	>0.8	0.877
RMSEA	<0.08	0.032
IFI	>0.9	0.974
TLI（NNFI)	>0.9	0.969
CFI	>0.9	0.973

在完成模型拟合测试后，利用 AMOS 软件进行路径分析，对本研究的各假设能否通过进行测试验证，得到分析结果如下表 5-11 所示。

表 5-11 结构方程模型路径系数

路径关系	标准化系数	非标准化系数	标准误差	t 值	P	假设成立支持
使用意愿 ← 绩效期望	0.140	0.142	0.069	2.061	0.039	支持
使用意愿 ← 努力期望	0.158	0.213	0.082	2.589	0.010	支持
使用意愿 ← 社群影响	0.009	0.009	0.067	0.131	0.896	不支持
使用意愿 ← 便利条件	0.185	0.198	0.075	2.651	0.008	支持
使用意愿 ← 教师 TPACK	0.197	0.196	0.067	2.945	0.003	支持
使用意愿 ← 教学内容	0.216	0.245	0.081	3.009	0.003	支持

续 表

路径关系	标准化系数	非标准化系数	标准误差	t 值	P	假设成立支持
使用意愿 ← 学生情况	0.189	0.214	0.076	2.799	0.005	支持

由上表可知，绩效期望对中小学体育教师信息技术使用意愿有显著的正向相关影响（$\beta=0.140$，$P<0.05$），研究假设成立；努力期望对中小学体育教师信息技术使用意愿有显著的正向相关影响（$\beta=0.158$，$P<0.05$），研究假设成立；社群影响对中小学体育教师信息技术使用意愿没有显著的正向相关影响（$\beta=0.009$，$P>0.05$），研究假设不成立；便利条件对中小学体育教师信息技术使用意愿具有显著的正向相关影响（$\beta=0.185$，且 $P<0.05$），研究假设成立；教师 TPACK 水平对中小学体育教师信息技术使用意愿具有显著的正向相关影响（$\beta=0.197$，且 $P<0.05$），研究假设成立；教学内容适配程度对中小学体育教师信息技术使用意愿具有显著的正向相关影响（$\beta=0.216$，且 $P<0.05$），研究假设成立；学生情况适配程度对中小学体育教师信息技术使用意愿具有显著的正向相关影响（$\beta=0.189$，且 $P<0.05$），研究假设成立。

与此同时，通过对标准化系数及显著性的分析，发现模型中不同因素对中小学体育教师信息技术教学使用意愿的影响存在着差异，其大小关系为：教学内容（$\beta=0.216$）＞教师 TPACK（$\beta=0.197$）＞学生情况（$\beta=0.189$）＞便利条件（$\beta=0.185$）＞努力期望（$\beta=0.158$）＞绩效期望（$\beta=0.140$）。教学内容是影响中小学体育教师信息技术教学使用意愿的首要因素。

第三节 讨论、结论与建议

一、基于中小学体育教师使用信息技术教学意愿的调查结果的讨论

（一）绩效期望方面

上述研究表明体育教师对信息技术教学的绩效期望越高，使用意愿也就越强

烈，二者存在显著的正相关关系（$\beta=0.140$，$P<0.05$），上述假设中 H1 成立。也就是说体育教师认为使用信息技术教学对其教学效果、教学质量的提升的程度越高，就越愿意使用信息技术教学方式。结合实际情况不难看出信息技术的"实用性"受到体育教师的关注，往往是其决定是否采用时一个重点的考量因素。这一点在笔者的访谈中也多次被提及，很多一线教师在被问及"为何愿意采用信息技术"或"为何不愿意采用信息技术"时都表示若是某项信息技术真的能极大程度地有利于指导学生学习，自己就会愿意使用，若是效果并没有达到自己的满意程度则会视情况而定。

（二）努力期望方面

上述研究假设中 H2 成立，体育教师对信息技术教学的努力期望越高，使用意愿也就越强烈，二者存在显著的正相关关系（$\beta=0.158$，$P<0.05$），也就是说当体育教师认为学习和掌握某项可以用到实际教学中的技术越简单越容易时，就越愿意使用信息技术教学方式。不难看出信息技术手段学习和使用的"便利性"也是教师关注的一个重要因素，笔者认为这与课堂体育教学中教学环境的开放性和教学组织形式的动态性特点有关。与一般学科安静的课堂环境不同，体育教师的课堂大多位于开阔的操场或体育馆内，嘈杂环境的干扰和技能教学时队形变换的要求本身增加了教师应用信息技术的难度，若这时教师采用的技术操作困难且流程长则往往难以对教学起到良好的效果。某位专家就曾在访谈中提及，"比起复杂烦琐的 VR 技术，运动手环、运动手表等使用便捷、容易上手的技术手段才是自己最经常和最乐意使用的"。

（三）社群影响方面

在上述研究中，社群影响对使用意愿的结构方程模型的标准化路径系数为 0.009 且 $P>0.05$，说明社群影响因素对使用意愿没有显著的正向相关影响，中小学体育教师所处的社群环境对其信息技术教学的使用意愿并没有影响，研究假设 H3 不成立。在这一点上笔者认为应从体育教师与其他学科教师之间、体育教师内部之间、学校领导组织与体育教师之间这三个层面进行讨论。

首先是体育教师与其他学科教师之间,由于体育课几乎是学校唯一一门在户外授课的课程,教师学科授课方式与授课内容有着较大的差别,学科的特殊性导致了其他学科教师的授课经验对于体育教师来说并不一定受用,也从一定程度上解释了为什么体育教师所处社群环境并不能显著影响其使用意愿。

其次是在体育教师的内部之间差异较大,学校为了满足学生多样化的体育学习需求,会招收不同专项的体育教师,另外,在教育背景方面也有所不同,有些教师是来自师范类大学,有着丰富的教育教学知识;有些则是国家级运动员出身,有着丰富的运动训练经验与项目比赛经历。除此之外,本书上述研究中也表明了不同学历的教师在信息技术使用意愿方面有显著性差异,因此在学校中不同项目、不同教育背景、不同学历的教师对信息技术教学的使用方面可能存在着不同的认识和态度,导致难以相互影响。

最后是学校领导组织与体育教师之间,根据本研究走访调查的一线教师反映,多数学校领导是支持体育教师使用信息化手段教学的,也会定时组织教师进行信息技术相关方面的培训、学习教育信息化相关的国家政策文件等,但是多数培训缺乏针对体育外堂课的内容,体育教师难以学以致用,这或许也是体育教师所处社群环境并不能显著影响其使用意愿的原因之一。

(四) 便利条件方面

上述研究假设中 H4 成立,当体育教师认为已有的基础设施和技术人员能够提供支持的程度越高,使用意愿也就越强烈,二者存在显著的正相关关系($\beta = 0.185$,且 $P < 0.05$)。换句话说,也就是当教师认为"条件"越好时,就越愿意使用它,这一点比较符合日常生活中的认识。除此之外,众多学者也认为良好的基础设施建设对于教师信息技术的应用有重要作用,学者张屹认为在整个基础教育信息化建设事业当中,信息化基础设施建设是其他建设要素的基础和先决条

件①。杨福义在《我国中小学教师教育信息技术的应用现状及其影响因素——基于全国数据库的实证分析》研究中也指出乡村小学教师的使用频率要明显低于县城和城市小学,可能是由于乡村小学在教育信息技术硬件配备上与二者存在差距,没有充足的相关资源②。

(五) 教师 TPACK 方面

在上述研究中,教师 TPACK 水平对中小学体育教师信息技术使用意愿具有显著的正向相关影响,研究假设 H5 成立,教师 TPACK 水平对使用意愿的结构方程模型的标准化路径系数为 0.197,相对较高,且 $P<0.05$ 具有显著性,说明教师 TPACK 水平对教师的使用意愿的影响相对较强。教师 TPACK 水平是教师将学科内容知识、教学法知识、技术知识系统整合后的知识水平,由于体育学科的特殊性,使其在学科内容知识和教学法知识方面均与其他学科有所不同。学科内容知识方面主要体现在体育课不仅要向学生传递运动与健康知识,更要教会学生具体的运动技能和动作方法;在教学法知识方面则体现在教师示范与演示直观性和身心活动的双重性上。因此,体育教师的 TPACK 水平就从一定程度上反映了教师将信息技术使用能力与学科教学实践相结合的水平③,一般来说,更擅长于将二者相结合的教师会乐于使用信息技术教学,这或许就从一定程度上解释了教师 TPACK 水平对使用意愿具有正向相关影响的原因。而国内关于体育教师 TPACK 的研究也表明,参加过对 TPACK 有提高作用的相关培训后的教师要比未培训过的教师在课堂中运用技术进行授课的频率要多④。

(六) 教学内容方面

上述研究表明教师内容对中小学体育教师信息技术使用意愿具有显著的正向

---

① 张屹,刘晓莉,范福兰,等. 中小学教师信息技术应用水平影响因素分析——基于 X 省 14 个市的实证分析 [J]. 现代教育技术,2015,25 (6):44-50.
② 杨福义. 我国中小学教师教育信息技术的应用状况及其影响因素——基于全国数据库的实证分析 [J]. 华东师范大学学报 (教育科学版),2017,35 (6):116-125;157.
③ 尚力沛,程传银. 体育教师 TPACK 发展研究 [J]. 体育文化导刊,2017 (7):124-129.
④ 吴潇. 云南省州市高校体育教师 TPACK 能力现状及其提升策略研究 [D]. 昆明:云南师范大学,2021.

相关影响，研究假设 H6 成立，教学内容对使用意愿的结构方程模型的标准化路径系数为 0.216，在各个影响因素中最高，且 $P<0.05$ 具有显著性，说明教学内容的适配程度对教师的使用意愿影响最强。关于这一点在笔者与一线教师的访谈中也有反映，多数体育教师在被问及"运用信息技术教学前首先要考虑哪些因素"时，首先回答的就是"要看本次课的内容是否适合"。实际上体育课的教材丰富多样，并不是每一项都适合于信息技术教学，一些重"练习"而不是"学习"的内容，如学生体能课等，采用信息技术教学并不会取得更好的效果甚至容易导致学生分心，而一些重"学习"而不是"练习"的内容，甚至在理解上有一点难度的内容，如篮球中的"挡拆战术配合"、足球中的"越位犯规讲解"等运用信息技术教学则能使学生快速理解大体概念，提高教学效率和效果。陕西师范大学的黄林就运用软件开发系统、FLASH 动画进行篮球战术教学，并运用对照实验的方法证实了其有效性[①]。

（七）学生情况方面

上述研究表明学生情况与信息技术教学手段的适配程度越高，教师的使用意愿也就越强烈，二者存在显著的正相关关系（$\beta=0.189$，且 $P<0.05$），上述假设中 H7 成立。在本研究专家访谈的过程中，某位来自北京师范大学的专家学者就曾提示笔者："学生是学习的主体，学生的实际情况（如年龄、学段、兴趣、认知能等）是体育教师在使用信息技术教学前要认真考虑的。"实际上在中小学体育课上应用现代教育技术确实具有一定的难度，一方面是因为某些年龄段的学生的确不适合用某些信息技术手段进行体育学习，如在小学低年级的阶段利用平板电脑进行分组学习等；另一方面，某些新颖的技术可能会分散学生的注意力，也会使教学达不到想要的效果。因此，如何调配好信息技术手段与学生情况的适配度，在保证教学中学生的主体地位的前提下，最大程度地发挥信息化教学的优势，是每个教师值得思考的问题。

[①] 黄林. 现代教育技术在篮球战术教学中的应用 [D]. 西安：陕西师范大学，2014.

二、基于中小学体育教师使用信息技术教学意愿的调查结果的结论

首先,广东省和山东省的中小学体育教师对信息技术教学表现出良好的使用意愿。

其次,中小学体育教师在信息技术教学使用意愿的差异性方面,不同性别、年龄、教龄的中小学体育教师在使用意愿上不存在显著性差异,而不同学历的中小学体育教师在使用意愿上存在显著性差异。

最后,绩效期望、努力期望、便利条件、教师TPACK、教学内容、学生情况等因素对中小学体育教师信息技术教学使用意愿有正向影响;社群影响因素对中小学体育教师信息技术教学使用意愿不会产生显著影响。

三、基于中小学体育教师使用信息技术教学意愿的调查结果的建议

(一)增强教师的教育现代化意识,提高教师对现代教育技术的绩效期望

在本研究的研究结论中,绩效期望对中小学体育教师信息技术教学使用意愿具有显著的正向相关影响,笔者在走访调研的过程中,了解到目前许多中小学体育教师对现代教育技术的先进性和便利性知之甚少,导致课堂效率无法进一步提高;有些体育教师虽然有较高信息素养,也知道在国家政策层面政府和相关部门为推动教育信息化做出了不少的努力,但对采用信息技术后的课堂质量与教学效果仍然持保守态度,这是导致他们使用意愿并不强的一个重要原因。笔者认为要提高中小学体育教师信息技术教学的使用意愿,首先就要增强体育教师的教育现代化的意识,相关部门要定时开展宣讲活动,传达国家关于"教育信息化"的部署,或是通过公开课的形式,身临其境,让体育教师真正明白开展信息化教学的便利性与重要性,真正意识到信息化技术的应用是有利于教学的,提高教师的绩效期望。

(二)提高中小学体育教师TPACK水平和信息技术教学能力

在本研究的结论中,努力期望和教师TPACK水平是对中小学体育教师信息

技术教学使用意愿具有显著的正向相关影响的因素。换句话说，当体育教师认为信息技术有用、易用且会用时，会更加乐意使用，而通过笔者调研发现大多数体育教师具备最基本的信息技术应用能力，但对学习某项新技术运用到教学中并不积极。因此，笔者认为，学校应该加强培训，提高教师的信息技术应用能力，与此同时引进简单易用的技术手段，降低体育教师上手的难度，促进体育教师对新兴技术的学习。此外，学校和相关单位在开展培训时也要注意区分学科，牢牢把握体育学科和体育教学的特殊性，尽量使培训的相关内容与学校体育课授课的内容紧密结合，提高体育教师的TPACK水平，提高体育教师的综合应用能力。

（三）加强基础设施建设，进一步丰富体育教师的信息技术资源

在本研究中，便利条件也是对使用意愿有显著性正向相关的因素。当学校的现代教育技术设施完备且有相关技术人员时，教师会产生更高的使用意愿。在飞速发展的今天，新设备、新技术层出不穷。学校相关领导应予以理解和重视，恰当地、有选择地对各种信息技术设备更新换代，满足新时代信息技术教学的软件、硬件要求。

四、中小学体育教师使用信息技术教学意愿的调查的局限

由于笔者受到能力、时间，以及各方面条件的限制，本研究仍有许多不足之处，具体如下：

（一）地理条件约束

由于受到现实条件的限制，本研究只调查了广东省和山东省两地的中小学体育教师，调查对象不够全面，样本的代表性较为局限。希望未来研究的调查范围能够更加广泛。

（二）模型局限性

本研究模型的影响因素变量是基于文献资料基础上，结合专家访谈的结果筛

选的,但在实际情况中,可能存在未被发现的影响因素。因此,还需要对模型变量进行更深层次的挖掘与研究,才能提高模型的科学性和适用性。

第六章 我国体育教育中信息技术应用发展建议

第一节 中学体育教师信息化教学能力调查设计

一、调查对象

本研究选取郑州市的主要原因在于：①郑州市作为新进一线城市，在教学方面投入较大，具有一定的代表意义；②提高河南省教师的教学能力是提高河南省学生升学率的关键所在，郑州市作为河南省省会，在河南省范围内具有相当大的代表性，因此提高郑州市中学教师的教学能力的方法与建议可以运用到河南省其他城市；③河南省在全国范围内的体育成绩并不突出，因此选取郑州市体育教师对于提高体育成绩更具有实际意义。

本书调查对象所任职学校，主要依据以下原则进行选取：根据河南省教育厅公布省级示范性中学名单，选取郑州市地区内中学，其中包含郑州二中、郑州七中、郑州四十七中三所国家级示范校。递补郑州市市级示范中学郑州市回民中学、郑州中学为调查对象。

本书的调查对象为郑州市十所中学的体育教师，本研究调查学校的体育教师数量如表 6-1 所示。

第六章　我国体育教育中信息技术应用发展建议

表 6-1　调查对象情况表

任职学校	体育教师人数	男性	女性
郑州外国语中学	12	8	4
河南省实验中学	12	7	5
郑州一中	10	7	3
郑州九中	14	12	2
郑州市回民中学	8	6	2
郑州中学	10	7	3
郑州十一中学	13	11	2
郑州二中	11	8	3
郑州四十七中	10	7	3
郑州七中	10	8	2

结合上表来看，在十所中学内郑州九中体育教师人数最多，达到 14 位，主要形成原因在于，郑州九中对于足球项目的投入较大，因此学校方面专项聘请了足球专职教师 3 人，而体育教师最少的学校为郑州市回民中学，受限学生入学特性，学生群体少因此体育教师相对较少。其余八所中学，在体育教师的数量上基本保持一致，均保持在 10 位及以上的体育教师。调查对象的基本情况如下：

信息化教学能力会因为教师本人的性别、年龄、学历、教龄、职称因素而产生不同程度的差异性。因此，在对于体育教师信息化教学能力研究前，应首先将调查的体育教师个人基本情况进行分析。根据调查问卷回收结果，参与本次调查的体育教师基本情况如表 6-2 所示。

表 6-2 调查对象基本信息

基本信息	类别	人数	占比%
性别	男	71	69.31
	女	31	30.39
年龄	25~34岁	40	39.22
	35~44岁	40	39.22
	45岁及以上	22	21.57
学历	专科及以下	3	2.94
	本科	28	27.45
	研究生	56	54.90
	博士	15	14.71
教龄	1~3年	28	27.45
	4~6年	24	23.53
	7~9年	22	21.57
	10~12年	11	10.78
	13~15年	13	12.75
	16年以上	4	3.92
职称	三级教师	17	16.66
	二级教师	18	17.65
	一级教师	38	37.25
	高级教师	29	28.43
就职单位是否为体育传统项目学校	是	85	83.33
	否	17	16.67

体育教师的教学能力发展与个人背景因素有着密切联系，因此对本研究调查对象进行初步调查，并进行描述性统计。

教师性别：男性体育教师共 71 人，占比 69.31%，女性教师 31 人，占比 30.39%。男性体育教师明显多于女性体育教师，产生这种情况和体育教师特殊职业存在一定关系。

教师年龄：从被调查人员年龄方面来看，25~34 岁阶段教师与 35~44 岁阶段教师均为 40 人，总占比 78.43%，而 45 岁以上体育教师为 22 人，占比 21.57%，由此可见，当前郑州市中学体育教师以中青年为主，这也更加有利于教育信息化的开展。

教师学历：被调查的人员学历方面，研究生为 56 人，超过被调查人员半数，占比达到 54.90%，本科为 28 人，占比 27.45%，博士共计 15 人，占比 14.71%。由此可见，郑州市中学体育教师在学历方面正在逐步提高，基本知识与技能方面都有一定的掌握，并且部分教师对于体育领域内某一方面有一定的深度理解与掌握。总体来说，郑州市中学体育教师在个人素质及专业知识方面都在逐步提高。

教师教龄：占比超过 20% 的有三个阶段，分别为 1~3 年、4~6 年、7~9 年，其中占比最大的阶段为 1~3 年，由此可见，当前大部分教师为刚刚毕业，步入工作，从另一方面来看，新时代的教师在学校所受到的教育更加符合当今时代需要，这也有助于教育技术现代化即教育信息化的开展。而教龄在 10 年以上的教师，则是有 28 人，总占比 27.45%，表明调查人员中有部分教师具有一定的教学经验，可以配合年轻教师，更好地进行信息化与体育教学的融合。

教师职称：职称方面来看，三级教师 17 人、二级教师 18 人、一级教师 38 人、高级教师 29 人。由此可见，当前郑州市中学体育教师职称评定较为均衡，这也影响了体育教师对于新鲜事物接受的态度，使得教育信息化建设开展更加便捷。另一方面，本次调查所涉及的十所郑州市中学体育教师，其中在体育传统项目学校任职的教师达到 85 人，占比 83.33%，非传统项目学校教师 17 人，占 16.67%。由此可见，本次调查问卷所涉及的调查对象在郑州市学校体育具有代表性意义，也为本次的调查结果提高了可信度。

二、调查工具

（一）问卷编制

教育部印发的《教育信息化 2.0 行动计划》，标志着我国对于教育发展将做出新的改变，该计划的根本目的是提高教育信息化发展[1]。因此，对于教师的信息化能力提高，是迫在眉睫的，更是符合时代要求的。信息化的不断发展，使得教师的能力、观念都需要跟随变化。原有的工业化教育理念不再适合当今的信息化时代，观念的转变带来的也是能力的提升。教师的职业伦理要求教师要有终身学习的思想，所以要不断地提高自身能力，带动学生积极学习，不断地改进自己的教学技能，从而使自己的教学质量得到提高。体育是素质教育中的一个重要环节，它为学生的全面发展奠定了坚实的基础。

南国农学者在发表的文章中提到[2]，教育信息化存在着五点特征：①显示多媒体化，②处理数字化，③存储光盘化，④传输网络化，⑤管理智能化。根据南国农学者总结的五点特征来看，在教育信息化时代中，教师应主要掌握运用、处理、共用、管理四方面，结合特征进行培训提高，从而更有利于促进教师教育信息化的发展程度。

曲宗湖学者在《体育教师的素质与基本功》一书中，阐述了体育教师应具备的基本能力，其中包括教师的技能水平、创新科研意识等。结合国家要求，以及现有的学者理论，确立了体育教师信息化能力的相关维度。

第一，获取信息能力。获取能力是教师对信息的意愿，它反映了教师对信息的敏感度。教师应不断地学习新的知识，保障教学质量和教学效果，对于自身专业相关知识应有高敏感度。体育学科对于学生的影响不仅仅是身体素质的提高，同时也要帮助学生建立健康生活的观念，因此体育教师应不断获取新的学科知识和健康理论，提高自身知识储备量，从而促进学生身心健康水平的提高。

---

[1] 徐靖程. 教育部印发《教育信息化 2.0 行动计划》[J]. 中小学信息技术教育, 2018 (5): 1.
[2] 南国农. 中国教育技术发展概述 [J]. 现代远距离教育, 2010 (5): 17-18.

第二，处理信息能力。当获取到新的信息时，不仅仅要理解信息的显性含义，也要深度地解读信息，充分理解新信息的隐形含义，并对获取到的信息进行分类整理。体育教师的基本素质中第一项是思想品德，教师应有正确的思想品德认识，遵守网络法律法规，才能更好地区分不良的、不安全的信息，向学生传授正确的、有助于良好的思想品德形成的信息。

第三，运用信息能力。运用信息能力是指教师将所获取到的信息，进行处理后结合信息的目的、特点，通过自身能力展现到教学过程中去。运用信息能力是对教师教学方法选择能力的一种体现，不同的信息应通过适合的教学方法表现出来，比如体育教师在获取到新的训练方法后，就应该通过练习法来体现，而在获取到信息的健康理论时，则应该通过讲授法或讨论法来体现。

第四，创造信息能力。教师在通过不断的学习、实践后，形成了自身对于学科的独特认知，基于自己的已有认知，结合学生的特点，从而创造出新信息的能力。创造信息能力需要教师具有一定程度的知识储备，以及对学生的深入了解，才能创造出更有利于教学效果的信息。

如果将信息化教学能力比作一个完整的程序来看，那么第一步应是获取信息，有了信息的来源才可以进行后续的操作；第二步是处理信息，将获取到的信息进行整体的分类，筛查不良信息，保留合适信息；第三步是运用信息，将经过分类后的信息具体表现，运用信息是信息的具体表现形式，也是信息的唯一表现形式。至于创造信息，是立足于其他三种信息的基础上，开拓新的信息程序，是信息发展的主要形式。因此，本研究将上述四种能力作为研究维度，分析调查对象现有的信息化能力，找寻提高信息化能力的具体方法。

（二）问卷的预发放与信效度检测

因本研究的调查问卷为自制问卷，所以，在大规模的调查中，首先要做一个小样本的调查，然后以此问卷为基础，对问卷进行信效度分析，以确认其可行性，然后向调查对象分发问卷。预发放问卷共 100 份，回收 98 份，有效问卷 95 份。

根据预发放问卷回收数据，进行问卷信度分析。在 Cronbach's Alpha 中，因子愈大，说明该问卷的内在一致性愈高。该系数的数值区间介于两者之间。研究人员发现，Cronbach's Alpha 值在 0.9 以上，表明该问卷具有较高的内在一致性，如表 6-3 所示。

表 6-3 信度检测系数

维度	题目数	克隆巴赫系数
获取信息能力	5	0.914
处理信息能力	5	0.955
运用信息能力	5	0.922
创造信息能力	5	0.925
量表	20	0.929

从上表可以看出来，总量表的 Cronbach's Alpha 系数为 0.929，表明整体信度很高，分维度的 Cronbach's Alpha 系数均在 0.8 以上，说明本研究设置问卷一致性较好。

因本研究调查问卷，是根据查阅文献所得出的四个维度进行量表式问卷调查，因此有必要做调查问卷的有效性检验。本研究将以文字叙述的形式来解释问卷的合理性、科学性，采用探索性因子分析来检验结构效度，即采用探索性因子分析，若输出的结果与所期望的基本相符，则表示结构有效性较好，如表 6-4 所示。

表 6-4 KMO 和巴特利特球形度检验

KMO 取样适切性量数		0.762
巴特利特球形度检验	近似卡方	794.400
	自由度	171
	显著性	0.000

对于 20 个项目进行探索性因子分析,KMO 值为 0.762,适合做因子分析,巴特利特的球形度检验卡方值为 794.400,自由度为 171,$P<0.01$,适合做因子分析。

因子抽取采用主成分分析,采用最大值旋转方法,不设置因子抽取次数。按照标准重复剔除不合格的条目,剔除因子负载低于 0.5 的主题,剔除单一公共要素中的题数<0.5 的主题,剔除多重负载并满足相应要求的主题。保留 20 项。抽取 4 项因素后,累计方差贡献 75.737%,如表 6-5 所示。

表 6-5　总方差解释表

成分	初始特征值			旋转载荷平方和		
	总计	方差百分比	累积%	总计	方差百分比	累积%
1	9.734	51.232	51.232	5.537	29.144	29.144
2	3.106	16.347	67.580	4.638	24.409	53.553
3	1.161	3.316	68.977	2.910	8.315	68.977
4	1.550	8.158	75.737	4.215	22.184	75.737

结合表 6-6 所示,将 20 个因子提取为四大类公因子。第一类因子主要有对体育信息的敏感且习惯性关注、快速获取信息、运用信息技术备课、使用现代化教学手段、通过互联网收集信息,其因子载荷分别为 0.706、0.709、0.747、0.843、0.873。该类因子主要与体育教师信息的获取有关,因此将第一类因子命名为获取信息能力。

第二类因子包含自觉遵守网络规范、抵御不良信息、不传播虚假信息、计算机设计的法律知识、有效区分体育学科相关知识,对应的因子载荷为 0.813、0.841、0.877、0.897、0.925。该类因子主要与体育教师信息的处理认知有关,因此将第二类因子命名为处理信息能力。

第三类因子包含日常课程信息化技术使用、室内课程信息化技术使用、课堂情景导入信息化技术使用、教学示范中信息化技术使用、解决重难点时信息化技术使用，对应的因子载荷为 0.728、0.716、0.867、0.901、0.920。该类因子与体育教师信息的运用及表现有关，因此将该类因子命名为运用信息能力。

第四类因子包含体育慕课编排、运动会赛程编排、考试内容设定、学生评价体系编制、设计线上课外活动，对应的因子载荷为 0.742、0.786、0.732、0.831、0.921。该类因子与体育教师对教学信息的创造有关，因此将该类因子命名为创造信息能力。

表6-6 旋转成分矩阵

因子	成分			
	1	2	3	4
A1	0.325	0.251	0.264	0.742
A2	0.438	0.246	0.728	0.210
A3	0.192	0.287	0.867	0.188
A4	0.201	0.181	0.901	0.129
A5	0.535	0.015	0.559	0.786
A6	0.843	0.002	0.055	0.264
A7	0.873	0.002	0.051	0.248
A8	0.303	0.004	0.920	0.315
A9	0.676	0.011	0.438	0.792
A10	0.009	0.490	0.716	0.048
A11	0.207	0.841	0.046	0.086
A12	0.027	0.877	0.285	0.183
A13	0.020	0.897	0.249	0.205
A14	0.008	0.925	0.162	0.227
A15	0.321	0.813	0.193	0.271

续 表

因子	成分			
	1	2	3	4
A16	0.653	0.450	0.412	0.921
A17	0.665	0.449	0.356	0.831
A18	0.706	0.418	0.373	0.047
A19	0.709	0.427	0.359	0.293
A20	0.747	0.307	0.327	0.139

第二节 中学体育教师信息化教学能力分析

一、信息化教学应用情况分析

(一) 信息化技术在体育课堂使用时间

按照体育技能的学习，一般将课程分为新授课、巩固课、考试课三种类型，而每节体育课则是分为开始部分、基本部分、结束部分三个环节。根据教育部今年颁布的新版课程标准，本研究将体育与健康课程也作为课程类型之一进行调查。在每节课开始前，体育教师在备课时会按照课时计划首先确定课程类型，再按照三部分进行详细备课，而通过对三所学校的体育教师进行访谈发现，信息化技术在三种体育课程中所运用到的时间占比是不相同的。

1. 新授课内信息化技术使用时间

在调查过程中，对一线体育教师进行访谈后了解到，教师通常会在开始某一项目或动作的系列教学时，第一节课集中在室内进行授课，观看视频以及镜面模仿进行学习。而后续课程会在室外进行下一步具体学习。因此，在新授课过程中，信息化技术运用时间占比如表 6-7 所示。

表 6-7　新授课内信息化技术使用时间

环节	使用时间
引入	8~10 分钟
讲解	8~10 分钟
练习	0
课堂小结	0
布置作业	0

　　对于新授课，体育教师在课程开始时，一般会通过播放相关视频，或是具有代表性运动员的训练、夺冠视频，一方面来调动学生学习的积极性，激发学生参与技能学习的动机，另一方面引入新的动作技能，使学生基本了解技能。在讲解动作技能部分，教师会结合多媒体软件，多方位地展示运动技能的构成部分，帮助学生建立动作表象，从而更好地进行动作训练。在练习部分，这时强调的是学生的实际操作，在实际操作中发现学生的动作错误并加以修正的环节，因此环节信息化技术手段的涉及基本为零，课后总结部分则是教师对于学生在课程过程中练习状态、效果以及对于教学目标完成情况的评价环节，这一部分突出的是教师的主观评价，因此对于信息化技术手段的涉入也同样基本为零。布置作业环节，一般会采取口头叙述形式，将课下需要学生完成的练习任务通过语言传输给学生，这一环节强调的是教师指出学生当前所需加强训练的环节，并布置相关课后任务的环节，因此该环节信息化技术手段的辅助基本为零，但在对体育教师进行调查时了解到，有些教师会在周末前通过家校微信群的形式或是钉钉软件的形式，给学生布置一些新授技能的相关资料查询的课后作业。

2. 巩固课内信息化技术使用时间

　　在巩固课过程中，教学的主要任务是帮助学生正确掌握动作技能，该类型的课程，一般有热身、动作练习和课后小结三部分，因此该种类型的课程中，以学生的实践锻炼为主，借助信息化教学技术的时间基本为零。在通过对十所学校的体育教师进行调查后，发现体育教师在巩固课时间内的确不借助信息化技术。

3. 考试课内信息化技术使用时间

考试课是教师对于学生对于运动技能的实际掌握情况，设定一系列的考核标准，测评学生成绩，评估学生的运动能力。原先体育教师只能通过手写记录成绩，而如今借助信息化教学技术手段，可以实现无须手写，同步完成测评和成绩录入，通过对十所学校的调查发现，体育教师在考试课内运用信息化教学技术时间如表6-8所示。

表6-8 考试课内信息化技术使用时间

环节	时间
热身	0
考试	35~40分钟
课后总结	0

在考试课开始环节，教师会首先安排学生进行热身，这一环节是以学生具体操作为主，这个环节的目的是使学生身体得到充分活动，进入最佳状态，因此该环节使用信息化技术为零。在考试环节，体育教师会借助信息化技术进行具体测试，在对十所中学进行了解后，各学校采用较多的测试仪器，是一种通过具体触觉和红外线进行测试的设备，相比人工操作，机器操作的成绩更具有准确性，因此考试环节中，借助信息化技术设备时间较长。

4. 体育与健康理论课程内信息化技术使用时间

在调查过程中，根据《教育部关于印发义务教育课程方案和课程标准（2022年版）的通知》，对于体育与健康课程的要求再次提到了重中之重的地位。

在此标准的前提下，对于中学体育课程的内容设置则是又做出了改变，不仅要求学生学会运动技能，同时也需要学会健康的生活习惯，养成良好的行为品德。而对于体育与健康课程内的信息化技术使用时间如表6-9所示。

表6-9 体育与健康课内信息化技术使用时间

环节	时间
引入	0
讲解	5~8分钟
模拟练习	22~30分钟
小结	0

对于体育与健康课程，体育教师会采取与新授课内的教学模式一般，在课的开始部分进入本节课所需要学习的重点，接下来会讲解某一项动作或是品德的形成特点。而在模拟练习部分，教师会借助多媒体白板模拟出一个体育环境，让学生在模拟环境中练习技能或促进品德养成，对此，在郑州九中调查时，体育教师会采取借助多媒体教室进行授课，该教室不仅配备了多媒体白板，同时会进一步营造真实的声音、触感等环境因素，达到完全模拟现实场景。

(二) 调查对象所运用信息化教学技术

对于信息化教学技术的种类，根据国内学者对于现状进行研究分析后，分为两类：硬件资源以及软件资源。硬件资源主要用途是将体育技能动作或概念进行可视化，使学生更好地接受技能。软件资源主要用途是构建动作技能模型，并对学生进行纠错。

通过对所调查的十所郑州市中学体育教研组长的访谈，对于十所中学在体育课程中所用的信息化教学技术，进行基本统计分析，如表6-10所示。

第六章 我国体育教育中信息技术应用发展建议

表 6-10 信息化技术设备

信息化技术设备	使用学校数量
多媒体白板	10
钉钉软件	9
慕课平台	4
可穿戴训练设备	3

目前，得到最广泛使用的信息化技术设备是多媒体白板，但这一设备在体育实践课程中运用较少，多在进行体育与健康课程理论授课时进行使用，但其他课程也同样可以借助授课，因此学校配备率较高。钉钉软件，在近几年得到的使用率大幅度增高。但在调查访谈时，河南省实验中学的教师则未使用该软件，而是使用学校自有的课程平台，这个平台上是该校教师按照课时计划录制的课程，学生可以在任何时间登录并进行学习。

在慕课平台拥有数量上，除去河南省实验中学的自制平台，郑州外国语中学、郑州十一中、郑州九中都使用慕课平台，对三个学校的教研组长进行访问后，了解到这三所学校使用慕课平台不仅仅是在体育课程，其他课程也都会使用，目的是拓宽学生的视野，让他们在课本以外的地方学习。对于可穿戴训练设备，在十所中学内，仅有郑州十一中、郑州九中、郑州四十七中三所学校使用，对于这三所学校使用可穿戴训练设备得益于学校的体育队成绩出色，郑州九中足球队多次在全国范围内取得前三的好成绩，郑州十一中、郑州四十七中则是篮球队成绩突出，两所学校均为中国大学生篮球联赛（CUBA）输送了不少优秀队员。三所学校所采用的设备均是用于了解学生的实时状态，监控运动数据，了解每个学生的身体水平从而制订训练计划，并根据实时监控数据及图像，对学生错误动作进行纠正。

结合信息化技术设备的配备，以及对体育教师的访谈，我们可以得出，目前对于基础的设备，如多媒体白板、线上平台等配备率较高，但是使用率较低；慕课平台的配备率较低，是因为教师对于教学效果的担忧；而最少的可穿戴训练设备则是因为学校体育队的成绩,学校认为可以通过更好的训练,将学生输送到更好的高校。

二、不同背景资料差异性分析

(一) 性别维度

性别是每个人的基本人体学特征,在每个领域内性别的不同,往往会产生不同的结果,体育领域内性别差异对运动技能的表现会产生不同的结果,以性别为基本条件了解性别差异是否会对体育教师信息化教学能力产生影响,具体分析如表6-11所示。

表 6-11 性别影响统计表

维度	性别	n	平均值	标准差	F	P
获取能力	男	71	2.314	0.767	1.202	0.308
	女	31	2.347	0.653		
处理能力	男	71	2.418	0.953	0.296	0.829
	女	31	2.431	0.828		
运用能力	男	71	2.313	0.932	1.367	0.252
	女	31	2.366	0.833		
创造能力	男	71	2.327	0.880	0.503	0.681
	女	31	2.352	0.839		

注:$^{*}P<0.05,^{**}P<0.01$。

由上表可知,不同性别的体育教师,对于信息化教学能力各维度未表现出显著性,即$P>0.05$,这也意味着不同性别的体育教师在各维度上均表现出一致性,并没有差异性。

男女性别差异在体育方面一直是一种普遍的认知现象,群众普遍认为女性体育教师在各方面会低于男性教师，但是根据凌弘等学者的研究表明"女性体育教师具有良好的专业知识与技能，具有坚定的职业信念、较强的反思与发展能力、良好的工作与生活管理能力，核心素养各构成要素与男性体育教师之间不存在性别差异[①]。"这也通过理论方面表明了，性别差异对于体育教师的教学效果影响微乎其微。在信息化时代，体育学科的信息化教学对于所有教师来说都是一个新的起点，因此性别对于体育教师的信息化教学能力不存在差异。

（二）年龄维度

年龄条件一直是制约运动技能表现的主要客观条件，不仅如此，在面对新事物时往往是年龄较小的人更容易接受，教育信息化虽说不是新事物，但是伴随时代不断进步的相关信息化教学设施却是不断在更新，互联网也在逐步进化，因此以年龄作为差异条件，分析年龄的差异对于体育教师信息化教学能力表现，也是具有代表性意义的。具体分析结果，如表6-12所示。

表6-12 年龄影响统计表

维度	年龄阶段	n	平均值	标准差	F	P
获取能力	25~34岁	40	2.301	0.705	11.066	0.000**
	35~44岁	40	2.382	0.702		
	45岁及以上	22	2.823	0.903		
处理能力	25~34岁	40	2.337	0.861	5.810	0.003**
	35~44岁	40	2.480	0.858		
	45岁及以上	22	2.783	1.005		
运用能力	25~34岁	40	2.721	0.924	6.275	0.002**
	35~44岁	40	2.366	0.807		
	45岁及以上	22	2.260	0.888		

---

① 凌弘，梁波. 新时代女性体育教师核心素养现状调查研究[J]. 中国成人教育，2022 (3)：71-75.

续 表

维度	年龄阶段	n	平均值	标准差	F	P
创造能力	25~34 岁	40	2.608	0.899	9.462	0.000**
	35~44 岁	40	2.062	0.853		
	45 岁及以上	22	2.052	0.902		

注：*$P<0.05$ **$P<0.01$。

利用单因素方差分析研究年龄在创造能力、处理能力、运用能力、创造能力方面的差异性。从上表可以看出：不同年龄样本对于四种能力维度全部呈现出显著性，即 $P<0.05$。意味着年龄的不同对于四种能力维度均存在差异性，具体分析结果如下：

①获取能力方面，在 0.01 水平上表现出了显著的差异（$F=11.066$，$P=0.000$），存在较大差别的组的平均分是 "45 岁及以上>35~44 岁>25~34 岁"。

②处理能力方面，在 0.01 水平上表现出了显著的差异（$F=5.810$，$P=0.003$），存在较大差别的组的平均分是 "45 岁及以上>35~44 岁>25~34"。

③运用能力方面，在 0.01 水平上表现出了显著的差异（$F=6.275$，$P=0.002$），存在较大差别的组的平均分是 "25~34 岁>35~44 岁>45 岁及以上"。

④创造能力方面，在 0.01 水平上表现出了显著的差异（$F=9.462$，$P=0.000$），存在较大差别的组的平均分是 "25~34 岁>35~44 岁>45 岁及以上"。

由上述对比可知，在获取能力、处理能力方面 45 岁及以上的教师群体水平最高；而反观运用能力、创造能力方面则是 25~34 岁教师群体水平最高。

（三）学历维度

学历是一个人所接受教育程度的表现，学历越高的教师在所任教科目上接触的知识也会相应较多，信息化教学能力作为新时代衡量教师教学能力的重要指标之一，高学历的体育教师能否将所学的深度知识运用到实践中去，也是信息化教学能力具体表现所在，以学历为差异条件分析信息化教学能力表现结果，具体如

表 6-13 所示。

表 6-13 学历影响统计表

维度	学历	n	平均值	标准差	F	P
获取能力	专科	3	1.905	0.850	2.859	0.036*
	本科	28	2.153	0.900		
	硕士	56	2.160	0.857		
	博士	15	2.138	0.968		
处理能力	专科	3	1.883	0.830	3.970	0.008**
	本科	28	2.142	0.888		
	硕士	56	2.174	0.918		
	博士	15	2.185	0.877		
运用能力	专科	3	1.813	0.878	4.710	0.003**
	本科	28	2.048	0.846		
	硕士	56	2.115	0.940		
	博士	15	2.159	0.885		
创造能力	专科	3	2.036	0.841	2.682	0.046*
	本科	28	2.188	0.879		
	硕士	56	2.192	0.844		
	博士	15	2.320	0.944		

注：* $P<0.05$ ** $P<0.01$。

利用单因素方差分析研究学历在创造能力、处理能力、运用能力、创造能力方面的差异性。从上表可以看出：不同年龄样本对于四种能力维度全部呈现出显著性，即 $P<0.05$。意味着年龄的不同对于四种能力维度均存在差异性，具体结果如下：

①获取能力方面,在 0.05 水平上表现出了显著的差异($F=2.859$,$P=0.036$),存在较大差别的组的平均分是"博士>硕士>本科>专科"。

②处理能力方面,在 0.01 水平上表现出了显著的差异($F=3.970$,$P=0.008$),存在较大差别的组的平均分是"博士>硕士>本科>专科"。

③运用能力方面,在 0.01 水平上表现出了显著的差异($F=4.710$,$P=0.003$),存在较大差别的组的平均分是"博士>硕士>本科>专科"。

④创造能力方面,在 0.01 水平上表现出了显著的差异($F=2.682$,$P=0.046$),存在较大差别的组的平均分是"博士>硕士>本科>专科"。

由上述数据对比可知,学历对于信息化教学能力整体有着显著差异,任一单方面维度,都是学历越高,平均分值越高。

(四)教龄维度

教师是一个日积月累的行业,所有教师都是从刚入行开始,不断将学校内的知识用于实践的过程,经过不断的练习实践,掌握教学规律,积累教学经验,逐步成为一名合格的教师,因此教师行业是一个实践时间越长,能力越高的职业。但在面对信息化教学新事物时,原有的教学经验能否继续得到运用,也是体育教师信息化教学能力表现的差异所在,以教龄为差异条件分析不同教龄的体育教师信息化教学能力,具体分析如表 6-14 所示。

表 6-14 教龄影响统计表

维度	教龄(年)	n	平均值	标准差	F	P
获取能力	1~3	28	2.044	0.867	6.021	0.003**
	4~6	24	2.048	0.840		
	7~9	22	2.305	0.893		
	10~12	11	2.318	0.825		
	13~15	13	2.560	0.990		
	16 及以上	4	2.740	0.880		

续　表

维度	教龄（年）	n	平均值	标准差	F	P
处理能力	1~3	28	2.007	0.884	7.521	0.001**
	4~6	24	2.171	0.925		
	7~9	22	2.221	0.879		
	10~12	11	2.719	0.945		
	13~15	13	2.540	1.044		
	16及以上	4	2.214	0.905		
运用能力	1~3	28	2.075	0.877	7.558	0.001**
	4~6	24	2.688	0.935		
	7~9	22	2.617	0.942		
	10~12	11	2.180	0.885		
	13~15	13	2.165	0.915		
	16及以上	4	2.094	0.849		
创造能力	1~3	28	2.124	0.877	7.199	0.001**
	4~6	24	2.671	0.863		
	7~9	22	2.625	0.915		
	10~12	11	2.194	0.843		
	13~15	13	2.186	0.880		
	16及以上	4	1.944	0.947		

* $P<0.05$，** $P<0.01$。

利用单因素方差分析研究不同教龄在获取能力、处理能力、运用能力、创造能力方面的差异性。由上表可知，不同教龄对于各维度能力体现均表现出显著性，即 $P<0.05$。意味着不同教龄的教师群体在各维度中均表现出显著差异性。单因素方差分析结果如下：

①教龄对于获取能力呈现出0.01水平显著性（$F=6.021$，$P=0.003$），具体对比结果可知，各组别平均分值对比结果为"16年及以上>13~15年>10~12

年>7~9年>4~6年>1~3年"。

②教龄对于处理能力呈现出 0.001 水平显著性（$F=7.521, P=0.001$），具体对比结果可知，各组别平均分值对比为"10~12年>13~15年>7~9年>16年及以上>1~3年"。

③教龄对于运用能力呈现出 0.001 水平显著性（$F=7.558, P=0.001$），具体对比结果可知，各组别平均分值对比为"4~6年>7~9年>10~12年>16年及以上>1~3年"。

④教龄对于创造能力呈现出 0.001 水平显著性（$F=7.199, P=0.001$），具体对比结果可知，各组别平均分值对比为"4~6年>7~9年>10~12年>13~15年>1~3年>16年及以上"。

结合各能力维度的平均分值，在获取能力方面呈现出教龄越长，平均分值越高的现象；在处理能力方面10~12年教龄的教师群体平均分值最高，而1~3年的教师群体均分值最低；运用能力方面，4~6年教龄的教师平均分最高，1~3年教龄的教师最低；创造能力方面，4~6年教龄的教师最高，16年及以上的教师群体均分值最低。

（五）职称维度

职称是教师自身教学能力的具体表现，职称并不是所谓的参加工作时间越长等级越高，而是根据自身的知识程度、学术能力等为评判条件。以职称为差异条件，具体分析体育教师信息化教学能力结果，如表6-15所示。

表6-15 职称影响统计表

维度	职称	n	平均值	标准差	F	P
获取能力	三级	17	2.292	0.846	1.072	0.360
	二级	18	2.255	0.870		
	一级	38	2.331	0.978		
	高级	29	2.150	0.890		

续 表

维度	职称	n	平均值	标准差	F	P
处理能力	三级	17	2.174	0.812	2.334	0.073
	二级	18	2.182	0.891		
	一级	38	2.279	0.983		
	高级	29	2.005	0.903		
运用能力	三级	17	2.190	0.814	1.920	0.125
	二级	18	2.235	0.853		
	一级	38	2.281	0.910		
	高级	29	2.055	0.863		
创造能力	三级	17	2.226	0.938	1.615	0.185
	二级	18	2.269	0.889		
	一级	38	2.252	0.954		
	高级	29	2.066	0.876		

注：$*P<0.05$，$**P<0.01$。

由上表可知，利用方差研究不同职称对于信息化教学能力各维度进行分析，在四个维度中不同职称的教师均未体现出显著性，即 $P>0.05$。表示不同职称的教师在各维度均存在一致性，不存在显著差异性。

我们不否认职称的高低对于教学技术的运用及表现有着主要影响，但是对于信息化技术融入体育课堂方面，无论是职称较高的资深教师或是新教师都是一种新的尝试。郑州市教育局教研员廉老师接受访谈时表示，"线上课程对于所有体育教师群体都是一次重大的突破，我们可以借助国家通用的线上教学平台，还可以由我们自己来制作使用，这对于全郑州的体育教师都是一次严峻的考验，所有老师都是一个'新手'，都需要去学习进步。"因此，结合调查数据分析以及专家访谈，我们可以看出职称对于郑州市体育教师的信息化教学能力影响较小。

三、能力维度相关性分析

关联度分析是通过对两个或更多具有关联性的要素进行分析,以此来度量二者之间的关联度。关联度要素必须或有可能有某种关联,才可以进行相关分析[1]。为研究影响郑州市中学体育教师信息化教学能力的主要影响变量,应先分析获取能力、处理能力、运用能力以及创造能力,四个能力之间的相关性。

表 6-16 各能力相关分析

维度	平均值	标准差	获取信息能力	处理信息能力	运用信息能力	创造信息能力
获取信息能力	4.133	0.646	1			
处理信息能力	4.108	0.701	0.768**	1		
运用信息能力	4.036	0.674	0.724**	0.784**	1	
创造信息能力	4.127	0.636	0.689**	0.624**	0.716**	1

注:*$P<0.05$ **$P<0.01$。

从上表可知,利用相关分析去研究四种能力维度之间的相关关系,使用 Pearson 相关系数去表示相关关系的强弱情况。具体分析可知 4 项之间全部均呈现出显著性,相关系数值分别是 0.765、0.787、0.678、0.687,并且相关系数值均大于 0,4 项之间有着正相关关系。

四、体育教师信息化教学能力回归分析

本研究通过设置问卷对中学体育教师的获取能力、处理能力、运用能力以及创造能力进行调查,结合所获得教师情况,以信息化教学能力为因变量,四种能力维度为自变量,进行回归分析,得出影响信息化教学能力提高的自变量,如表 6-17 所示。

---

[1] 毕仁贵. 考虑相关性的不确定凸集模型与非概率可靠性分析方法 [D]. 长沙:湖南大学,2015.

表 6-17 线性回归分析结果（$n=102$）

	非标准化系数		标准化系数	t	P	VIF	R^2	调整 R^2	F
	B	标准误	Beta						
常数	0.862	0.228	—	3.773	0.000**	—	0.710	0.698	$F(4, 97)$ =59.263, $P=0.000$
获取信息能力	0.259	0.086	0.287	3.020	0.003**	3.015			
处理信息能力	0.393	0.083	0.472	4.732	0.000**	3.325			
运用信息能力	-0.071	0.087	-0.081	-0.810	0.420	3.380			
创造信息能力	0.232	0.077	0.253	3.022	0.003**	2.343			

注：因变量，信息化教学能力；D-W 值，2.046；* $P<0.05$，** $P<0.01$。

从上表可知，将获取信息能力、处理信息能力、运用信息能力、创造信息能力作为自变量，而将信息化教学能力作为因变量进行线性回归分析，从上表可以看出，模型公式为：信息化教学能力 = 0.862+0.259×获取信息能力+0.393×处理信息能力-0.071×运用信息能力+0.232×创造信息能力，模型 R 方值为 0.710，意味着本研究所设计的四种维度可以解释信息化教学能力的 71.0% 变化原因。对模型进行 F 检验时发现模型通过 F 检验（$F=59.263$，$P=0.000<0.05$），也即说明获取信息能力、处理信息能力、运用信息能力、创造信息能力中至少一项会对信息化教学能力产生影响关系，另外，通过多次共线的测试，结果表明，所有 VIF 的数值都在 5 以下，说明没有共线问题；同时 D-W 接近于 2，这表明两种模式不具有自相关性，各采样点的数据没有相互联系，且各采样点的相关性比较

好。最后的特定的剖析：①获取信息能力的回归系数值为 0.259（$t=3.020$, $P=0.003<0.01$），意味着获取信息能力会对信息化教学能力产生显著的正向影响关系；②处理信息能力的回归系数值为 0.393（$t=4.732$, $P=0.000<0.01$），意味着处理信息能力会对信息化教学能力产生显著的正向影响关系；③运用信息能力的回归系数值为 -0.071（$t=-0.810$, $P=0.420>0.05$），意味着运用信息能力并不会对信息化教学能力产生影响关系；④创造信息能力的回归系数值为 0.232（$t=3.022$, $P=0.003<0.01$），意味着创造信息能力会对信息化教学能力产生显著的正向影响。

总结分析可知：获取信息能力、处理信息能力、创造信息能力会对信息化教学能力产生显著的正向影响关系。但是运用信息能力并不会对信息化教学能力产生影响。

根据回归分析结果以及结合体育教研组长的访问，我们可以得出，影响中学体育教师信息化教学能力发展的因素是获取、处理、创造三方面的能力，但在运用能力方面，更多地依赖于信息化技术和设施的完善，不能影响教师的信息化能力发展。

第三节　中学体育教师信息化教学能力分析小结

一、讨论

在信息化的时代背景下，体育教师的教学能力又将做出新的改变。体育教师在信息化教学的前提下，所需提高的最主要、最直接的就是教学能力。信息化教学模式突破了传统教学方式的局限，使学生的学习积极性得到了极大的提升。但这种改变对于体育学科这一长久不变的教学模式也产生了巨大冲击，在传统的教学方式下，体育教师所采取的教学方式是否能够在信息化的环境下继续应用？教学资源能否继续得到使用？学生方面练习程度如何得到保障？一系列问题成为体育信息化教学能力发展的影响因素。

本研究根据调查问卷回收数据以及访谈结果，将郑州市中学体育教师信息化教学能力的影响因素分为教师个人、学校、培训组织三方面因素。

（一）教师个人因素

在新的事物或是新的规则产生后，个人的主观能动性是能否接受新物质的主要影响因素。在教育信息化时代下，体育教师能否转变传统的观念去欣然接受新的教学方式是影响体育学科教育信息化建设速度的关键因素。

结合问卷调查结果和对一线教师的访谈，可以看出体育教师对在体育课程中使用信息化教学技术的顾虑，无论是对学生的个人安全还是最终的教学效果，教师认为在体育课程中使用信息化技术还是不利于体育课程的顺利进行。这也是影响体育学科信息化教学开展的重要影响因素，当课程的组织者不愿意采用信息化教学技术时，体育学科的信息化发展就会受到一定的影响，也影响到了体育教师信息化教学能力的发展。

在对一线体育教师访谈的过程中，以"影响信息化教学技术在体育课中实施的因素有哪些"向教师询问使用信息化技术的顾虑，所得到的结论大多倾向于安全、时间两个方向。其中，郑州十一中学的体育教师王老师表示"学生们在日常课程中，长时间在座位坐着，对于体育课程来说本身就是一项使学生们身体得到放松的过程，但如果将时间花费在设施的布置上，学生的有效活动时间就会被减少，达不到效果。学生们不会表达出太多不满，于是我们老师出于对学生的考虑，则会减少使用。"对于王老师的表达，在其他学校的调查过程中多数教师也表示出相当认可，学生在体育课上本身就是为了使身心得到放松，在布置中花费较长时间，不仅学生无法减压，教学目标也无法满足。对于学生安全问题，十所学校的教师统一表示，体育课相较于其他科目，本身就是一个受伤多发课程，如果我们将学生的练习时间交给一台机器，学生的安全该如何保证，这也是阻碍体育教师使用信息化技术的主要原因。

在对郑州市体育教师进行调查后发现，多数的教师关于"信息化教学有利于体育教学的进行"这一点，认为不能有效促进。体育教师认为在体育课中实施信息化教学技术设备，存在着三点问题。①安全问题。在日常授课过程中，学生在接受新的技能动作时，动作表象还未形成，对于容易出现危险的节点理解不到，这也可能导致学生在自主练习的时候会出现受伤现象。除此之外，在巩固课程中，学生在完善动作时没有教师的帮助保护，这会导致学生对动作的畏惧，进而影响到对动作的学习热情，影响到技术动作的熟练程度。②影响练习密度。在对体育教师进行访谈时发现，教师认为在体育课授课过程中使用信息化技术会影响练习时间，降低练习密度。教师认为，在课程中使用信息化技术设备，首先需要提前布置，其次如果需要辅助学生练习，在为学生配备设备时，也需要耗费时间，这些都是影响练习时间的环节，因此体育教师不愿意使用信息化技术。③分散学生注意力。在布置教学设备的同时，会分散学生注意力，这在教学过程中是要尽力避免的现象，尤其是在实践课程中，学生注意力一旦分散，不仅会影响到对动作原理的理解，也会影响动作掌握的熟练度。

（二）学校因素

学校是否具有良好的信息化教学硬件设置和是否具有充足的网络资源不仅是信息化教学实施的重要物质保障，也是提高体育教师信息化教学水平的一个关键因素。

调查对象所任职的十所中学，在信息化教育教学设置上较为完善，每所学校都配备了多媒体教室、互联网学习平台等设施，在郑州九中、郑州十一中、郑州四十七中、河南省实验中学内，还配备了动态化实验室。由此可见，当前郑州市中学对于数字化校园建设、教育信息化开展以及教学技术现代化实施都有所行动，这对于构成良好的信息化教学环境做出了有效推动，也有利于教师的信息化教学观念的转变。但是对十所中学体育教师问卷回收后，对学校体育信息化教学设施的使用情况进行了统计，仅16.67%的体育教师表示，所服务学校的体育信息化教学设施能够满足体育教学的要求。对此，38.24%的教师表示，可以基本达到教育教学的要求。因此，在资源配置方面当前无法满足体育教师开展信息化教学。十所学校中无一学校配备多媒体体育馆，不仅如此，室外屏幕也仅有郑州九中配备。十所学校共有的体育相关信息化设备,也仅是电子测距仪,还仅在跳远项目的考试课中使用,目前尚无可用于教学的信息化教学仪器。

对十所学校的体育教研组长进行访谈后了解到,各学校内的体育教学设备本就较少,更何况信息化体育教学设备。对于教师的能力成长来说,什么样的环境造就什么的人,在一个缺少体育设施的环境下,体育教师的能力发展则会更缓慢。

结合调查结果以及访谈内容来看,当前郑州市中学对于体育教学信息化技术设备的配置还是存在着一定的缺陷,良好的硬件设施作为实现体育教学信息化的客观条件,也是影响着体育教学信息化的建设。范允祥等学者表示:"目前我国体育信息化教学资源的建设已陷入瓶颈,而与体育课程改革理念相适应、适应体育课堂需求、适应网络特征的体育教学信息资源十分缺乏[1]"。所以,要想打破瓶颈,学校内也要提供与教学内容相对应的体育教学信息化设施,形成坚硬的物质保障,构建良好的现代化教学氛围,才能使得体育教师的信息化教学能力共同提高。

(三) 培训组织因素

教育部明确指出"教师教育必须加快信息化进程,加大信息化建设力度,为全面提高中小学教师的信息能力奠定坚实的基础[2]"。组织培训是提高体育教师信息化教学能力的最直接形式,向体育教师传授信息化教学知识、训练实践操作手段都可以专项提高体育教师的信息化教学能力。通过对相关专家进行访问,认识到当前郑州组织教师培训的现存问题有以下四点。①单纯地传授理论,忽略实践操作。现有的教师培训大多是对于新教学理论、教学方法的讲授。这种培训仅做到了理念的传达,而对于教师是否实际掌握并且能否运用到实践中有所忽视,在培训过程中只注重了教的过程,忽略了教师学的过程。②培训组织形式单一。

---

[1] 范运祥,舒根,马卫平. 教师教育信息化与体育教师信息素养的提升 [J]. 湖南师范大学教育科学学报, 2013, 12 (1): 6.
[2] 教育部关于推进教师教育信息化建设的意见 [J]. 教育部政报, 2002 (4): 148-152.

对于教师的培训多为集中上课制，长久的单一形式培训难免会造成教师的抗拒心理，并且集中培训无法确保每位教师都可以真正地掌握知识和方法，久而久之会降低教师参与培训的动机。③培训对象过于笼统，与实际情况相脱节。现今的教师培训是面向全体教师进行的，这种做法有利于教师群体的整体学习，但是这种对象的选择过于笼统，未针对学科特点进行分组教学，与一线教师的实际工作情况产生脱节，只是为了理论的传输而培训，这样所得到的效果其实是毫无意义的。④在培训内容上忽略了与课程内容相结合的信息技术，对教师进行的培训无论是信息化教学方法或是现代化教学手段，其终极目标是使教育信息化、运用现代科技手段进行教学、提高教学效果、改善教学质量。但目前的培训过于概括，缺少对学科针对性的信息化教学能力培训，而对于体育学科，不论原有的学科地位还是"双减"政策后的学科地位，对体育教师针对性的信息化教学能力的培训可谓是少之又少。

结合十所学校的教研组长的访谈内容可以看出，各位组长认为参加培训有时完全是为了完成领导的任务等，这些培训对于体育教师来说完全是无意义培训，不仅无法学习到新的内容，也降低了对培训内容的认知。这也是限制体育信息化教学能力发展提高的重要因素，教师学习不到符合自身实际需要的新内容，只能原地踏步。从另一方面来看，即使体育教师为了完成任务而记忆了新的教学内容，但是在缺乏实践指导的情况下，也很难开展实施。因此，现有的培训模式也约束着体育教师的教学技能发展以及信息化教学能力的提高。

二、结论

首先，在获取信息能力、处理信息能力两方面，中学体育教师表现出较高水平，运用信息能力则是中等水平，而创造信息能力方面则是较低水平。

其次，性别、职称两种背景对于信息化教学能力不具有差异性。在年龄、学历以及教龄方面，具有显著差异性。

最后，获取信息能力、处理信息能力以及创造信息能力对于体育教师信息化教学能力具有正向影响关系，运用信息能力不具有影响关系。

三、建议

（一）建立高校互动平台

各学校的优秀教学资源实现多校共享，使体育教师的信息获取渠道更为广泛，拓宽信息涉及面。同时，可以与高校建立联系，建立上下级教学联系，中学作为步入高校前的最后教学组织，目的是培养学生进入高校，收获更专业的知识。所以应当与高校构建紧密的联系，获取更多的教学资源以及学科前沿动态，形成完整的信息获取体系。

（二）增加配置，教学方法多元化

各学科之间均存在显著差异，因此多元化的信息化教学方法，可以使教学方法具有多选性，不再受单一限制。另外，信息化技术的使用不再是实验类或语言类课程教学的专一设施，而是多学科可共用的教学设置，针对体育学科应当增加更多信息化教学设施，使信息的表现形式多样化。这样有利于提升体育教师运用信息的能力，信息化教学方法的多样化以及体育信息化教学设施的多样化，可以让体育教师对于信息的表现形式种类多元化，使更多的体育教学信息得到体现。

（三）教师培训组织专项化

各级各类学校均要按其专业特点组织师资培养。在共同的教学理念下，不同学科的教师都应学会掌握所教学科的相关信息化教学技术，做到因材施教的教师培训原则。这样有利于体育教师处理信息能力的提高，使体育教师在获取信息后，可以根据学科需求更好地划分信息，做到专类信息专项使用，使最终处理后的信息可以更好地表现出来。

参考文献

[1] 南国农.中国电化教育(教育技术)史[M].北京:人民教育出版社,2013.

[2] 徐红.专家型教师成长规律与培养机制[M].北京:科学出版社,2019.

[3] 周登嵩.学校体育学[M].北京:人民体育出版社,2004.

[4] 刘海元.学校体育教程[M].北京:北京体育大学出版社,2011.

[5] 佐斌.师生互动论:课堂师生互动的心理学研究[M].武汉:华中师范大学出版社,2002.

[6] 黄荣怀,王运武.中国教育改革40年:教育信息化[M].北京:科学出版社,2018.

[7] 苏竞存.中国近代学校体育史[M].北京:人民教育出版社,1994.

[8] 顾明远.教育大辞典[M].上海:上海教育出版社,1990.

[9] 毛振明.体育教学论[M].北京:高等教育出版社,2014.

[10] 吴明隆.问卷统计分析实务[M].重庆:重庆大学出版社,2010.

[11] 库卡茨.质性文本分析:方法、实践与软件使用指南[M].重庆:重庆大学出版社,2017.

[12] 中华人民共和国教育部.普通高中体育与健康课程标准(2017年版)[M].北京:人民教育出版社,2018.

[13] 徐红.专家型教师培养标准研究[M].北京:中国社会科学出版社,2013.